Rowena Kinread

DER ZÜNDHÖLZLI BUB

Inspiriert von einer wahren Geschichte, die sich in der letzten Hälfte des 19. Jahrhunderts am Fuß der Alpen abspielte.

Urheberrechte © Rowena Kinread 2023

Das Urheberpersönlichkeitsrecht von Rowena Kinread, als Autorin dieser Arbeit identifiziert zu werden, wurde gemäß dem Copyright, Designs and Patents Act 1988 geltend gemacht.

Dieses Buch ist ein Werk der Fiktion. Alle Charaktere und Ereignisse, mit Ausnahme derjenigen, die eindeutig öffentlich zugänglich sind, sind fiktiv. Jegliche Ähnlichkeit mit realen Personen, ob lebend oder tot, ist rein zufällig und nicht vom Autor beabsichtigt.

Alle Rechte vorbehalten.

Alle Rechte, insbesondere das Recht der Vervielfältigung und Verbreitung sowie der Übersetzung, vorbehalten. Kein Teil des Werkes darf in irgendeiner Form (durch Fotokopie, Mikrofilm oder ein anderes Verfahren) ohne schriftliche Genehmigung des Verlages reproduziert oder unter Verwendung elektronischer Systems gespeichert, verarbeitet, vervielfältigt oder verbreitet werden.

Die englische Originalausgabe und auch diese Ausgabe herausgegeben von Goldcrest Books International Ltd.
Beide erschienen 2023
www.goldcrestbooks.com
publish@goldcrestbooks.com

ISBN: 978-1-913719-95-1

Anmerkung der Autorin

Dieser Roman beruht auf einer wahren Begebenheit. Er porträtiert die Bewohner eines abgelegenen Dorfes in den Schweizer Alpen und ihre Abhängigkeit von den örtlichen Zündholzfabriken in der Mitte des 19. Jahrhunderts. Das Dorf Weißbrügg ist ein typisches Dorf im Frutigland, irgendwo im Kandertal zwischen Adelboden und Spiez in der Schweiz. Der Leser wird Weißbrügg nicht auf einer Karte finden, es existiert nur in meiner Vorstellung. Das wahre Dorf, in dem Gretl* aufwuchs, liegt in der Gegend, aber ich habe den Namen geändert, um die Privatsphäre der Bewohner zu schützen. Ebenso sind alle Namen der beteiligten Personen geändert worden. Die Idee, dieses Buch zu schreiben, entstand, nachdem ich in einer Lokalzeitung einen Artikel über die Eröffnung eines neuen Zündholzfabrik-Museums in Frutigen gelesen hatte. Die Eröffnung hatte sich wegen Corona verzögert. Heute gibt es nicht mehr viele Zeitzeugen. Deshalb dürfen wir der Kulturstiftung Frutigland dankbar sein, dass sie das Museum "Die Zündholz Industrie im Frutigland" über die Zündholzindustrie im Frutigland eröffnet hat. Hans und Ruedi

Egli haben zur Museumsausstellung eine Broschüre mit dem Titel "Die Zündholz Industrie im Frutigland" verfasst. Sie ist in deutscher Sprache verfasst und kann im regionalen Buchhandel, über https://kulturgutstiftung.ch/kiosk/ oder via Mail (info@kulturgutstiftung.ch) bezogen werden. Besonders dankbar bin ich Ruedi Schneider,* der mir eine Fülle von Informationen über die Zündholzindustrie und ihre Auswirkungen auf die Bevölkerung vermittelt hat. Ebenso Kathi Schmidt, einer heute noch lebenden Zeitzeugin, die sich die Zeit nahm, mir ein Interview zu geben, zusammen mit einer ausgezeichneten Tasse Kaffee!

Ich bin Ruedi Schneider, Enkel von Gretl, außerordentlich dankbar für seine Aufgeschlossenheit und das Wissen und die Einblicke in den sozialen Hintergrund, die er mir vermittelt hat. Ich möchte mich bei vielen Menschen bedanken, die mir bei den Recherchen für dieses Buch geholfen haben, ich kann sie nicht alle nennen, aber insbesondere bei Andreas Gyger, Pädagogisches Zentrum für Hören und Sprache, Sunneschyn Steffisburg und Lisbeth Stutz, Sachbearbeiterin Umwelt und Betriebe, Gemeindeverwaltung Frutigen.

Wo wäre das Buch heute ohne die hervorragende editorial Arbeit von Karen Ette und Sarah Houldcroft. Dafür bedanke ich mich vom Herzen.

Die Deutsche Edition wurde von Anne Eberhardt aus dem Englischen übersetzt und von Elli Beck bearbeitet. An dieser Stelle ein riesiges Dankeschön an Elli, ohne sie wäre das Buch nicht so gut geworden.

www.rowena-kinread.com

* Name geädert

GLOSSAR

Alp	Almen sind in der Schweiz Alpen.
Berchtold Haller (1492-1536)	Reformator in der Stadt Bern. Er stand in engem Kontakt mit Philipp Melanchthon und Ulrich Zwingli.
Boelima	ein Gespenst (lokales Schweizerdeutsch)
Kanton	Landkreis
Frutigland	Name eines Bezirks.
Gehrihorn	Name eines Berges.
Grüenmatti-Wirt	eine legendäre Geschichte aus der Region.
Gspaltenhorn	Ein Berg.
Inselspital	Universitätsspital in Bern.
Landjäger	Doppelte Bedeutung: a. Dorfpolizist in der Schweiz b. einer bestimmten Art von geräucherter Wurst.
Löli	Idiot (Schweizerdeutsch).
Mäggisserenegg	Ortsgebiet.

Niesenkamm	Gebirgskamm in den Berner Bergen.
Pochtenfall	Name eines Wasserfalls.
Pot	Flüssigkeitsmaß vor Einführung des metrischen Systems. Ein Pot entsprach 1 ½ Litern.
Pouce	altes Maß, das einem Zoll entspricht.
Senn	Ein "Ober"-Hirte, der in der Regel für die Betreuung der Kühe und die Käseherstellung in den Sommermonaten auf den Alpen zuständig ist.
Spissen	ein lokales Gebiet hoch oben in den Klüften der Berge.
Stollenwurm	Ein lokales legendäres Ungeheuer in den Alpen.
Weißbrügg	Der imaginäre Name einer Kleinstadt, die typisch für viele in der Region ist, aber nicht existiert.
Zibelemärit	Zwiebelmarkt. Ein traditionelles Volksfest, das jeweils am vierten Montag im November in Bern stattfindet.

Distanzen wurden in Zeitangaben gemacht kaum in Meilen oder Kilometer Wegstunden war üblicher.

Jodel werden in der Region Frutigland nie mit einem r im Jodel gesungen. Holdrio nur zB. Jo Ho Li Du

Dieses Buch ist Rudolf Schneider gewidmet,
einem lebenden Verwandten von Gretl*.*

*Name geändert

*Bin ich ein Hund, dass du mit Stöcken
zu mir kommen solltest?*

Malcolm Gladwell

1

OKTOBER 1849

Die Dämmerung war schon vor einer Stunde hereingebrochen, aber Anton hackte noch Holz vor seinem Bauernhaus. Es gab immer so viel Arbeit zu erledigen aber nie war genug Zeit dafür da. Jetzt, wo Lenas Schwangerschaft sich dem Ende zuneigte, hatte er noch mehr zu tun und nahm ihr einige der anstrengenden Arbeiten ab.

Der Wind peitschte auf und blies ihm Sägespäne in die Augen, so dass sie tränten. Anton hielt inne, rieb sich die Augen und blickte in die Ferne. Hinter den Niesenbergen blitzte es. Er leckte an seinem Zeigefinger und hielt ihn in die Luft. Ja, das Gewitter kam in ihre Richtung. Er hörte auf, Holz zu hacken, und räumte sein Werkzeug schnell weg. Er befestigte die Fensterläden und vergewisserte sich, dass nichts herumlag, was dem herannahenden Sturm zum Opfer fallen könnte. Dann hob er einen Haufen Holzscheite auf und stieß mit der Schulter gegen die Haustür. Die Tür sprang mit einem Knall auf. Als er hineinging, wehte ein kalter Windstoß totes Laub und Stroh ins Haus. "Tut mir leid, Schatz", sagte er, ließ die Holzscheite hastig neben dem Feuer fallen und eilte zurück, um die Tür

zu schließen. " Ein Sturm braut sich zusammen. Es weht ein ordentlicher Wind und ich habe hinter dem Niesenkamm einen Blitz aufleuchten sehen. Er kommt auf uns zu."
Er kniete sich neben das Feuer und begann, die Holzscheite ordentlich aufzustapeln. "Soll ich noch eins nachlegen?" Er lächelte seine Frau an, sein Herz wurde warm und seine Brust schwoll vor Liebe an. Lena saß in der Nähe des Kaminfeuers und trennte einen alten, ausgedienten Pullover auf. Er sah, dass es der war, den er vor einem Jahr von seinem verstorbenen Onkel geerbt hatte. Mehrere Knäuel brauner Wolle lagen in dem Korb zu ihren Füßen. Lena beklagte sich nie über ihre Armut, sondern arbeitete hart, um aus allem das Beste zu machen.

Diese Schwangerschaft war nicht so einfach gewesen wie die ersten beiden. Anton betrachtete die beiden kleinen Jungen, die engelsgleich auf der Strohmatratze in der Ecke des Zimmers schliefen. Lena hatte nichts gesagt, aber er sah den Schmerz, der manchmal in ihrem Gesicht aufblitzte, und er bemerkte ihre zusammengepressten Lippen, wenn sie sich nach dem Bücken wiederaufrichtete. Nun, nur noch ein Monat.

"Nein, es war ein langer Tag, und morgen werden wir genau so lange brauchen, wenn wir nach dem Sturm aufräumen müssen. Ich werde mich jetzt hinlegen. Hoffentlich lässt uns der Wind schlafen", antwortete sie.

"Ich habe die Fensterläden geschlossen. Wir sollten in Sicherheit sein. Was hast du vor zu stricken?", fragte er freundlich.

"Ein paar neue Socken für dich. Ich hatte gehofft, zwei Paar aus der Wolle zu schaffen, aber es ist so viel zerfallen, dass es vielleicht nur für eins reicht. Ich muss jetzt sowieso aufhören, das Licht ist zu schwach und ich kann kaum noch die Augen offenhalten."

"Warum strickst du nicht Socken für die Jungs, ihre Füße sind kleiner?"

"Du brauchst sie mehr."
"Nee, mir geht's gut, die Kleinen sollen warme Füße haben." Lena legte den halb aufgezogenen Pullover weg und richtete sich auf, um ihr braunes Kleid auszuziehen. Sie spritzte sich aus einer Schüssel etwas Wasser ins Gesicht und löste den Dutt im Nacken. Dann ließ sie sich mit einem unterdrückten Stöhnen unbeholfen auf eine Strohmatratze neben die Jungen fallen.
Anton zog seine Stiefel, Hosen und seinen Pullover aus. Er konnte hören, wie die vier Kühe im Stall nebenan mit den Hufen scharrten, aber abgesehen von diesen beruhigenden Geräuschen war alles friedlich. Er starrte kritisch in den kleinen ovalen Spiegel und versuchte, Strohreste aus seinem widerspenstigen braunen Haar zu entfernen. "Komm her", Lena tätschelte die Matratze. "Ich werde dir helfen." Er setzte sich mit seiner langen, schlanken Gestalt neben seine Frau und ließ sich von ihr das Haar kämmen. Dann legte er sich neben sie, legte einen Arm um ihren geschwollenen Bauch, und innerhalb von Sekunden waren sie beide in einen tiefen Schlaf gefallen.

*****

Anton erwachte durch das panische Muhen der Rinder. Er richtete sich auf der Matratze auf und lauschte eine halbe Sekunde lang. Er rüttelte Lena wach. "Irgendwas ist los, die Kühe brüllen." Schnell zog er seine Stiefel an, sagte: "Ich gehe nachsehen", und war schon halb durch die Tür, die zum Stall führte.
Lena zog ihre eigenen Stiefel an und schleppte sich aus dem Bett, wobei sie das scharfe Stechen in ihrem Bauch ignorierte. Anton stürmte zurück ins Wohnzimmer. "Schnell!", rief er. "Der Heuboden brennt! Schaff die Kinder raus und bring so viele Eimer wie möglich mit!"

Lena rüttelte den zweijährigen Jakob an der Schulter und nahm den einjährigen Josef auf den Arm. "Beeil Dich!", sagte sie zu Jakob. "Der Dachboden brennt." Sie öffnete die Haustür. "Lauf zu Papa, er ist in der Nähe des Brunnens." Mit Josef auf dem Arm sah sich Lena hektisch nach weiteren Wasserbehältern um, aber aus dem Nebengebäude drang bereits Rauch durch die Tür, so dass ihre Augen brannten und sie zu husten begann. Rauch einatmend, schnappte sie sich, was sie tragen konnte, und rannte nach draußen. Sie ging um ihr Holzhaus herum und kämpfte sich mit Kind und Eimer den Berghang hinauf, in den es hineingebaut war. Es war nur eine Frage von Minuten, aber als sie den Brunnen auf der Rückseite des Hauses erreichte, stand das Gebäude bereits in Flammen. Anton holte verzweifelt Wasser aus dem Brunnen, sein Gesicht war schmutzig und verschwitzt. Der kleine Jakob stand neben ihm, mit großen Augen und verwirrt. Um sie herum donnerte es und Blitze erhellten den Himmel. Das Feuer hatte gesiegt! Anton hörte auf, das Brunnenrad zu drehen; er stützte sich mit den Händen auf die Einfassung und beobachtete die Flammen, die an den Seiten des Gebäudes hochleckten und Jahre harter Arbeit verschlangen.Lena erreichte ihn und fragte: "Die Tiere?"

Anton machte eine weit ausholende Bewegung mit den Armen. "Irgendwo da draußen. Ich habe es geschafft, sie alle herauszuholen, aber ... Oh Lena, wir haben alles andere verloren!" Er brach zusammen, keuchend und weinend vor Verzweiflung.

Der Wind wirbelte rotglühende Feuerfunken hoch in den Himmel zum Nachbarhof, kaum zweihundert Meter entfernt. Das Dach war, wie bei den meisten Gebäuden in der Umgebung, mit Holzschindeln gedeckt. Feurige Funken landeten auf dem Dach, und Anton und Lena sahen fassungslos zu, wie auch dieses zu brennen begann. "Es ist zu spät für uns. Ich gehe besser und helfe ihnen." sagte Anton und hob ihre Eimer auf.

Der Zündhölzli Bub

Lena bückte sich, um Josef auf den Boden zu legen. Als sie versuchte, sich wiederaufzurichten, durchfuhr eine heftige Wehe ihren Körper und Flüssigkeit lief ihr an den Innenseiten der Beine hinunter.

"Aargh!", schrie sie, umklammerte ihren Bauch und sank auf die Knie. "Meine Fruchtblase ist geplatzt. Das Baby kommt zu früh!"

"Oh nein, nicht auch noch das!" Anton ließ seine Eimer fallen. "Ich gehe und hole Hilfe. Bleib hier", sagte er zu Jakob, "und pass auf deine Mutter und deinen Bruder auf." In Unterwäsche und Stiefeln stürmte er den steinigen Weg vom Hügel hinunter, ohne die weiteren brennenden Bauernhöfe richtig wahrzunehmen. Dorfbewohner aus Weißbrügg rannten mit Eimern und leeren Behältern auf ihn zu, eifrig darauf bedacht, ihren betroffenen Nachbarn zu helfen. Alle eilten und schrien. Anton drängte sich an ihnen vorbei. Er watete durch einen Bach, der den Berghang hinunter in Richtung Kander floss, verließ den Weg und nahm eine Abkürzung, indem er halb springend, halb rutschend eine steil abfallende Wiese hinunterglitt. Er kletterte über einen Holzzaun und drängte sich durch eine wilde Hecke, bis er schließlich das Haus seiner Schwester Margot erreichte.

Hart und eindringlich klopfte er an die dicke Holztür und öffnete sie, ohne zu warten. "Warte, wir kommen." Gustl, Margots Mann, hüpfte auf einem Bein und zog sich einen Stiefel an. "Wir haben die Flammen gesehen. Wir wollten gerade ..." Er hielt mitten im Satz inne, als er Antons Gesichtsausdruck bemerkte. "Was ist los? Hat der Blitz auch bei euch eingeschlagen?"

"Ja, alles ist bis auf die Grundmauern niedergebrannt. Das Baby kommt, wir brauchen Hilfe."

"Jesus, Maria und Josef!", rief Margot und bekreuzigte sich. "Gustl, hol ein paar Decken! Mach dir keine Sorgen, Anton, es ist nicht ihr erstes Mal. Wir kommen mit und bringen euch alle wieder her."

*****

Jakob kauerte neben seiner Mutter auf dem Boden, die Arme um Josef gelegt, der zwischen seinen Beinen saß. Es war dunkel, bis auf den Schein des brennenden Bauernhofs des Nachbarn. Er hörte das Knistern des Feuers, das rote Funken in den Himmel schickte, und das Rufen und Brüllen der Erwachsenen. Als seine Mutter einen qualvollen Schmerzensschrei ausstieß, bekam er es mit der Angst zu tun.

"Mama!", sagte er und umklammerte ihre Hand, "was ist los?" Lena biss sich auf die Lippen und wartete darauf, dass die Wehe vorüberging, während sie gleichzeitig nach Jakobs kleiner Faust griff, die fest um ihren Finger gekrampft war.

"Es ist alles in Ordnung, nur dein kleines Geschwisterchen kommt jetzt. Mach dir keine Sorgen, Papa wird bald mit Tante Margot und Onkel Gustl hier sein." Sie stöhnte auf, als die nächste Wehe durch ihren Körper fuhr.

"Mama!"

"Alles ist gut, mein kleiner Schatz, alles wird gut, ich verspreche es. Sei jetzt tapfer und pass auf Josef auf." Josef zappelte und versuchte, sich aus Jakobs Griff zu befreien.

"Ja, Mama."

"Versprich es! Wenn etwas... passiert, pass immer auf ihn auf. Du bist sein großer Bruder."

Jakob hielt Josef zurück und drückte ihn an sich. "Ich verspreche es."

"Braver Junge", antwortete Lena und wurde ohnmächtig.

Es begann zu regnen. Bald goss es in Strömen und das eiskalte Wasser durchnässte die Jungen, ihre Mutter und auch den Boden. Jakob hielt Josef fest im Arm. Beiden war so kalt, dass ihre Zähne klapperten wie eine Wassermühle im rauschenden Bach. Der Himmel war schwarz, und ihre Mutter lag ungewöhnlich still wie ein dunkles Bündel neben ihnen. Jakob fühlte sich verlassen. Warum hatte seine Mutter ihm das Versprechen abgenommen, auf Josef aufzupassen? Wollte sie weggehen? Er weinte, er wollte nicht allein bleiben, er wollte mit ihr gehen.

*****

Gustl und Margot eilten Anton hinterher, der wie ein aufgeschreckter Hase losgerannt war. Sie sahen am Hang über ihnen Bauernhöfe brennen und blickten zum Himmel in der Hoffnung auf Regen. Die ersten dicken Tropfen fielen, als sie den Bach überquerten. Einen Augenblick später öffnete der Himmel seine Schleusen, und ein Wolkenbruch überflutete die ganze Umgebung. Das Wasser lief in kleinen Bächen den steinigen Weg hinunter. Innerhalb von Sekunden waren sie durchnässt und kämpften sich bergauf gegen den strömenden Regen zu der Stelle, an der eigentlich Antons Hof stehen sollte.

Lena lag neben dem Brunnen zusammengerollt auf dem Boden. Sie umklammerte ihren Bauch und zitterte unkontrolliert. Es war noch dunkel, und wenn Anton nicht gewusst hätte, dass sie da war, hätte er ihre Gestalt leicht mit einem Haufen schmutziger Lumpen verwechseln können. Jakob saß neben ihr, das Gesicht weiß und angespannt, Tränen liefen ihm still über die Wangen. Er hielt Josef zwischen seinen Beinen fest. Als sie ihren Vater sahen, brachen sie beide in lautes Weinen aus.

Außer Atem, die Lungen brennend, trat Anton direkt zu Lena. Er strich ihr sanft die Haare aus dem Gesicht und sagte: "Keine Sorge, wir sind jetzt da."

Margot befahl Gustl: "Leg ihr eine Decke um die Schultern und hilf mir, sie hochzuheben! Wir müssen sie in unsere Wohnung bringen."

"Nein, es ist zu spät, ich kann nicht!" Lena quiekte wie ein verwundetes Tier.

"Es gibt keine andere Möglichkeit!" Margot war rigoros. "Komm jetzt, wir sind hier, um zu helfen." Sie nahm einen von Lenas Armen und legte ihn um ihre Schulter. Gustl tat es ihr gleich, und gemeinsam hoben sie sie hoch, ohne ihre Schreie zu beachten.

Anton wickelte Decken um seine beiden Jungen und nahm sie auf die Arme. Sie machten sich auf den Weg. Lena, totenbleich, biss die Zähne zusammen und schaffte es, auf Margot und Gustl gestützt, ein paar Schritte zu gehen, bevor die nächste Wehe kam. Sie krümmte sich nach vorne. "Diesmal ist etwas anders", krächzte sie. Margots Haltung war ernst, aber entschlossen. "Wir müssen sie zurückbringen. Sie kann es nicht hier mitten auf der Straße im strömenden Regen kriegen." Sie gingen weiter. Lenas Kopf kippte nach vorne, und sie wurde ohnmächtig.

Margot und Gustl zogen sie ein paar Schritte weiter. Anton setzte die Jungen ab und sagte: "Ich werde sie tragen. Ihr nehmt die Jungs!" Er hob Lena auf seine Arme und trug sie den ganzen Weg zurück zum Haus seiner Schwester. Mit einem Fuß die Tür aufstoßend, trat er ein und legte Lena sanft auf den Boden vor dem erkalteten Feuer.

Margot und Gustl kamen herein, setzten die Jungen ab und schüttelten den Regen von ihren Kleidern. "Steht nicht einfach so herum!", befahl Margot den Männern. "Macht das Feuer an. Wir werden heißes Wasser brauchen. Gustl, such ein paar saubere Lappen. Anton, hilf mir, es Lena etwas bequemer zu machen!"

Anton legte Lena eine Decke unter den Kopf, öffnete einige Knöpfe an ihrem Hemd und zog ihr die Stiefel aus. Ihre Augen flatterten und fokussierten sich auf ihn. Sie griff nach seinem Handgelenk und grub ihre Nägel in seine Haut. "Geh nicht", flehte sie. "Bleib bei mir, irgendetwas stimmt nicht, ich kann es spüren!"

"Ich bin hier", krächzte er mit gebrochener Stimme. "Ich gehe nirgendwo hin." Margot kniete sich zwischen Lenas Beine und schob ihr Hemd hoch. "Hilf mir, ihr die Unterwäsche auszuziehen", sagte sie zu Anton. Er hob Lenas Becken mit beiden Händen an und Margot zog ihr die blutige Unterhose herunter. Lenas Muttermund war vollständig geöffnet. Margot steckte ihre Hände in den Geburtskanal und fühlte nicht den Kopf, sondern zwei Füße.

"Es ist eine Steißgeburt", sagt sie. "Lena, es ist zu spät, um das Baby zu drehen, ich kann die Füße spüren. Ich werde versuchen, ihm zu helfen. Wenn ich sage, du sollst pressen, dann tu es. Gut, ich habe die Füße und führe sie. Jetzt!" Lena hob den Kopf und den Rücken leicht an und drückte mit aller Kraft, vor Schmerz aufschreiend. Die Füße, die Beine und der Po kamen zum Vorschein. Margot spürte die Arme im Geburtskanal und drückte sie dicht an den Körper. "Noch mal!", befahl sie. Lena drückte und brüllte laut. Das Baby wurde geboren, sofort gefolgt von einem Schwall Blut. Margot konzentrierte sich auf das Baby, durchtrennte die Nabelschnur und gab ihm einen Klaps. Es schrie.

"Es ist ein Mädchen!", sagte sie und wandte ihre Aufmerksamkeit Lena zu. "Es geht ihr gut." Lenas Gesicht war schneeweiß Sie sah Anton in die Augen. "Pass auf sie auf", flüsterte sie, "versprich es!"

"Natürlich werde ich das. Wir beide werden es tun. Wovon sprichst du?" Lena blickte immer noch in die Augen ihres Mannes, als ihr Kopf zur Seite sank. "Lena! Lena! Was ist denn los?" Anton rüttelte an Lenas Schultern. "Lena! Verlass mich nicht! Ich brauche dich! Wir alle brauchen dich, Lena!"

Gustl legte Anton sanft eine Hand auf die Schulter. "Sie ist von uns gegangen, Anton, es tut mir leid." Anton sah Margot an, die immer noch das Baby hielt. Sie nickte leicht. "Blutung", flüsterte sie.

"Neeein...!" Anton schrie schluchzend auf und warf sich an Lenas Brust. "Nein, du kannst nicht gehen, noch nicht!" Margot wickelte das Baby und stellte etwas Milch zum Aufwärmen auf den Herd. Dann gab sie Jakob und Josef einen Becher mit warmer Milch und zeigte ihnen ihre kleine Schwester.

"Wird Mama wieder gesund?", flüsterte Jakob. Margot nahm ihn in ihre Arme. "Nein, mein Schatz, ich fürchte nicht. Du musst jetzt ganz tapfer sein und deinem Papa und Josef helfen." "Aber ich will Mama!" "Ich weiß, mein Schatz, ich weiß. Komm jetzt, trink deine Milch und versuch dich auszuruhen. Es ist noch Nacht." Margot legte die Jungen mit einer Decke auf den Boden. Das Baby legte sie neben die beiden.

"Kann ich dir helfen?", fragte Gustl.

"Ja, hilf mir, Lena in unser Zimmer zu tragen. Wir können heute Nacht hier bei den anderen schlafen."

Anton hing wie angeklebt über Lenas Körper. Gustl nahm ihn sanft an den Schultern und führte ihn wie ein kleines Kind zu einer Matratze. Er drückte ihn hinunter. "Margot muss sie jetzt vorbereiten. Versuch, dich ein wenig auszuruhen." Er trug Lena auf ihr eigenes Bett und Margot begann sie zu waschen.

"Glaubst du, das Baby wird überleben?", flüsterte Gustl. Margot zögerte. "Ich habe gelogen", antwortete sie leise. "Mit ihrem linken Fuß ist etwas nicht in Ordnung. Er ist deformiert. Er ist nach unten und auch nach innen gebogen. Aber wenn wir eine Amme finden, könnte sie überleben. Doch im Moment kann keiner von uns etwas tun. Morgen solltest du versuchen, mit Anton das Vieh zusammenzutreiben. Ich werde die Jungs für ein paar Stunden zu Elsa bringen und mich bemühen, eine Amme für das Baby zu finden, das ist das Wichtigste. Ich sage dem Bestatter Bescheid wegen Lena und spreche mit dem Pfarrer."

"Dann legen wir uns besser eine Stunde hin", antwortete Gustl.

2

OKTOBER 1849

Die Dämmerung brach an. Margot erhob sich und legte ein paar Holzscheite in die Glut unter dem Ofen. Sie öffnete die Tür zu den Stallungen und begann, die Kühe zu melken. Ihr Hof war typisch für die Gegend. Er war unter einem Giebeldach in den Hang gebaut und in zwei Hälften geteilt, wobei die Wohnräume der Familie auf der Sonnenseite und der Stall auf der Wetterseite lagen. Über dem Kuhstall befand sich ein Heuboden. Die Tiere verbrachten die Nächte und den Winter in ihrem Quartier. Wenn draußen meterhoch Schnee lag, war es einfach, sie zu versorgen. Hinter dem Haus war der Eingang zum Heuboden ebenerdig. Gustl ging zuerst zur Außentoilette und dann zum Brunnen, um Wasser zu holen. Er füllte die Tränke für die Kühe, öffnete die Außentür des Stalls und ließ die Tiere auf ihre Weide hinaus. Dann holte er mehr Wasser aus dem Brunnen und brachte es ins Haus. Die täglichen Arbeiten mussten erledigt werden. Das war gut so, denn so musste er nicht zu viel nachdenken oder sich Sorgen machen.

Nachdem die ersten Aufgaben geschafft waren, stellte Margot einen Laib Brot, Butter und selbstgemachte Kirschmarmelade auf den Tisch. Sie begann, dicke Brotscheiben zu schneiden – heute war nicht der Tag, um zu knausern – setzte die Jungen an den Tisch und stellte jedem einen Becher mit warmer Milch hin. Sie riskierte einen Blick auf das neugeborene Baby. Es bewegte sich. Vermutlich wog es etwa fünf Pfund, obwohl es zu früh gekommen war. Sie setzte sich selbst hin und begann zu essen; es würde ein langer Tag werden.

Gustl kam mit Anton ins Haus. Sie setzten sich beide wortlos an den Tisch und nahmen sich ein Stück Brot.

Anton funktionierte automatisch, aber seine Gedanken waren weit weg. Er hörte Stimmen, weit entfernt, wie durch Nebel. Als eine Stimme hartnäckig und lauter wurde, kam er aus seiner Trance zurück.

"Wie willst du sie nennen?", fragte seine Schwester.

Er verstand nicht, wovon sie sprach.

"Anton!" Margot beugte sich über den Tisch und nahm seine Hände in die ihren. "Sie braucht einen Namen!" Er blickte von seinem Teller auf – erschrocken – als hätte er gerade erst gemerkt, dass sie mit ihm sprach. Er starrte Margot mit großen Augen an.

"Papa!", rief Jakob. "Geht's dir gut? Du wirst doch nicht *auch* sterben, oder, Papa?" Anton sah seine beiden Jungen an, seine Augen waren voller Tränen. Er wischte sie mit seinem Ärmel weg. "Nein Jakob, mach dir keine Sorgen, ich bin nur traurig."

"Hattet ihr euch nicht schon für Namen entschieden?", fragte Margot.

"Nein, Lena dachte, es brächte Unglück..." Anton schluckte. "Wenn es ein Junge gewesen wäre, hätte ich an Wilhelm gedacht ... nach unserem Vater", sagte er und versuchte, sich zusammenzureißen.

"Wilhelmine also, das ist ein schöner Name", antwortete Margot. "Ich werde heute versuchen, eine Amme zu finden. Was meinst du, wer könnte sie aufnehmen?"

Anton dachte über die Frage nach. "Nun, das Mädchen unserer Nachbarin ist drei Monate alt. Unter normalen Umständen wären sie unsere größte Hoffnung gewesen. Franziska ist sehr nett – das sind sie beide – aber auch ihr Hof ist abgebrannt. Ich weiß nicht, wo sie unterkommen werden, doch ihre Verwandten werden nicht noch mehr Leute aufnehmen wollen, vor allem keine Fremden."

"Dann, wer sonst?"

"Die Frau des Bürgermeisters?"

"Die kannst du vergessen, sie wird mit Leuten wie uns nichts zu tun haben wollen."

"Ich weiß nicht, sie scheint freundlich genug. Sie bringt belegte Brote und Bier zu den Ratssitzungen mit."

"Nun, sie muss freundlich sein, wegen ihres Mannes. Das heißt aber nicht, dass sie das Baby einer anderen stillen würde. Jedenfalls ist sie von außerhalb." Wie die meisten Dorfbewohner war Margot von Natur aus misstrauisch gegenüber jedem, der nicht seit mindestens drei Generationen in einem Umkreis von dreißig Kilometern lebte.

Gustl seufzte verärgert. "Sie ist nur aus Bern, nicht aus Amerika! Aber es gibt ja noch Helga..." Normalerweise würde er es nicht wagen, den Namen seiner Schwester vor seiner Frau zu erwähnen, aber ... nun, das waren besondere Umstände.

"Du *scherzt! Diese* doppelzüngige Schlampe kannst du vergessen! Sie würde über Leichen gehen, um zu bekommen, was sie will." Margot spuckte Gift und Galle.

"Nun, sie hat uns schon oft ihre Hilfe angeboten."

"Oh ja, sie *bietet* sie an. Vor allem, wenn sie etwas von uns will. Aber wenn man sie fragt, hat sie immer eine Ausrede parat. Hast du vergessen, wie ich nach dem Verlust unseres Kindes so krank war? Du warst auf der Alm und ich habe sie gebeten, das Melken für mich zu übernehmen. Nur für *einen* Tag. Und erinnerst du dich an ihre Antwort? Sie sagte, sie würde es tun, wenn sie *könnte*, aber sie wollte an diesem Morgen die Postkutsche nach Spiez nehmen, um Stoff für ein neues Kleid zu kaufen!"

"Nun, ein Baby zu stillen ist viel verlangt, aber wir haben vielleicht keine andere Wahl, und sie *gehört* zur Familie."

"Fällt euch denn niemand anderer ein?" Die Männer schwiegen, und Margot hatte sich bereits den Kopf zerbrochen und keine Lösung gefunden.

"Na gut, aber ich werde zuerst deine Nachbarin Franziska fragen. Wenn sie nicht kann, dann kann Helga sie vielleicht für ein oder zwei Tage stillen, bis wir jemand anderen gefunden haben. Ich könnte Dr. Köfeli in Frutigen fragen, ob er jemanden kennt. Was ist mit dem Bestatter? Soll ich den Schreiner Hans bitten?"

"Ja, er wird uns nicht betrügen."

"In Ordnung. Ich bringe die Jungs besser zu Elsa und fange dann an. Viel Glück mit dem Vieh."

*****

Margot spritzte sich kaltes Wasser ins Gesicht und bürstete ihr langes braunes Haar. Sie scheitelte es in der Mitte und flocht sorgfältig zwei Zöpfe, die sie dann über demKopf kreuzte und feststeckte. Sie zog ihr braunes Arbeitskleid aus und ihr schwarzes Kleid an, das sie nur sonntags und zu besonderen Anlässen trug. Sie schlang sich einen Schal um die Schultern, packte Wilhelmine in eine Decke und ging mit den Jungen nach nebenan zu Elsa. Sie wusste, dass sie sich auf Elsa verlassen konnte; sie halfen sich immer gegenseitig aus. Sie war diejenige, die nach Margots Fehlgeburt die Kühe gemolken hatte. Sie hatte nicht mit der Wimper gezuckt, obwohl sie weiß Gott selbst genug zu tun hatte. Sie hatte neun Kinder und einen faulen Taugenichts als Ehemann. Er wurde gewalttätig, wenn er betrunken war, und das war oft der Fall. Margot klopfte an die Tür, und Elsa öffnete. Sie verbarg ihre Überraschung, Margot mit drei Kindern zu sehen, und bat sie herein.

"Margot, du bist es! Komm aus der Kälte herein und setz dich. Wie kann ich dir helfen? Das mit dem Haus von Anton und Lena tut mir leid, ich habe gesehen, dass es abgebrannt ist. Sind das ihre drei Kinder? Ich wusste nicht, dass das Jüngste schon fällig war."

"Ja, es sind ihre. Das Baby kam zu früh, und ... ach je, es gibt keinen guten Weg, das zu sagen, Lena ist gestorben."

"Oh nein, armer Anton! Was wird er nur tun? Und die arme Kleine ... hast du jemanden, der sie stillt?" Wie aufs Stichwort fing Wilhelmine an zu greinen wie ein Kätzchen. Niemand fütterte sie und sie weinte noch lauter und wütender. Sie wurde rot im Gesicht und ihre Lippen zitterten. Elsa stand auf und holte einen sauberen Lappen aus einer Schublade. Sie machte einen Knoten hinein und tauchte ihn in Honig, dann steckte sie ihn Wilhelmine in den Mund, die hungrig daran saugte und für den Moment beruhigt war.

"Ich habe noch niemanden, deshalb bin ich hier. Kannst du auf die Jungs aufpassen, bis ich die Sache geregelt habe?"

"Natürlich, lasst sie hier, solange ihr wollt. Ich werde dafür sorgen, dass ihnen nichts passiert. Wen willst du denn fragen?"

"Nun, ich dachte, ich versuche es zuerst bei Franziska. Wenn das nicht klappt, frage ich bei Helga und dann bei der Frau des Bürgermeisters nach. Es sei denn, du kennst jemand anderen?"

Elsa dachte eine Weile nach. "Hmm, schwierig. Franziska kannst du vergessen, fürchte ich. Ich habe gestern Abend beim Löschen geholfen und sie hat mir gesagt, dass sie zu ihrem Bruder nach Adelboden fahren wird. Sie versteht sich nicht gut mit ihrer Schwägerin, es wird also nicht einfach werden. Nicht, dass die es sich nicht leisten könnten,... Ihr Bruder hat acht Kühe. Acht Kühe! Kannst du dir das vorstellen? Er ist der reichste Bauer in dieser Gegend. Aber die Schwägerin ist eine verbitterte alte Schrulle. Ihre Nasenlöcher verengen sich immer, als ob sie etwas Schlechtes riecht. Mit dieser Hexe möchte ich nicht einen Tag zusammenleben, geschweige denn ein paar Monate."

"Oh nein, dann muss ich in den sauren Apfel beißen und Helga anflehen."

"Die Frau des Bürgermeisters *könnte* helfen, sie ist eigentlich ganz nett."

Margot verzog das Gesicht.

"Nun, wenn alles scheitert, kannst du immer noch Dr. Köfeli fragen, ob er jemanden kennt. Du musst dich aber beeilen, das Baby kann nicht ewig warten."

"Ich weiß, wünsch mir Glück! Oh, und danach muss ich zum Bestatter und zum Pfarrer."

Elsa nickte ernst. "Ja, ich beneide dich nicht. Dann viel Glück und mach dir keine Sorgen um die Jungs."

*****

Margot ging den Berg hinunter in Richtung Zentrum des Städtchens. Wilhelmine schlief in ihren Armen ein, und Margot blickte hinter sich, den Berghang hinauf zu den Höfen, die über die Landschaft verstreut lagen. Sie zählte sieben Höfe, die niedergebrannt waren. Sieben! Und ein paar weitere waren beschädigt, schwarz vor Ruß. Zum Glück war der Regen gekommen, bevor noch mehr zerstört wurden. Sie fragte sich, was die Familien tun würden. Sie und Gustl würden sich natürlich um Anton und die Jungen kümmern, bis Anton seinen Hof wiederaufgebaut hatte. Hoffentlich würden er und Gustl heute alle Tiere zurückholen. Aber was war mit den Familien ohne Verwandte? Sie würden von der Armenkasse abhängig werden, vermutete sie.

Sie ging durch das Zentrum. Das Gelände war hier flacher und die Häuser waren drei Stockwerke hoch bis unter die Traufe. Viele hatten hölzerne Balkone, kunstvoll mit ornamentalen Motiven verziert, und auf einigen war der Name der Erbauerfamilie in goldenen und schwarzen Buchstaben auf die Fassade gemalt, zusammen mit einem Bibelvers. Das Zentrum war nicht groß, nur eine Straße mit Fachwerkhäusern auf beiden Seiten. Es gab das Rathaus, die Schule und einen Tante-Emma-Laden, in dem man alles kaufen konnte, von Lebensmitteln bis zu Eisenwaren. Sie ging weiter, vorbei am "Goldenen Ochsen", wo die Postkutsche hielt, am steinernen Wassertrog und an der Schmiede. Dann bog sie links in eine Straße ein, überquerte die Brücke über den Fluss Gungg und bog rechts in einen Weg ein, der zur Mühle und zu Helgas Haus führte.

Helga und ihr Mann Heinz wohnten in einem kleinen zweistöckigen, rosafarbenen Haus mit grünen Holzfensterläden. Margot stieg die fünf Steinstufen zum Eingang hinauf, klopfte an und zog sich dann wieder ein paar Stufen zurück. Helga öffnete die Tür, und als sie Margot mit dem Baby auf dem Arm sah, fiel ihr die Kinnlade herunter, als stünde dort der "Stollenwurm" und nicht ihre Schwägerin. Schnell schloss sie den Mund wieder, schürzte die Lippen und verharrte in der Tür, um den Eingang zu versperren, die Arme vor der Brust verschränkt.

"Margot! Was machst du denn hier? Ich habe von Lena und Anton gehört. Das tut mir leid! Heinz ist jetzt da oben und hilft ihnen, die Tiere einzufangen. Ich würde dich hereinbitten, aber Hedwig ist gerade eingeschlafen." Helga meinte damit ihre fünf Monate alte Tochter.

Margot hielt Wilhelmine zu Helga hoch.

"Das ist Lenas Tochter, Wilhelmine."

Helga beugte sich vor und schaute in das Wollbündel. "Oh,

sie ist winzig. Ich nehme an, sie wird sterben, jetzt wo Lena weg ist. Wenigstens hat Anton noch die Jungs."
"Nun, eigentlich suche ich nach einer Amme. Hast du nicht gesagt, dass Hedwig jetzt feste Nahrung zu sich nimmt?"
"Oh ja, sie ist immer so brav. Abends isst sie dasselbe wie wir, und tagsüber Möhren- oder Apfelmus, was immer ich ihr gebe!"
"Aber du gibst ihr doch auch die Brust?"
"Oh ja, sie braucht ihren Schlaftrunk, und dann zur Frühstückszeit und mittags vor dem Mittagsschlaf."
"Ich ... wir ... nun, Anton ... wir haben uns *alle* gefragt, ob du ... nun, wir wissen, dass es viel verlangt ist, aber könntest du Wilhelmine stillen? Sie ist am Verhungern."
"*Ich?*" Helgas Stimme nahm einen hohen Tonfall an. Ihr Gesichtsausdruck war entsetzt, als hätte ihr gerade jemand vorgeschlagen, sich mit Kuhmist zu waschen. "Oh nein, das kann ich nicht! ... Ich meine, ich würde ja, wenn ich *könnte*", fügte sie rasch hinzu, "aber ich kann nicht. Ich habe kaum genug Milch für Hedwig. Gibt es denn sonst niemanden, den du fragen könntest?"
"Nein. Franziskas Haus ist auch abgebrannt, sie ist zu Verwandten nach Adelboden gefahren. *Bitte*, nur für ein oder zwei Tage, bis ich jemand anderen gefunden habe?", flehte Margot.
"Was ist mit der Frau des Bürgermeisters, hast du sie schon gefragt? Hari ist jetzt dort und spielt mit Ferdinand."
"Nein, noch nicht. Wir dachten, da du zur Familie gehörst..." Margots Stimme verstummte.
"Nein, ich kann nicht, es tut mir leid."
Margot wandte sich um. "Tschüss dann", sagte sie und ging.
"Tschüss", rief Helga ihr nach, "aber wenn ich noch etwas tun kann, *jederzeit*, ich helfe *gerne*!"

*****

Margot war wütend. Wäre sie ein Stier, würde sie schnauben, dampfende Luft würde aus ihren Nasenlöchern strömen und ihr rechter Fuß würde auf dem Boden herumstampfen. Sie fühlte sich *so* gedemütigt. Helga gab ihr immer dieses Gefühl. Wie jemand, der nicht gut genug ist, ein Bürger zweiter Klasse. Ihr Körper war angespannt, ihre Stirn gerunzelt, als sie zurück ins Städtchen lief. Insgeheim wünschte sie Helga alles erdenkliche Unglück. Ach, hätte sie doch nie gefragt! Sie hatte *gewusst, dass* sie nicht helfen würde, aber Gustl hatte darauf bestanden. Das nächste Mal konnte er selbst fragen! Helga hätte es doch wenigstens versuchen können. *Hari spielt mit Ferdinand.* Bitte gerne, du eingebildeter Snob.

Wilhelmine fing wieder an zu greinen, sie hatte Hunger. Nach diesem Vorfall fühlte sich Margot nicht wirklich mutig genug, Frau Bühler, der Frau des Bürgermeisters, gegenüberzutreten. Aber angesichts der brüllenden Wilhelmine blieb ihr auch keine andere Wahl; sie musste sie fragen. Sie konnte nur nein sagen. Worte konnten doch sicherlich nicht verletzen. Aber da war sie sich nicht so sicher, der Kontakt mit ihrer Schwägerin tat ihr noch immer weh. Sie kämpfte gegen die Tränen der Verzweiflung an, hob nervös den glänzenden Messingklopfer an der dunkelgrün lackierten Tür des Bürgermeisterhauses und ließ ihn fallen. Wenn Frau Bühler nicht auf das erste Klopfen antwortete, würde sie gehen. Sie hörte Schritte kommen und wich hastig zwei Schritte zurück.

"Frau ... Piller, nicht wahr? Kommen Sie herein." Frau Bühler trat beiseite und hielt Margot die Tür zum Eintreten auf. "Ich habe Sie mit Ihrem Mann in der Kirche gesehen. Stehen Sie doch nicht draußen in der Kälte... kommen Sie herein, folgen Sie mir!" Frau Bühler ging die Eingangshalle entlang, öffnete eine Tür auf der linken Seite und sagte: "Kommen Sie und setzen Sie sich ins Warme." Margot wischte sich die Schuhe an der Fußmatte ab, länger als notwendig, und folgte

Frau Bühler durch den Flur in die Stube. "Setzen sich hin, wo Sie wollen. Was darf ich Ihnen zu trinken anbieten: Kaffee? Tee? Ein kleines Glas Wein vielleicht?"

"Ein Kaffee wäre schön", antwortete Margot. Sie hatte in ihrem ganzen Leben noch nie Kaffee getrunken, aber sie wollte ihn unbedingt probieren.

"Machen Sie es sich bequem, es dauert nur eine Minute." Frau Bühler verließ das Zimmer und Margot betrachtete ihre Umgebung. Der Boden war aus Holz, poliert und glänzend; es roch nach Bienenwachs. An einer Wand befand sich ein Sofa, aus dunkel lackiertem Holz geschnitzt und mit einem glänzenden Stoff gepolstert. Gegenüber dem Sofa waren zwei passende Stühle. Dazwischen stand ein niedriger Couchtisch auf einem dicken Wollteppich. Eine Ecke des Raumes füllte ein Kachelofen aus, der mit grünen Keramikkacheln verkleidet war. Margot ging ein paar Schritte darauf zu, streckte einen Finger aus, um ihn zu berühren, und zog ihn dann schnell wieder zurück – er war glühend heiß. Neben dem Ofen stand eine hölzerne Wiege mit weißen, spitzenbesetzten Vorhängen. Sie hatte noch nie etwas so Schönes gesehen; sie war mit Schnitzereien aus winzigen Blumen und Tieren verziert. Sie spähte hinein und erblickte ein schlafendes Baby.

Frau Bühler trat leise ein und stellte ein Tablett auf den Kaffeetisch. "Das ist Albert, unser Jüngster", sagte sie fröhlich. "Nun denn, wie mögen Sie Ihren Kaffee? Sahne? Zucker?"

"Ja, bitte, beides. Nur einen Zucker", fügte Margot hastig hinzu, um nicht gierig zu wirken. "Ihr Junge ist wunderschön."

"Ja, nicht wahr?" Frau Bühler errötete geschmeichelt. "Nun denn, setzen Sie sich und trinken Sie Ihren Kaffee, und dann müssen Sie mir sagen, wie ich Ihnen helfen kann. Ist das Ihr Baby?"

"Nein, das ist Wilhelmine, die Tochter meines Bruders. Ihre Mutter ist bei der Geburt gestorben."

"Oh nein, das arme kleine Ding, sie muss verhungern! Soll ich versuchen, sie zu stillen?"

"Würden Sie?"

"Ich kann schauen, ob sie saugt. Geben Sie sie mir", sagte Frau Bühler, setzte sich hin und knöpfte ihr Kleid auf. Margot gab ihr das Baby, das sofort die Brustwarze fand und heftig zu saugen begann.

"Sehen Sie, sie hatte Hunger", sagte Frau Bühler. "Wie ist es passiert? War die Geburt *sehr* schwierig?"

"Das Baby lag in Steißlage und es war zu spät, um es zu drehen. Das Feuer hat die Wehen zu früh ausgelöst und dann... nun, wir mussten Lena zu uns nach Hause bringen und am Ende... hatte sie Blutungen."

"Oh, das tut mir sehr leid. Ihr Bruder ist dann wohl Anton Schneider? Hat er nicht auch zwei Jungs?"

"Ja, Jakob und Josef, sie sind ein und zwei Jahre alt."

"Und sein Hof ist abgebrannt?"

"Ja. Er hat es geschafft, das Vieh rauszulassen; mein Mann hilft ihm gerade, es zusammenzutreiben. Aber alles andere hat er verloren."

"Und jetzt auch noch seine Frau, der arme Kerl. Ich muss mit meinem Mann darüber sprechen, wie wir helfen können. Ich habe gehört, dass noch mehr Menschen ihr Zuhause verloren haben."

"Ja, sieben Häuser sind abgebrannt. Anton kann bei uns bleiben und Franziska Gehring ist zu ihrem Bruder nach Adelboden gegangen. Was mit den anderen ist, weiß ich noch nicht."

"Mein Mann sagte mir, dass niemand bei den Bränden ums Leben gekommen sei."

"Nicht direkt, nein. Nur Lena."

Frau Bühler nahm Wilhelmine von ihrer Brust. Sie protestierte sofort, bevor Frau Bühler Zeit hatte, ihr die andere

Brustwarze zu geben. Sobald sie wieder Milch fand, hörte sie auf zu weinen.

"Ah, sie ist ungeduldig, die Kleine. Albert ist auch so. Was werden Sie mit ihr machen?"

"Ich hoffe, dass ich eine Amme finde. Zuerst dachten wir, Franziska könnte sie stillen, aber sie ist weggezogen. Ich habe gerade mit meiner Schwägerin gesprochen, doch die hat nicht genug Milch. Ich dachte, ich könnte morgen nach Frutigen laufen und Dr. Köfeli fragen, ob er jemanden kennt. Ich würde ja heute gehen, aber nun ist es zu spät und ich muss noch zum Bestatter und zum Pfarrer. Doch jetzt, wo Sie sie gestillt haben, wird es ihr bis morgen gut gehen. Wir sind Ihnen sehr dankbar, Frau Bühler."

"Bitte nenn mich Helena. Ich frage mich ... nun, ich nehme an, Wilhelmine würde nicht *sterben*, wenn sie einen Tag lang nichts zu essen bekäme, aber warum lasst ihr sie nicht bei mir? Ich meine, bis ihr jemand anderen gefunden habt. Es könnte ein oder zwei Tage dauern, bis ihr jemanden auftreibt, und ich möchte nicht, dass sie die ganze Zeit weint, wenn ich doch Milch habe."

"Oh, Frau Bü... Helena, würdest du das tun? Hast du genug Milch für beide Babys?"

"Ich bin mir nicht sicher, aber ich kann es versuchen, und Albert isst schon ein bisschen Möhrenbrei."

"Ich werde gleich morgen früh zu Dr. Köfeli gehen. Das geht schneller, wenn ich Wilhelmine nicht tragen muss."

"Dann ist das ja geklärt. Nun sag mir, welchen Bestatter wirst du nehmen?"

"Wir dachten Schreiner Hans."

"Ah ja, er ist ein guter Mann. Gerechte Preise. Wir hatten ihn letztes Jahr, als mein Schwiegervater starb. Aber er ist schon sehr alt. Er muss auf die Neunzig zugehen."

"Sein Sohn hilft ihm manchmal."

"Ja, doch der ist auch kein junger Mann mehr. Ich werde dir etwas erzählen. Letztes Jahr hatten wir meinen Schwiegervater in seinem Sarg hier auf diesem Couchtisch aufgebahrt. Wir hatten die Heizung nicht an. Jedenfalls kamen Schreiner Hans und sein Sohn, um den Sarg abzuholen und ihn in die Kirche zu bringen. Hans trat ein, praktisch auf Zehenspitzen, und wie du weißt, ist er groß und dünn und hat einen krummen Rücken. Mit seinen schwarzen Kleidern und seinem Zylinder sah er aus wie eine riesige schwarze Dohle. Jedenfalls stolperte er über den Teppich, und einen Moment lang dachte ich, er würde direkt in den Sarg fallen, auf meinen Schwiegervater!" Helena presste eine Hand auf ihre Brust. "Ich hatte fast einen Herzinfarkt, das kann ich dir sagen. Ich war so geschockt, mein Herz hat wie verrückt geklopft."

"Und dann?" Margots Kinnlade war heruntergefallen.

"Sein Zylinder purzelte in den Sarg, aber er schaffte es, sich an der Seite des Sarges zu fangen. Er entschuldigte sich und ich sagte, es sei nicht seine Schuld, was natürlich nicht der Fall war. Aber als sie gingen ... nun, ich musste ein kleines Glas Kirschschnaps trinken, um meine Nerven zu beruhigen!" Helena schlug sich eine Hand vor den Mund und kicherte. Margot sah sie dankbar an und lächelte. Es war nett von Helena, dass sie versuchte, sie zu beruhigen. Sie stand auf, um zu gehen. "Ich mache mich dann auf den Weg, vielen Dank. Wir sind dir wirklich sehr dankbar."

"Unsinn, du hättest das Gleiche für mich getan, da bin ich mir sicher."

"Ich hatte letztes Jahr eine Fehlgeburt und seitdem ... nun, wir sind noch nicht mit Kindern gesegnet worden. Aber Lena hätte dir geholfen, wenn sie gekonnt hätte."

"Oh, das tut mir so leid, das wusste ich nicht. Aber mach dir keine Sorgen, du hast noch viel Zeit."

"Ja, natürlich. Gut, dann gehe ich jetzt zum Schreiner Hans."

Margot verließ Helenas Haus, die Brust voller Erleichterung. Jetzt hatte sie Hoffnung, dass Wilhelmine überleben könnte.

Sie betrat das Büro des Bestatters und fand Schreiner Hans an seinem Schreibtisch. "Mein Beileid zu eurem Verlust", sagte er mit ernster Miene. "Eine schreckliche Tragödie."

Schlechte Nachrichten verbreiten sich schnell, stellte Margot fest. "Ja. Kannst du zum Haus kommen, um die... Lena abzuholen?"

"Ja, natürlich, sobald mein Sohn zurück ist. Er sollte bald wieder da sein. Habt ihr schon überlegt, was für einen Sarg ihr möchtet?"

"Oh, nein! Ich habe vergessen, Anton zu fragen. Nichts Ausgefallenes, glaube ich. Er wird seine Ersparnisse brauchen, um seinen Hof wiederaufzubauen, und Lena kann jetzt nichts mehr helfen."

"Nein. Das ist ein Standardsarg", sagte er und stand auf, um Margot einen Kiefernholzsarg ohne zusätzliche Verzierungen zu zeigen. "Er ist vollkommen ausreichend und sehr preiswert, eine beliebte Wahl. Wenn du möchtest, kann ich diesen mitbringen, und falls Anton einen anderen Sarg bevorzugt, können wir ihn austauschen."

"Ja, das ist eine gute Idee."

"Weißt du, wann die Beerdigung stattfindet?"

"Nein, noch nicht. Ich gehe jetzt zum Pfarrer."

"Gut, dann kannst du es mir ja heute Abend sagen."

Margot fühlte sich wie ausgelaugt, während sie die Straße zum Pfarrhaus hinunterging. Sie trat durch das Gartentor ein und klopfte an die Haustür. Die Haushälterin des Pfarrers ließ sie eintreten und führte Margot in das Arbeitszimmer. Pfarrer Moser saß an seinem Schreibtisch und schrieb. Er schaute auf, als sie eintrat. "Ah, Frau Piller", sagte er, "ich habe Ihren Bruder erwartet." Margot bemühte sich, sich nicht zu ärgern. "Er versucht, das Vieh zusammenzutreiben", erklärte sie. "Ja.

Sie können ihm sagen, dass ich die Beerdigung am Samstag abhalten kann. Möchte er, dass ich heute Abend zu ihm nach Hause komme, um mit ihm zu beten?" Margot zögerte. Sie fühlte sich plötzlich sehr unbeholfen. "Ich glaube, das würde er gerne, ja."
"Sagen Sie Ihrem Bruder, dass ich um sechs Uhr komme. Schönen Tag noch, ich muss meine Arbeit fortsetzen." Margot knickste und ging rasch, ohne auf die Haushälterin zu warten. Sie eilte zu Elsas Haus zurück, um diese nicht länger als nötig mit den Jungen zu belasten. Margot bedankte sich schnell und kehrte nach Hause zurück; sie hatte noch so viel zu tun. Als erstes ging sie in die Speisekammer und holte eine Flasche ihres selbstgemachten Pflaumenschnapses aus dem obersten Regal. Sie schenkte sich ein kleines Glas ein und trank es in einem Zug aus. "Das habe ich mir verdient," sagte sie zu sich selbst. Dann zog sie sich ihr braunes Arbeitskleid an und fing an, das Essen zuzubereiten.

*****

Anton und Gustl kehrten mit zwei Ziegen zurück. Sie banden sie sicher an einem Pfosten auf dem Hügel hinter dem Haus an und kamen dann ins Haus, um zu sehen, ob Margot Abendessen gekocht hatte.

"Das riecht gut", lobte Gustl Margot, während er sich die Hände wusch.

"Ich habe einen Eintopf mit Würstchen, Kartoffeln und Gemüse gemacht. Ich hoffe, es reicht. Der Pfarrer kommt um sechs und sein Appetit ist bekannt."

"Es ist gut von ihm, dass er kommt. Wir müssen gastfreundlich sein."

"Ja, natürlich. Ich habe auch frisches Brot gebacken, nur um sicher zu gehen."

"Und dein Pflaumenschnaps?"

"Steht schon auf dem Tisch", antwortete Margot, und deutete dort hin. "Hast du alle Tiere zurück, Anton?"

"Beinahe. Wir haben zuerst die Kühe zurückgeholt und Stein Willi brachte meine Sau an einem Seil. Er sagte, sie sei in seinem Gemüsebeet gewesen, aber er hat sich nicht beschwert. Er meinte nur, es wäre am einfachsten, sie selbst zurückzubringen", antwortete Anton.

"Das war nett von ihm."

"Ja, ich habe ihm gesagt, dass ich ihm zu Weihnachten ein paar Würste gebe, nachdem sie geschlachtet wurde, aber er sagte, das sei nicht nötig."

"Du machst es doch trotzdem?"

"Ja, natürlich."

"Ich habe euch beide mit den Ziegen zurückkehren sehen, also können nur noch die Hühner fehlen. Hast du übrigens Heinz gesehen? Helga sagte mir, er wäre gegangen, um dir zu helfen."

"Heinz? Er war da, ja. Aber er sagte, er habe seinen Hühnerstall versehentlich offengelassen und seine Hühner seien rausgelaufen. Er meinte, er sei da oben um sie einzufangen."

"Hm? Die wohnen dreißig Minuten entfernt!"

"Ja, das habe ich mich auch gefragt, denn ich dachte, eines der Hühner unter seinem Arm sei meines. Aber es könnte möglich sein, nehme ich an. Jedenfalls wollte ich mich nicht streiten. Er gehört ja schließlich zur Familie."

"Er hat also gerade eines deiner Hühner gestohlen!", rief Margot aus.

"Das weiß ich nicht. Jedenfalls haben wir die anderen neun eingesammelt, also ist es ganz gut gelaufen. Das letzte hätte auch ein Fuchs erwischen können. Was ist mit Wilhelmine, kann Helga helfen?"

"Nein, wenn sie das tun würde, hätte ich ihr gerne eines meiner eigenen Hühner gegeben! Sie sagte, sie hätte nicht

genug Milch. Aber keine Sorge, Frau Bühler wird sie stillen, bis wir jemand anderen gefunden haben."
"Frau Bühler?" Anton schaute erstaunt auf. "Alle sind so nett", sagte er. "Sei nicht so streng mit Helga, Margot. Wahrscheinlich hat sie wirklich nicht genug Milch."
"Fein, ich will mal nicht so sein. Wir haben genug andere Probleme, um die wir uns kümmern müssen." Sie würde ihm bald von Wilhelmines Fuß erzählen müssen, dachte Margot. Laut sagte sie: "Jetzt mach dich frisch. Schreiner Hans wird bald hier sein, und dann kommt der Pfarrer."

3

MAI 1850

Anton schlug einen langen Nagel in den rechteckigen Holzklotz. Bis auf ein wenig Mauerwerk unter Ofen und Feuer war das ganze Bauernhaus aus Holz gebaut. Die Vorderseite des Hauses blickte nach Südosten über das Tal und auf das Gehrihorn. Er hatte die Treppe vom Gemüsegarten zu einer Loggia hinauf fertiggestellt, von der aus man die Eingangstür erreichte, aber er brauchte noch Glas für die Fensterscheiben.

Das Erdgeschoss war ansonsten fertig. Für die zweite Etage benötigte er mehr Holz. Glücklicherweise hatte er reichlich davon. Wie fast alle Bergbauern in dieser Gegend besaß er ein kleines Stück Wald. Holz war ein wesentlicher Bestandteil ihres Einkommens, und so wurde der Wald gehegt und gepflegt.

Anton war zufrieden mit seinen Fortschritten, aber er runzelte die Stirn, wenn er an die Kosten für die Nägel, die Farbe und alles andere dachte, was er so brauchte. Er hatte bereits eine Kuh verkauft, doch er würde noch eine weitere verkaufen müssen.

Er schlug sich mit dem Hammer auf den Daumen und wurde aus seinen Tagträumen geschreckt. Bald musste er aufhören, die Dämmerung war bereits hereingebrochen und er konnte den Nagel kaum noch vom Holz unterscheiden. Er schaffte noch die nächsten drei Nägel und hörte dann auf. Es lag nicht nur am fehlenden Licht, sondern auch daran, dass es nach wie vor unaufhörlich regnete und seine Muskeln am ganzen Körper schmerzten.

Er räumte das Werkzeug weg und machte sich dann auf den Weg zurück zu Margots Hof. Der Schlamm quietschte unter seinen Stiefeln, als er den Berghang hinunterlief. Die zahlreichen Bäche, die normalerweise nur in malerischen Rinnsalen den Berghang hinunterplätschern, stürzten wie wild die Alpengipfel hinunter, das Wasser spritzte und spuckte aus seinem felsigen Bett empor und überschwemmte die Felder auf beiden Seiten, so dass der weiche Boden durchnässt wurde.

Die Menschen im Kandertal waren an Überschwemmungen gewöhnt. Die Kander und ihre Hauptzuflüsse, der Oeschibach und die Engstlige, entsprangen alle in den Alpen. Jedes Frühjahr, wenn die Temperaturen stiegen und der Schnee auf den Berggipfeln zu schmelzen begann, stürzten Millionen Liter klares, eiskaltes Wasser die Hänge hinunter zum Thunersee. Dieses Jahr war das Wasser jedoch nicht klar. Zusätzlich zur Schneeschmelze hatte es viel mehr geregnet als sonst. Die Regengüsse hatten den weichen Boden abgetragen und Erde, Schlamm und Steine in die Flüsse geschwemmt.

Der hölzerne Steg, der sich über den Heiti-Bach spannte, hielt noch immer Stand. Anton begann, ihn zu überqueren. Er blieb in der Mitte stehen, um über den Rand auf das schlammige braune Wasser zu blicken, das nur eine Handbreit unter seinen Füßen wütend blubberte, während es Richtung Osten zum Fluss Kander in der Talsohle schoss. Er hoffte, es würde bald aufhören zu regnen, bevor noch mehr Schaden angerichtet wurde. Die Bauern in den Niederungen klagten bereits über zerstörte Ernten. Plötzlich erbebte die Brücke,

Anton wurde durcheinandergeschüttelt und fast umgeworfen. Instinktiv hielt er sich am Geländer fest. Sein Herz raste vor Schreck, als ein weiterer Felsbrocken, von der Wucht und dem Schwall des Wassers mitgerissen, die Brücke traf. Es ertönte ein lautes Krachen, und unter langsamem Knarren wurde die Brücke aus ihrer Verankerung gerissen.

Anton stürzte rückwärts mit fuchtelnden Armen in das tosende Wasser. Er schlug mit dem Hinterkopf auf einem Felsen auf und wurde von der Holzbrücke überrollt. Die Haut an seinen Wangen und Händen wurde tief zerkratzt. Der Strom brach mit voller Wucht über ihm zusammen; Anton wurde unter das Wasser gedrückt und zusammen mit Felsen, Steinen, Baumstämmen und allen möglichen anderen Trümmern flussabwärts geschleudert. Mit brennenden Lungen schlug er wild mit den Armen um sich und versuchte, an die Oberfläche zu gelangen. Einmal konnte er Luft holen, wurde aber mit der nächsten Welle sofort wieder unter Wasser gedrückt. Er zappelte verzweifelt mit den Armen und schaffte es, erst einen, dann den anderen über einen treibenden Baumstamm zu werfen. Er schnappte nach Luft, während er weiter flussabwärts gespült wurde. Steine trafen ihn immer wieder, während er einen neuen Anlauf machte, näher ans Ufer zu schwimmen. Er konnte Bäume und überhängende Äste ausmachen. Er wartete auf einen passenden Moment, löste seine linke Hand vom Baumstamm und versuchte, einen überhängenden Ast zu packen, doch der glitt ihm durch die Finger. Nur mit Mühe schaffte er es, mit seiner linken Hand wieder den Stamm zu ergreifen, während er weiter flussabwärts katapultiert wurde. Machtlos wurde er weitergeschleudert, immer wieder schlug er gegen Felsen. *Noch mal* dachte er, *versuch es noch mal.* Er ignorierte den Schmerz, nahm alle Kraft zusammen und bemühte sich, näher ans Ufer zu schwimmen. *Jetzt!* Er stieß sich hoch, um nach einem Ast zu greifen, und dieses Mal gelang es ihm, sich daran festzuhalten.

Langsam hievte er sich halb über den Ast, während der Fluss an seinen Beinen zerrte, die nun waagerecht hinter ihm trieben. Allmählich zog er sich am Ast entlang, bis er Boden unter den Knien spürte, dann ließ er los und kroch ans Ufer. Er war in Sicherheit!
    Anton brach auf dem Boden zusammen. Er schnappte nach Luft, spuckte und übergab sich. Er zitterte unkontrolliert. Er versuchte, sich aufzusetzen. Die Welt drehte sich und alles wurde schwarz.

*****

Als Anton wieder zu sich kam, prasselte der Regen auf ihn nieder und er fragte sich, wo er war. Dann erinnerte er sich wieder. Er versuchte, auf alle Viere zu gelangen. Schwindel und Übelkeit überkamen ihn, und er übergab sich erneut. Er blieb auf allen Vieren. Sein Instinkt sagte ihm, dass er Schutz suchen sollte, und er hob den Kopf leicht an, um sich umzusehen. Sein Hirn pochte heftig und fühlte sich zu groß an für seinen Schädel. Er wusste, dass er nicht hierbleiben konnte. Er schleppte sich weiter vom Wasser weg und bergauf in den Wald, bis er einen felsigen Überhang erblickte. Er schob sich darunter, und war nun wenigstens vor dem Regen geschützt.
    Er drehte sich auf den Rücken und stützte sich auf die Ellbogen. Blut lief an seinem rechten Arm hinunter, und er konnte Blut in seinem Mund schmecken. Er schaute nach, warum sein linkes Bein so weh tat; seine zerrissene Hose offenbarte eine lange, tiefe Wunde am Oberschenkel, und sein Knöchel war nach innen gedreht und geschwollen. Er ließ sich wieder auf den Boden fallen und versuchte nachzudenken. Wo konnte er nur sein? Er war dem Strom entkommen, bevor dieser in die Kander mündete, und obwohl er glaubte, eine halbe Ewigkeit lang im Wasser gewesen zu sein, konnte

er nicht weit gekommen sein, wahrscheinlich weniger als eine halbe Wegstunde. Sein Herz wurde etwas leichter. Er war nicht weit von Siedlungen entfernt; vielleicht konnte er Hilfe herbeirufen. Er überlegte zu jodeln. Das war der übliche Hilferuf der Einheimischen, aber wie weit würde seine Stimme in den Wäldern zu hören sein? Eine andere Möglichkeit hatte er nicht. Auf seinem Bein konnte er sich nicht fortbewegen und auf allen Vieren würde er nicht weit kommen.

Anton bemühte sich, sich aufrecht hinzusetzen. Er holte ein paar Mal tief Luft und keuchte wegen der Schmerzen in seinen Rippen. "Ho lo-di li-di jo ho-la djo di-li di-a-di li-di jo", jodelte er kläglich. Er wartete ein paar Sekunden, hörte aber kein Echo. Der dichte Blätterwald dämpfte seine Stimme. Plötzlich drang ein ohrenbetäubendes Kreischen und Schreien zu ihm durch. Anton hielt den Atem an. Ein Windstoß, das Donnern von Hufen und eine Rotte Wildschweine raste quiekend an ihm vorbei. Er stieß einen Seufzer der Erleichterung aus. Nur Wildschweine. Er musste sie mit seinem Ruf gestört haben. Dann trug es seine Stimme also doch weiter. Er sollte versuchen, aus dem Wald zu kriechen. Hier würde ihn niemand hören, da die Bäume seine Stimme verschluckten.

*****

Bartli Gerber hatte alle seine Aufgaben erledigt und mit seiner Familie gegessen. "Ich bin dann mal weg", sagte er zu ihnen.
   "Ist es nicht ein bisschen spät für einen Besuch bei Maria?", protestierte seine Mutter. "Und draußen gießt es in Strömen."
   "Lass den Jungen in Ruhe." Sein Vater kam ihm zu Hilfe. "Er ist alt genug, um zu wissen, was er tut."
   "Ich bleibe nicht lange, ich will nur kurz Hallo sagen." Bartl verschwand schnell, bevor seiner Mutter noch ein weiterer Einwand einfiel. Er war zweiundzwanzig und sie entschied

immer noch gerne, was er durfte und was nicht. Maria war seine Verlobte. Sie waren einander schon seit vier Jahren versprochen. Vier Jahre! Viel zu lang, aber er konnte es sich nicht leisten, einen eigenen Hof zu kaufen, und seine Eltern hatten nicht genug Geld, um ihm zu helfen. Er wünschte sich, er könnte irgendwo Arbeit finden. Er hatte sich bis nach Spiez umgehört, aber niemand hatte eine Stelle für einen ungelernten Arbeiter und seine einzige Erfahrung war die Arbeit auf dem Bauernhof. Er hielt seine Laterne hoch, um durch den Regen zu spähen, und machte sich schnell auf den Weg. Wenn er zu spät kam, würden Marias Eltern sie nicht mehr rauslassen.

*****

"Anton war noch nie so spät dran", sagte Margot zu Gustl.
"Es ist schon seit über einer Stunde dunkel."
"Du hast recht", bestätigte Gustl und ergriff die Laterne.
"Ich gehe nach draußen und schaue, ob ich ihn kommen sehen kann."
Gustl kehrte ein paar Minuten später zurück. "Ich kann ihn nicht sehen, aber draußen schüttet es in Strömen. Wahrscheinlich ist er irgendwo bei einem Nachbarn untergekommen."
"Er würde aber nicht so lange bleiben. Er weiß, dass wir mit dem Abendessen auf ihn warten."
"Ich sag dir was, du isst mit den Jungs, und ich laufe den Weg zurück, nur um sicherzugehen, dass er nicht ausgerutscht ist oder so. Gib mir sicherheitshalber eine Flasche von deinem guten Schnaps, den von sechsundvierzig, nur um auf der sicheren Seite zu sein. Vielleicht braucht er ihn zum Aufwärmen."
"Willst du nichts essen?"
"Ich esse mit Anton, wenn wir zurück sind."
Gustl beeilte sich, das Haus zu verlassen, bevor Margot ihre Meinung änderte. Er hatte schon lange auf eine Ausrede

gewartet, um die Flasche 46er Schnaps in die Finger zu bekommen. Sie hütete sie wie den Stollenwurm. Er eilte den Weg bergauf, um die Ecke und war außer Sichtweite, bevor er anhielt. Er holte die Flasche aus seiner Tasche, schraubte den Verschluss ab und nahm einen Schluck. "Booarr!" Er schüttelte sich, als der feurige Schnaps in seiner Kehle brannte und sein Inneres erwärmte. "Mmm." Er war sogar noch besser, als er ihn in Erinnerung hatte. Er trank einen weiteren Schluck, betrachtete die Flasche ein wenig wehmütig, schraubte den Deckel wieder zu und steckte sie in seine Tasche. Dann nahm er sich die Zeit, seine Jacke richtig zu schließen, den Schal um den Hals zu binden und den Hut über die Ohren zu ziehen. Er schaute in den Regen, zögerte, holte die Flasche wieder aus der Tasche und trank einen großen Schluck. Er machte einen kleinen Hüpfer und steckte sie wieder weg. Fröhlich setzte er seinen Weg in Richtung der Heiti-Brücke fort.

*****

Anton kroch auf allen Vieren mühsam aus dem Wald heraus. Es war nicht weit gewesen, vielleicht nur zehn Wegminuten, aber er war schweißgebadet und schnappte nach Luft. Er setzte sich und wartete darauf, dass der intensive Schmerz nachließ. Der Regen prasselte auf seinen geschundenen Körper nieder. Er versuchte, etwas zu erkennen, *irgendetwas*, das ihm einen Hinweis auf seinen Aufenthaltsort geben könnte, aber die Sichtweite betrug nur wenige Meter, und alles, was er sehen konnte, war Gras. Er versuchte, sich mehr aufzurichten, holte ein paar Mal tief Luft und jodelte: "Ho lo-di li-di jo ho-la djo di-li di-a-di li-di jo."

Nichts. In einer Nacht wie dieser waren alle im Haus, dachte er. Wenn nur ein paar Jäger unterwegs wären. Er versuchte es erneut, wartete und jodelte noch einmal.

Bartli hielt inne. War das ein Jodler? Nein, das musste er sich eingebildet haben. Er setzte seinen Weg fort. *Schon wieder?* "Hola djo di-li-di-o di-li-di-djo." Er erwiderte den Ruf vorsichtshalber und hielt still, um zu lauschen.

"Hola la-di-ho di-lu di-li-di-o."

Da! Jemand rief aus der Richtung des Waldes. Er hob seine Laterne in die Höhe und ging über die Wiesen dorthin, wo er den Ruf gehört zu haben glaubte. Dreihundert Fußlängen vor dem Wald blieb er stehen und rief laut. "Ich komme, aber ich kann dich nicht sehen. Rufe, wenn du mich hörst!"

"Hier, hier drüben!" Anton konnte einen Lichtpunkt sehen, der auf und ab wippte; er kam in seine Richtung. "Hier!", schrie er so kräftig wie er konnte.

Bartli sah eine Gestalt, die mit dem Rücken an einen Baum gelehnt saß, und rannte los. Er hielt seine Laterne hoch und schluckte. "Herr ... Schneider, sind Sie es? Was in aller Welt ist passiert? Sie sehen aus, als hätte Sie ein Bär zerkaut und wieder ausgespuckt!"

"Kein Bär, nur der Heiti." Anton lächelte schwach. "Du bist einer von den Gerber-Jungs, nicht wahr?"

"Ja, Bartholomäus... Bartli."

"Wie weit...?"

"Zu unserer Farm? Etwa eine halbe Wegstunde. Ich laufe schnell zurück und hole Hilfe. Mein Pa und meine Brüder sind zu Hause."

"Ich kann versuchen zu gehen, wenn du mir hilfst."

"Das glaube ich nicht, Herr Schneider, Ihr Bein sieht nicht gut aus. Ich brauche nicht lange." Bartli stellte seine Laterne neben Anton auf den Boden, dann zog er seine Jacke aus und legte sie Anton über die Schultern. Er rannte über die Wiese durch die Dunkelheit davon.

Hilfe war unterwegs, der Schock saß tief. Anton legte sich auf den Boden, rollte sich zusammen und schüttelte sich vor Kälte und Erschöpfung wie die Glocke am Hals einer galoppierenden Kuh.

*****

Bartli stürmte durch die Tür. "Es hat einen Unfall gegeben … in der Nähe des Waldes … Anton Schneider … es geht ihm schlecht." Er hatte seine Hände auf die Oberschenkel gestützt und beugte sich vor, um Luft zu holen.

"Gut. Düri, Jörg holt den Schlitten aus der Scheune und ein Seil. Frau, Decken und Schnaps!" Herr Gerber gab seine Befehle mit schroffer Stimme und verschwendete keine Zeit, um Fragen zu stellen. "Bert, du gehst besser und holst den Arzt aus Frutigen. Sag ihm, er soll direkt zu Pillers Hof reiten. Wir werden den Schneider Anton dort hinbringen!"

"Was kann ich tun?", fragte Edeltraud.

Herr Gerber sah seine sechzehnjährige Tochter an. "Am besten bleibst du hier und kümmerst dich um deine Mutter", sagte er.

"Soll ich nicht zu Pillers gehen und ihnen sagen, dass wir ihn gefunden haben? Sie werden sich Sorgen machen."

Herr Gerber schaute seine Frau an, die leicht nickte. "Also gut, aber bleib auf den Wegen. Wir wollen keine weiteren Unfälle, und nimm deinen Mantel! Bartli, zieh noch eine Jacke an! So, sind wir alle fertig? Wir sollten uns beeilen."

*****

Gustl erreichte die Stelle, wo die Heiti-Brücke hätte sein müssen. Ah, das erklärte es, Anton hatte einen Umweg über die obere Brücke gemacht. Er tätschelte seine Tasche, holte nach kurzem Zögern die Flasche heraus und nahm einen Schluck. Miserables Wetter, dachte er, und nahm das als Ausrede zum Trinken. Na ja, er sollte sich lieber auf den Weg machen, um

Anton abzupassen. Wenn er ohne ihn zurückkäme, würde Margot sich wundern, warum die Flasche halb leer war.

*****

Edeltraud erreichte Pillers Hof und erzählte Margot, dass sie Anton verletzt aufgefunden hatten und auf dem Weg waren.
"Oh mein Gott! Wie schlimm ist es denn?" Margot legte eine Hand auf ihre Brust.
"Ich weiß es nicht. Bert ist den Arzt holen gegangen", antwortete Edeltraud. Die Tür zum Dachboden öffnete sich und Jakob und Josef spähten die Treppe hinunter.
"Wo ist Papa?", fragte Jakob. "Ist er verletzt?"
"Ein bisschen, aber er wird wieder gesund. Er kommt jetzt nach Hause und der Arzt ist auf dem Weg. Geht wieder schlafen, es ist schon spät."
Margot begann, den Tisch abzuräumen.
"Kann ich Ihnen helfen?", fragte Edeltraud.
Margot versuchte zu denken. "Du könntest ein paar Holzscheite ins Feuer legen. Ich werde Wasser erhitzen." Nachdem sie ihre Vorbereitungen beendet hatten, lief Margot im Zimmer auf und ab.
"Setzen Sie sich, Frau Piller, es wird noch eine Weile dauern. Wo ist Ihr Mann?"
"Wer? Oh Gustl! Den hatte ich ganz vergessen. Er ist auf der Suche nach Anton. Er wollte zu seiner Baustelle nach oben gehen."
"Ah, dann wird er bald zurück sein."

*****

Die Gerbers fanden Anton und Herr Gerber schüttete ihm etwas Schnaps in die Kehle. "Das wird dich ein bisschen aufwärmen", sagte er.

"D – d – danke." Antons Zähne klapperten. Er stotterte, die Flüssigkeit rann an seinen Mundwinkeln herunter und seine Augen tränten. Er schnappte sich die Flasche für einen weiteren Schluck.

"Dann wollen wir dich mal auf den Schlitten packen. Wir werden dich nach Hause tragen." Die vier Männer nahmen je einen Arm und ein Bein und hoben Anton vorsichtig auf ihren langen Holzschlitten. Bartli deckte ihn mit einer Decke zu und sie liefen los, wobei jeder Mann eine Ecke des Schlittens trug. Als sie an Pillers Hof angekommen waren, stellten sie den Schlitten ab und trugen ihn ins Haus.

"Oh mein Gott! Was ist mit dir passiert? Auf den Tisch!", sagte Margot zu den Gerbers.

Sie legten ihn vorsichtig nieder, und alle starrten ihn an. Herr Gerber flößte ihm noch etwas Schnaps ein.

"Danke", sagte Margot zu den Gerbers. "Gott sei Dank habt ihr ihn gefunden! Mein Gott, Anton, du hast ganz schön was abbekommen! Edeltraud, hilf mir bitte, ihn auszuziehen. Männer, geht und wärmt euch am Feuer auf."

Tränen liefen Margot über die Wangen, als sie und Edeltraud vorsichtig Antons zerrissene Kleidung entfernten. Sein ganzer Körper war mit Schnitten und blauen Flecken übersät. Als Margot begann, seine Wunden zu säubern, lächelte er sie schief an, schnitt eine Grimasse und wurde ohnmächtig. Sie hörte ein Pferd den Weg hinauf traben und seufzte erleichtert auf, als Dr Köfeli die Tür öffnete.

"Was haben wir denn hier?", sagte er zur Begrüßung, ging direkt zum Tisch und fühlte Antons Puls. "War er die ganze Zeit bewusstlos?", fragte er und untersuchte gleichzeitig Antons Hinterkopf.

"Nein, er konnte ein wenig sprechen, als wir ihn fanden", sagte Herr Gerber.

"Er hat eine große Beule", erklärte der Arzt und zeigte

sie Margot. "Aber sie blutet, das ist ein gutes Zeichen." Er tastete Anton am ganzen Körper ab und hörte sein Herz ab. Er schnalzte mit der Zunge bei den tiefen Wunden. "Bringt mir eine Kerze und haltet ihn still", sagte er. "Die werde ich nähen." Dr. Köfeli hielt seine Nadel in die Kerzenflamme, und sobald sie heiß war, nähte er die schlimmsten Wunden an Antons Armen, Beinen und Wangen zu.

"Mein Kopf..." stöhnte Anton.

"Ja, das werden Sie ein paar Tage lang spüren, Sie haben eine Gehirnerschütterung. Sie haben sich auch ein paar Rippen gebrochen. Hoffentlich bekommen Sie keine Lungenentzündung", sagte der Arzt. "Sie bleiben die nächsten Tage besser im Bett und lassen sich von Ihrer Schwester verwöhnen. Schauen wir uns Ihren Knöchel an." Er tastete ihn ab. "Nun, er ist stark geschwollen, deshalb bin ich mir nicht sicher, aber ich glaube nicht, dass er gebrochen ist. Haltet ihn warm", sagte er zu Margot, "und sagt mir Bescheid, falls er Fieber bekommt."

"Oh, vielen Dank, Herr Doktor, vielen Dank! Nun, Gerber Sepp, wenn du und deine Jungs so freundlich wären, mir zu helfen, Anton in mein Bett zu bringen, dann werde ich für alle etwas zu essen machen." Margot begann, Würstchen zu braten und deckte den Tisch mit einem Laib Brot und ihrer letzten Flasche 46er Schnaps.

Als alle gegangen waren, war es schon weit nach Mitternacht. Margot trat zu Anton.

"Tut mir leid", murmelte er.

Sie fühlte seine Stirn. Sie war heiß, brannte aber nicht. "Was in aller Welt hast du gemacht? Wie oft habe ich dir gesagt, du sollst vorsichtiger sein?"

"Dumm, entschuldige..." Er schloss vor Erschöpfung seine Augen, und Margot verließ das Zimmer. Sie legte sich eine Matratze vor den Kamin, um darauf zu schlafen. Da kam ihr ein weiterer Gedanke. Sie ärgerte sich, dass Gustl immer noch nicht aufgetaucht war; sie stellte eine Emailleschüssel mit flüssigem Schweinefraß mitten auf den Boden, bevor sie sich zur Ruhe legte.

*****

Gustl stieg den ganzen Weg hinauf zu Antons halb wiederaufgebautem Haus, ohne eine einzige Seele zu treffen. Er ging einmal um das Haus herum, um sich zu vergewissern, dass Anton nicht gestürzt war und irgendwo verwundet lag, und überlegte dann, was er tun sollte. Er lief den Weg zurück, vorbei an den teils wiederaufgebauten, teils verkohlten Überresten der sieben Höfe, und kam zum Haus von Stein Willi. Er sah Licht durch das Fenster und klopfte an.

Willi öffnete die Tür. "Um Himmels willen, du bist ja klatschnass! Was machst du denn da draußen, komm rein!"

Gustl erklärte, dass Anton nicht nach Hause gekommen war. "Nun, ich fürchte, er ist nicht hier. Einen Moment, ich komme und helfe dir, ihn zu suchen." Er zog sich Stiefel und Jacke an, zögerte, ging dann in die Speisekammer und nahm eine Flasche von Vrenis Mirabellenschnaps aus dem Regal. Er stellte zwei Gläser auf den Tisch, goss in jedes eine großzügige Menge ein und sagte: "Prost!" Beide kippten ihre Gläser runter und Willi trat hinüber zum Schlafgemach. Er öffnete die Tür einen Spalt. "Anton ist verschwunden", sagte er zu seiner Frau Vreni. "Ich gehe mit Gustl raus, um ihn zu suchen." Er steckte den Mirabellenschnaps in seine Tasche und sie verließen das Haus.

Sie waren noch keine hundert Meter gegangen, als sie Licht hinter Sattler Eriks Fenster sahen. "Vielleicht hat er dort Schutz gesucht", sagte Willi. Er klopfte an die Tür.

Einige Stunden später torkelte eine Gruppe betrunkener

Männer mit Laternen in den Händen und Schnaps in den Taschen lauthals singend die steilen Hänge hinunter. Sechs weitere Nachbarn hatten sich Gustl, Stein Willi und Sattler Erik auf ihrem unsicheren Weg entlang des Flusses angeschlossen. "Jo Ho Li Du!", sang Gustl. "Kannst du uns hören, Anton, bist du da?" Ein erschrockenes Reh sprang tiefer in den Wald.

Einige Zeit verging, ohne dass Anton auftauchte, und sie waren zurück auf Gustls Hof. Das Haus lag in Dunkelheit. "Psst!", flüsterte Gustl laut in die Runde der hilfsbereiten Nachbarn. "Ich schaue nach, ob er schon zu Hause ist. Sssh, ihr weckt Margot!"

Margot hatte sie aus zweihundert Metern Entfernung kommen hören. Es war egal, sie hatte nicht geschlafen, das Adrenalin raste noch immer durch ihr Blut. Sie drehte sich auf die Seite, mit dem Rücken zur Tür, und tat so, als würde sie schlafen. Gustl bemühte sich, leise zu sein, das musste sie ihm lassen, aber er öffnete die knarrende Tür so langsam, dass sie sich wünschte, er würde einfach reinkommen und es hinter sich bringen.

Gustl betrat das stockdunkle Zimmer und zog seine Stiefel aus. Er schlich auf Zehenspitzen in Richtung Schlafgemach, um Margot nach Anton zu fragen, und stolperte direkt über die Schüssel mit dem Fraß. "Was zum Teufel? Aaargh!" Er rutschte aus, streckte die Arme aus, um den Sturz abzufangen, und landete auf allen Vieren, während die Emailleschüssel geräuschvoll auf den Boden rollte.

Margot saß aufrecht auf ihrer Matratze und Gustl sah ihr direkt in die Augen. "Aaah!", schrie er und schlug sich die Hand auf die Brust. "Um Gottes willen, Margot, du hast mich zu Tode erschreckt. Was um Himmels willen machst du denn da? Ist Anton schon zurück?"

"Ja, die Gerbers haben ihn gebracht. Er ist verletzt und liegt in unserem Bett. Deshalb bin ich auch hier."

"Dann sage ich es den Männern draußen. Wo soll ich denn schlafen?"

"Auf dem Boden. Du kannst dir deine eigene Decke holen, aber mach den Dreck weg, bevor du dich hinlegst!"

4

ANFANG JUNI 1850

"Morgen muss ich in den Wald und noch mehr Bäume fällen. Ich kann die Jungen mitnehmen, wenn du willst, damit du etwas Ruhe hast." Antons blaue Flecken verblassten, und er wollte unbedingt sein Haus fertigstellen. Es war nicht fair, seine Schwester länger als nötig zu belästigen.

"Nun, Jakob vielleicht, wenn du sicher bist, dass er dir nicht im Weg ist", antwortete Margot. "Josef ist zu klein, er würde dich aufhalten. Außerdem ist es zu gefährlich für ihn."

"Irgendwann muss er es ja lernen."

"Ja, aber noch nicht jetzt."

"Also gut. Holst du Wilhelmine morgen nach Hause? Ist genug Geld da, um die Amme zu bezahlen?"

"Ja, nach der Beerdigung waren alle sehr großzügig, und von der Kuh, die du verkauft hast, ist auch noch etwas übrig."

"Ich muss noch eine verkaufen. Holz habe ich genug, aber ich brauche noch so viel mehr. Nägel, Fensterscheiben, Türgriffe ... Farbe. Ich bemühe mich sparsam zu sein, doch selbst ohne Extras muss ich noch so viel besorgen. Ohne euch beide, die ihr mir Werkzeug leiht, uns durchfüttert und euch ums uns kümmert, weiß ich nicht, wo wir jetzt wären."

"Wir sind eine Familie, ihr würdet dasselbe für uns tun. Und sieh, wie die Dorfbewohner nach den Bränden zusammenhielten. Sie brachten Kleidung, Töpfe und Pfannen und alles Mögliche. Ganz zu schweigen von den Geldspenden."

"Ja, ich werde ihre Großzügigkeit nie vergessen. Sogar von Leuten, die selbst nichts haben!"

"Vor allem von Leuten, die selbst nichts haben, sie wissen, wie es ist. Wir kümmern uns alle umeinander. Die meisten von uns leben schon seit Generationen hier, es ist nicht so, als wären wir Fremde!"

"Ich könnte morgen mitkommen, wenn du willst", bot Gustl an.

"Wirklich? Wirst du nicht auf der Baustelle gebraucht?"

"Nein, der Vorarbeiter hat uns alle für mindestens eine Woche freigestellt. Das Grundwasser steigt, und er lässt Experten aus Bern kommen, um zu sehen, was man dagegen tun kann. Sonst werden die Keller der Besitzer jeden Frühling überflutet."

"Hat er keine Entwässerungskanäle angelegt?"

"Doch, natürlich hat er das, aber er hat nicht mit dieser Menge an Niederschlag gerechnet."

"Oh", seufzte Margot, "dann verdienst du nichts mehr."

"Nein, tut mir leid, Schatz. Es sind einfach keine Stellen frei."

"Dann habe ich ja Glück gehabt!", sagte Anton. "Danke Gustl, mit deiner Hilfe werde ich viel schneller sein."

*****

Am nächsten Morgen packten Anton und Gustl alles, was sie brauchten, in zwei Rucksäcke: Sägen, Äxte, Hämmer und andere Werkzeuge. Sie zogen ihre schweren Stiefel an und nahmen zusätzliche Jacken mit. Hier in Weißbrügg war es Frühling, aber hoch oben an den Waldhängen konnte es sich wie Winter anfühlen. Sie machten sich auf den Weg bergauf, zwischen hohen Tannen, dichten Büschen und moosbewachsenen Felsbrocken hindurch. Sie stiegen über Baumwurzeln, überquerten kleine Brücken und hielten kurz an, um auf das Wasser zu schauen, das in das Tal hinunterdonnerte. Anton hielt Jakobs Hand fest umklammert. Obwohl sie nur dreitausend Fuß über dem Meeresspiegel waren, lag noch Schnee im Schatten, und der Weg war teilweise mit Eis bedeckt. Allmählich gewannen sie an Höhe, bis sie nach zweieinhalb Wegstunden Antons Waldstück erreichten.

Die gesamte Parzelle seines Waldes lag an einem extrem steilen Berghang. Anton und Gustl banden sich Seile um die Hüften und befestigten diese an einem Baumstamm, während sie Jakob befahlen, sich hinzusetzen und sich nicht zu bewegen. Dann stiegen sie seitwärts ab, verkeilten einen Stiefel vorsichtig vor dem nächsten Schritt im feuchten Waldboden, bis sie unter einer geeigneten Tanne standen. Sie nahmen eine Zweimann-Blattsäge in die Hand und fingen an, den Stamm zu zersägen, bis sie fast die Hälfte geschafft hatten. Sie kletterten ein paar Schritte hinauf und begannen von der anderen Seite zu sägen. Der Baum knarrte. Anton und Gustl wichen schnell zur Seite, als es einen ohrenbetäubenden Knall gab und der Baum krachend nach vorne auf den Waldboden stürzte. Sie nahmen ihre Einhand-Sägen und Äxte zur Hand und befreiten den Hauptstamm von seinen Ästen. Dann rollten sie den langen Stamm, der nun frei von Hindernissen war, seitwärts in eine Rinne im Waldboden. Generation nach Generation hatte Bäume auf dieselbe Weise geschlagen. Über Hunderte von Jahren hatten sich im Boden Rinnen gebildet, die den Bäumen die Passage erleichterten und sie beschleunigten. Durch schiere Schwerkraft sauste der Baumstamm den Berghang hinunter zum Talboden.

Sie gingen zurück zu Jakob. "Kann ich dir beim nächsten helfen, Papa?"

"Nicht bevor er gefallen ist. Dann komme ich und führe dich bergab, und du kannst uns helfen, ein paar Zweige abzubrechen. Aber warte, bis ich komme, in Ordnung?"

"Ja-ha."

Gemeinsam fällten sie noch zwei Bäume und packten dann ihre Sachen zusammen, um heimzukehren. Der Abstieg vom Berg war schwieriger als der Aufstieg. Antons Knie spürten die Belastung und sein Knöchel pochte, doch die Aussicht entschädigte für alle Unannehmlichkeiten. Die Sonne glühte bei ihrem Abstieg wie ein brennendes Feuer aus Gold und Diamanten auf dem unberührten Schnee der mächtigen Alpengipfel. Sie sahen aus, als würden sie in Flammen stehen.

"Wen hast du gebeten, die Baumstämme einzusammeln?", fragte Gustl.

"Stein Willi. Er wird sie gleich morgen früh mit seinem Pferd abholen. Er sagte, er würde nichts verlangen. Ich treffe ihn an der Kreuzung und wir gehen zusammen zum Sägewerk seines Schwagers. Willi sagte, er würde ihn bitten, mir einen guten Preis zu machen."

"Oh, das ist sehr anständig von ihm! Ich komme dann mit, um zu helfen, das spart vielleicht etwas Zeit."

"Gut, danke."

*****

Margot ging die Straße nach Reichenbach entlang. Es war nur eine Wegstunde, aber sie beeilte sich, weil sie auf dem Heimweg bei Helena vorbeischauen wollte. Die Nachricht, dass Gustl entlassen worden war, hatte sie viel härter getroffen, als sie es sich hatte anmerken lassen. Die Preise für Mehl waren in letzter Zeit in die Höhe geschossen. Ganz Europa wurde von

Überschwemmungen heimgesucht. Die Schweiz importierte Getreide, aber zu horrenden Preisen, und bis es auf dem Markt war ... nun ja ... wurde es purer Luxus! Doch sie brauchte Mehl, um Brot zu backen.

Margot hatte kürzlich einen Spitzenkragen und Manschetten als Geschenk für Helena angefertigt. Mit ihrer Freundlichkeit hatte sie Wilhelmines Leben gerettet. Helena hatte sich sehr über ihr Geschenk gefreut. Sie stammte aus Bern, aus einer wohlhabenden Familie. Bei einem Besuch in der Heimat hatte sie ein Kleid mit dem Spitzenkragen und den Manschetten getragen und viele Komplimente von ihren Freunden erhalten. Sie wollten wissen, wer es gefertigt hatte, und bewunderten die feine Handarbeit. Helena hatte die Komplimente an Margot weitergegeben und gefragt, ob sie daran interessiert wäre, weitere Stücke gegen Bezahlung anzufertigen. Margot war begeistert gewesen, zumal Helena meinte, dass sie für sie das Garn für sie kaufen würde. Sie könne es ihr zurückzahlen, wenn die Klöppelarbeiten verkauft wären. Heute hoffte Margot also, dass Helena bereits das Garn und einige Aufträge hatte. Bei dem Wetter, vier weiteren Mäulern und der Amme, die es zu bezahlen galt, waren die eisernen Reserven bereits aufgebraucht.

Margot war so sehr damit beschäftigt, über ihre Probleme und mögliche Lösungen nachzudenken, dass sie überrascht war, als sie das Städtchen Reichenbach erreichte. Mit seinen zweieinhalbtausend Einwohnern war es ungefähr so groß wie Weißbrügg. Als sie die Hauptstraße entlangging, kam sie an einer verwahrlost aussehenden Frau mit sechs Kindern vorbei, die alle ihre Hände zum Betteln ausstreckten. Sie waren schmutzig, barfuß und ungepflegt. Sie sahen erschreckend mager aus. Voller Mitleid hielt sie die Mutter an. "Woher kommt ihr?", fragte sie. Die Mutter antwortete in einer fremden Sprache, die Margot nicht verstand. Margot nahm die Hand der Frau und führte sie zum Rathaus. Sie ging hinein. Immer noch hielt sie die Frau an der Hand, mit der Kinderschar im Schlepptau. Margot lief zum Sekretär des Bürgermeisters und klopfte an die Tür. Als sie eine kurze Aufforderung hörte, trat sie ein. Die fremde Familie blieb demütig hinter ihr stehen.

"Diese Familie braucht Hilfe", sagte Margot zur Sekretärin. "Ich habe sie auf der Straße gefunden, sie sind am Verhungern!"

Die Sekretärin war eine Frau unbestimmten Alters. Sie hatte einen blassen Teint und graues, frisiertes Haar, aber glatte, faltenlose Haut. Sie betrachtete das Häufchen Elend hinter Margot und rümpfte die Nase, als hätte sie verfaulten Kohl gerochen. "Nun, Sie können sie nicht hierherbringen, wir haben genug damit zu tun, uns um unsere eigenen Leute zu kümmern", antwortete sie.

Margot schaute auf ihr Schild, das sie als Ursula Huber auswies. "Frau Huber, sie sind offensichtlich am Verhungern, können Sie nicht wenigstens für die Kinder *etwas* erübrigen?" Margot warf einen vielsagenden Blick auf den dicken Bauch von Frau Huber und eine volle Papiertüte auf dem Fensterbrett. Ein quälender Duft von frisch gebackenem Brot wehte durch den Raum. Margot lief das Wasser im Mund zusammen.

"Nein, wenn sie nicht von hier sind, und das sind sie nicht, müssen sie weiterziehen."

"Gibt es wenigstens eine Suppenküche in Reichenbach?"

"Sie können es im Pfarrhaus versuchen, aber schaffen Sie sie *sofort* hier weg, sonst rufe ich die Wache."

"*Was?* Wozu denn? Die sind doch keine Bedrohung!"

"Jetzt passen Sie mal auf, Madame Gutmensch! In den letzten zwei Wochen sind mindestens dreihundert Bettler durch unsere Straßen gezogen. Wir können sie nicht alle durchfüttern, und es ist auch nicht unsere Pflicht. Sie stören, gehen Sie, ich bitte Sie zum letzten Mal höflich!"

"Madame Gut... was für eine Frechheit! Sie haben kein

Recht, so mit mir zu reden, ich werde ..." Margot hielt mitten im Wortschwall inne, als sie Frau Huber eine Klingel betätigen hörte. Eine Wache kam den Korridor entlanggeeilt. Margot hob ungläubig die Hände. "Es ist alles in Ordnung, wir gehen", sagte sie zu dem Wachmann. "Aber dies ist nicht vorbei!", rief sie über die Schulter zu Frau Huber zurück.

Margot verließ entrüstet das Rathaus. Wo war denn nun das Pfarrhaus? Diese selbstgerechte, aufgeblasene alte Schachtel hatte sie ganz durcheinandergebracht. Ach ja, natürlich. "Kommen Sie", sagte sie und ergriff wieder die Hand der Mutter. "Folgen Sie mir, wir geben noch nicht auf." Sie führte die Familie zum Pfarrhaus und ging mit ihnen zum Hintereingang. Sie klopfte laut an das Küchenfenster. Die Haushälterin des Pfarrers, in ihre Arbeit vertieft, schaute überrascht auf und ließ fast die Pfanne in ihrer Hand fallen. Sie stellte sie ab und trocknete sich schnell die Hände an ihrer Schürze, bevor sie die Tür öffnete.

"Guten Tag", sagte Margot höflich. "Diese Leute brauchen Hilfe. Haben Sie etwas Brot oder Suppe übrig?"

Margot konnte nicht umhin, einen Ausdruck der Bestürzung auf dem Gesicht der Haushälterin aufblitzen zu sehen. Sie antwortete jedoch freundlich. "Ja, ich kann ihnen jetzt etwas Brot geben und in einer halben Stunde Suppe. Aber mehr kann ich nicht tun, fürchte ich. Nach der Suppe müssen sie weiterziehen."

"Was wird mit ihnen geschehen?"

"Sie werden wahrscheinlich in einem Arbeitshaus in einer der großen Städte enden."

"Oh, ich verstehe. Vielen Dank für Ihre Hilfe, ich muss jetzt selbst weiter."

Margot atmete tief durch, um sich zu beruhigen, und ging dann die Straße zurück, bog nach rechts und dann nach links ab, bis sie das Haus von Barbara Urban, der Amme, erreichte.

"Sie sind spät dran, ich habe auf Sie gewartet", begrüßte Barbara Margot ungeduldig.

"Ja, tut mir leid, ich wurde aufgehalten. Wie geht es Wilhelmine?"

"Es geht ihr gut. Sie ist allerdings noch ein bisschen klein."

"Ja, sie wird eine Weile brauchen, um aufzuholen. Ist sie bereit?"

"Ja, ich werde sie holen."

Barbara Urban brachte Wilhelmine in einem kleinen Tragekorb, der mit einer groben Decke abgedeckt war.

"Danke, dass Sie sich um sie gekümmert haben", sagte Margot und bezahlte Barbara.

"Ich werde sie vermissen", streichelte Barbara die Wange des Babys.

"Sie können uns jederzeit besuchen", bot Margot an. "Ich muss jetzt zu Dr. Köfeli gehen, wir haben einen Termin wegen ihres Fußes."

Dr. Köfeli untersuchte Wilhelmines linken Fuß. Er war immer noch nach innen und nach unten gedreht, wie bei der Geburt. Er vermaß beide Beine.

"Nun", schloss er, "ich fürchte, da kann man nichts machen. Das nennt man Klumpfuß und kommt manchmal vor. Es ist ein seltener Zustand, aber nicht unbekannt. Zum Glück ist es nur ein Fuß und im Moment sind beide Beine gleich lang."

"Wird sie laufen können?" Margot fürchtete sich vor der Antwort.

"Oh ja. Sie wird wahrscheinlich die Seite des Fußes nutzen und hinken. Wenn sie älter ist, braucht sie vielleicht einen speziellen Schuh, aber ansonsten kann sie ganz normal aufwachsen."

Margot war so erleichtert und glücklich, dass sie den Arzt hätte küssen können.

"Oh, danke, Herr Doktor, vielen Dank, danke!" Sie nahm seine Hand und schüttelte sie enthusiastisch, ohne loszulassen.

Dr. Köfeli löste seine Hand vorsichtig aus Margots und

lächelte. "Ja, kein Grund zur Sorge. Richten Sie Ihrem Bruder meine besten Wünsche aus."
"Oh, danke, ja, das werde ich, vielen Dank, auf Wiedersehen."
Margot verließ die Praxis mit einem breiten Lächeln im Gesicht. Es tat gut, zur Abwechslung einmal eine schöne Nachricht zu hören. Sie lief gut gelaunt zurück nach Weißbrügg. Acht Monate lang hatte sie sich um die arme kleine Wilhelmine gesorgt, oder besser gesagt Mina, wie sie genannt wurde. Jetzt würden sie alle zu Hause wieder vereint sein, wie eine richtige Familie. Sie wünschte sich, dass Antons Familie für immer bleiben könnte, das entschädigte sie ein wenig für ihre Unfähigkeit, schwanger zu werden. Während sie eilig ausschritt, setzte der Regen wieder ein. Was ein ständiger Nieselregen gewesen war, verwandelte sich in einen heftigen Schauer. Sie schaute zum Himmel und fluchte, betete jedoch gleichzeitig zu Gott, dass Helena Garn und ein paar Aufträge für sie hatte, und begann zu laufen. Sie kam tropfnass bei Helenas Haus an und klopfte an die Tür.

"Ach du meine Güte, sieh dich nur an! Komm schnell rein."
Helena hielt die Tür weit auf und trat zur Seite.

"Nein, ich kann nicht, ich tropfe dir den Teppich voll, ich wollte nur fragen, ob du das Garn schon hast?"

"Ja, komm rein, du siehst aus, als könntest du ein kleines Schnäpschen zum Aufwärmen gebrauchen."

"Bist du sicher, ich bin sehr nass?"

"Ja, um Himmels willen, komm rein und wärm dich am Kachelofen auf. Es ist nur ein alter Teppich. Ich gehe das Garn holen und etwas zu trinken. Willst du einen Schnaps oder lieber einen Kaffee?"

"Ein kleines Schnäpschen wäre schön."

"Gut, dann zieh deinen Schal aus und hänge ihn zum Trocknen über den Ofen, ich bin gleich wieder da." Helena kam mit zwei Gläsern und einer Flasche Kirschschnaps zurück.

"Ist Kirsche in Ordnung? Ich habe ihn selbst gemacht."
"Ja, danke."
Helena warf einen Blick auf Mina, die friedlich in ihrem Körbchen schlief. "Heute ist also der große Tag?"
"Ja, dieser Wonneproppen wird uns alle aufmuntern."
"Wie geht es Anton?"
"Viel besser, danke. Ich freue mich darauf, Mina nach Hause zu bringen."
"Gut. Hier ist das Garn, das ich für dich aus Bern mitgebracht habe." Helena öffnete eine hübsche Schachtel, und es kamen sechs große Spulen mit feinem weißem Garn zum Vorschein.
"Oh, das ist Seide!", rief Margot aus, nahm eine Spule heraus und fühlte sie. "Es ist so *weich*!"
"Es ist also in Ordnung? Ich habe im Kurzwarenladen nachgefragt, und sie sagten, dies sei geeignet."
"Es ist wunderbar! Es wird ein Vergnügen sein, daraus Spitze zu machen!"
"Ich habe einige Aufträge für dich notiert. Meine Verwandten waren sehr begeistert!"
"Das Garn muss furchtbar teuer gewesen sein."
"Keine Sorge, ich kriege es ja später zurück. Deine Arbeit ist so exquisit, sie verdient das beste Garn."
Margot errötete bescheiden. Ein wenig verlegen wechselte sie das Thema.
"In Reichenbach gab es eine Bettlerfamilie auf der Straße. Ich habe sie ins Rathaus gebracht und dort ..." Margot zögerte, ein passendes Wort für Frau *Huber* in Gegenwart von Helena zu benutzen. "Ich habe mit der Sekretärin des Bürgermeisters gesprochen und sie war ... unfreundlich."
"Du hast mit Frau *Huber* gesprochen, dieser alten Hexe? Ich bin überrascht, dass sie nicht die Wachen auf dich gehetzt hat!"
"Ja, das hat sie tatsächlich!"
Die beiden Frauen sahen sich an, ohne eine Miene zu

verziehen, und brachen dann in Gelächter aus. Helena hielt sich den Bauch, beugte sich vor und schüttelte sich vor Lachen. Tränen liefen ihr über das Gesicht. Margot grinste albern. Sobald sie sich wieder gefasst hatte, schenkte Helena ihnen beiden ein zweites Glas Schnaps ein.

"Erzähl mir alles!", forderte sie Margot auf. "Ich will jedes einzelne Wort hören."

5

JUNI 20, 1850

Der Schnee war auf den mittelhohen Alpen geschmolzen, und die Bauern bereiteten sich darauf vor, ihr Vieh wie jedes Jahr von den Niederungen auf die Berghänge zum süßeren Gras zu treiben. Die großen rotbraunen Fleckviehkühe mit ihrer weißen Zeichnung trugen große bronzene Kuhglocken, mit breiten Lederhalsbändern um den Hals. Das Klingeln der Glocken war ohrenbetäubend, als die Bauern sie entlang der Straße zu den höher gelegenen Weiden trieben.

Gustl war der "Senn"; der Oberhirte, und verantwortlich für die Käseherstellung auf der Alp. Er blieb den ganzen Sommer über auf der Alp und ging nun an der Spitze des langen Zuges. Die Dorfbewohner begleiteten ihn mit ihren eigenen Kühen. Sobald sie oben angekommen wären, würden sie Gustl das Vieh anvertrauen. Bei seiner Rückkehr im September würden sie dafür einen Teil des Käses bekommen. Außerdem würde man sich während seiner Abwesenheit um seinen Hof kümmern. Hinter den Kühen liefen einige Ziegen und dahinter ein paar Schweine. Anton bildete die Nachhut mit einem langen Stock in der Hand und stellte sicher, dass kein Tier zurückblieb.

Auch wenn die Temperaturen noch frisch waren, schien die

Sonne. Der steinige Weg führte sie stetig bergauf durch Wiesen voller bunter Wildblumen, entlang plätschernder Bergbäche, durch Laubwälder und vorbei an rauschenden Wasserfällen. Der Weg wurde steiler und schmaler, die Kühe liefen hintereinander. Je höher sie kamen, desto mehr schmiegte sich der Weg an eine Seite des Berges und fiel auf der anderen Seite steil ab. Der Boden war mit losen Kieselsteinen bedeckt. Mensch und Vieh waren gleichermaßen vorsichtig. Nur ein dünnes Seil, das lose an kurzen Holzpfählen befestigt war, trennte den Weg von einem schwindelerregenden, steilen Abgrund, der tausende von Fuß ins Tal hinabfiel. Es war ein sechsstündiger Marsch bis zu ihrem Ziel.

Vor ihnen tauchte ein Gebirgstal auf, das vor Millionen von Jahren von Gletschern geformt worden war. Die Rinder rannten aufgeregt auf das frische, grüne Gras zu. Dabei verursachten ihre Glocken einen ohrenbetäubenden Lärm, der zwischen den umgebenden Bergen hin und her hallte. Erst als sich alle beruhigt hatten und friedlich Gras kauten, reduzierte sich der Lärm auf ein fröhliches Bimmeln im Tal. Die Hirten gingen weiter, bis sie eine Berghütte mit überstehendem Dachvorsprung erreichten, auf einer Anhöhe über der Alm. Hier waren die Schlafstellen für die Hirten und der Senn, der der Chef der Alpwirtschaft war, und für den Sommer das Sagen hat. In der Holzhütte befand sich eine Feuerstelle zum Käse machen im Käsekessel, worin die Milch erwärmt wurde.

Gustl legte sein Werkzeug und ein paar Vorräte in die Hütte und trat dann zu den anderen Männern nach draußen, um das mitgebrachte Essen zu verzehren. Die Dorfbewohner saßen im Kreis, tranken Bier und aßen Brot und Käse, geräucherten Schinken oder Wurst. Emil, der Junge, der in diesem Jahr für die Ziegen verantwortlich war, hatte Holzscheite von der Seite der Hütte geholt und ein paar davon in einen Ring aus Steinen zwischen die Männer gelegt. Er fummelte mit seinem Feuerstein und einem Stück Metall herum, bis ein Funken etwas trockenes

Gras in seiner Hand entzündete und er langsam das Feuer zum Brennen brachte. Stein Willi, Franziskas Mann Linus und ein paar andere stopften sich Tabak in ihre Pfeifen und begannen zu rauchen. Peter Zähler, Willis Schwager, der ein Sägewerk besaß, klopfte sich etwas Schnupftabak aus einer kleinen Dose auf den Handrücken, nahm einen tiefen Zug und reichte dann die Dose herum.

Es herrschte eine angenehme Stille, und alle Männer warteten geduldig darauf, dass Eddie zu sprechen begann. Eddie war der älteste unter ihnen, über achtzig Jahre alt. Obwohl er nie um diese Ehre gebeten hatte, war er gewöhnlich der Erste, der das Gespräch eröffnete. Seit mindestens sieben Jahren behauptete er, dass dieses Jahr sein letztes auf der Alp sein würde. Er nahm einen Zug aus seiner Pfeife und räusperte sich.

"Ach, es ist so schön hier oben", schwärmte er. "Ich werde es nächstes Jahr vermissen."

"Oh, bitte!" Emil, sein geliebter Enkel, siebzig Jahre jünger als er, konnte frei mit seinem Großvater sprechen. "Du wirst immer noch jedes Jahr hierherkommen, wenn ich schon lange tot und begraben bin."

Eddie nahm seinen Hut ab, so dass sein fast kahler Kopf zum Vorschein kam, und gab seinem Enkel damit spielerisch eins hinter die Ohren. "Habt ihr das gehört?", lachte er. "Die jungen Leute heutzutage sind ganz schön frech! Wenn ich so mit meinem Großvater gesprochen hätte, hätte er seinen Stock rausgeholt."

"Da müsstest du mich erst mal fangen", erwiderte Emil. Eddie schüttelte zum Schein verärgert den Kopf. Er nahm einen Schluck Schnaps aus einer Flasche und reichte sie dann an den nächsten Mann weiter.

"Na, wenigstens bist du hier, Junge, das freut mich. Habt ihr schon von Xavers zwei Jungs in Mülenen gehört?"

"Xaver Bentele, der Besitzer der Schiefergrube?", fragte Willi.

"Ja. Seine beiden Söhne, Albrecht und Friedrich, sind nach Amerika gegangen."

"Was? Nein!" Bestürzung machte sich im Kreis der Männer breit, als sie ein wenig näher rückten, um sicherzugehen, nichts zu verpassen.

"Aber was wird er jetzt tun?", fragte Willi. "Die sollten doch nach ihm den Steinbruch übernehmen, oder nicht?"

"Ja, nicht nur das, sie haben bislang bereits die meiste Schwerarbeit geleistet. Xaver kann nach seiner Rückenverletzung nicht mehr viel machen", antwortete Eddie.

"Was in aller Welt wollen die in Amerika?", fragte Peter. "Sie hatten hier schon eine gute Zukunft vor sich."

"Nun, da bin ich mir nicht so sicher. Xaver hat mir erzählt, dass die Billigkonkurrenz aus dem Ausland lähmend ist, und der Staub in den Minen ist auch nicht gut für die Lungen."

"Das erklärt aber immer noch nicht, was sie in Amerika wollen. Sie können doch nicht einfach ihre ganze Familie hier zurücklassen, oder?"

"Ihre arme Mutter saß am Fenster, winkte ihnen zum Abschied und weinte, weil sie ihre Jungs nie wiedersehen würde. Aber die jungen Leute heute", fuhr Eddie fort, "sind jung und optimistisch. Die Jungs haben Vettern in Schaffhausen, die letztes Jahr nach Amerika gegangen sind. Sie schrieben sehr enthusiastisch nach Hause. Sie erzählten, wie Farmer im Westen gutes, fruchtbares Land abstecken konnten, und nach sieben Jahren Arbeit wurde es ihnen geschenkt – umsonst! Und jetzt wollen die Jungs von Bentele das Gleiche tun."

"Stimmt es, dass man in Amerika Gold in den Flüssen finden kann?", wandte sich Emil an seinen Lehrer Karl Stettler. Er war ein enger Bekannter des Bürgermeisters, der ihm immer seine Zeitungen zu lesen gab, sobald er mit ihnen fertig war. Kaum Mitte zwanzig, wurde Karl von den Dorfbewohnern als der Gelehrteste unter ihnen respektiert. Sie drehten sich nun ihm zu und waren gespannt auf seine Antwort.

"Es wurde Gold gefunden, ja. Hunderttausende von Männern aus der ganzen Welt eilen nach Amerika, in der Hoffnung, welches zu finden. Etwa ein Drittel von ihnen stirbt an Krankheiten auf der Reise dorthin. In Amerika sterben noch mehr an Gelbfieber oder Schlangenbissen. Der Reiz des Goldes lockt alle Arten von Menschen an, Gauner, Verbrecher, Gesetzlose. Es gibt kein Recht und keine Ordnung. Die Männer tragen Gewehre und Messer und können jeden ermorden, ohne eine Strafe fürchten zu müssen. Es wäre besser für dich, hier zu bleiben und einen Beruf zu erlernen, Emil."

"Oh, *ich* würde nicht gehen." Emil, der wie gebannt der Erzählung seines Lehrers gelauscht hatte, schob den Gedanken beiseite, die Heimat zu verlassen. Ein Seufzer der Erleichterung umgab die Männer.

Das Thema Amerika war erschöpft, und das Gespräch wendete sich dem Wetter zu. "Ich habe gehört, dass es nicht nur hier, sondern in der ganzen Schweiz Hochwasser gibt", sagte Peter.

"Nicht nur in der Schweiz, sondern auch in anderen Teilen Europas", antwortete Karl, der Lehrer. "Die Schlagzeilen in der Berner Zeitung lauteten letzte Woche: ‚Das Jahr ohne Sommer'!"

"Es ist erst Mitte Juni", protestierte Eddie. "Ich kann mich an ein Jahr vor etwa fünfundvierzig Jahren erinnern. Da war es genauso wie dieses Jahr, und im Juli hatten wir dann bis September strahlenden Sonnenschein. Das hat die Ernte zum Glück gerettet."

"Ich hoffe, der Regen hört bald auf", sagte Karl. "Ich habe einige sehr beunruhigende Berichte über die Kartoffelfäule in Irland gelesen. Eine Million Menschen sind verhungert und mehr als eine weitere Million sind ausgewandert."

"Glaubst du, dass die Kartoffelfäule hierherkommt?", fragte Anton besorgt.

"Ich fürchte, sie ist bereits in Frankreich." antwortete Karl. "Es ist nur eine Frage der Zeit, bis sie hier auftaucht."

Gustl sah erschrocken aus. "Wirst du mein Feld überprüfen, Anton?"

"Ja, gleich morgen, wenn ich zurück bin. Gopfriedstutz, verdammt, das ist das Letzte, was wir jetzt brauchen. Meins war vor zwei Tagen aber noch in Ordnung, wann habt ihr eure zuletzt überprüft?"

"Es ist noch nicht lange her, ich glaube, es war Montag."

"Karl, was gedenkt der Bürgermeister gegen die Armut zu unternehmen?", fragte Linus. Mehrere der anwesenden Männer waren Stadträte, aber Karl war der Vertreter des Bürgermeisters. Die Gesichter wandten sich ihm zu.

"Um die Leute von hier wird man sich kümmern. Die Außenstehenden müssen weiterziehen."

"Die Base meiner Frau in St. Gallen sagte, die Stadt zahle Fahrkarten für auswanderungswillige Familien!"

"Ja, es gibt mehrere Städte, die Familien eine Fahrt nach Russland oder Amerika anbieten, Bürgermeister Bühler wird das nicht tun, jedenfalls noch nicht."

"Ist das nicht zu teuer? Manche Leute sparen ewig, um sich eine Fahrkarte zu kaufen, und jetzt bekommen die faulen Säcke die Fahrt einfach geschenkt, das ist nicht richtig!", mischte sich Heinz protestierend ein.

"Der Bürgermeister vermutete, dass einige der Männer vielleicht so denken wie du, Heinz. Tatsache ist, dass es auf lange Sicht billiger ist, den Armen eine Fahrtkarte zu kaufen, als sie jahrelang von Armenhilfe abhängig zu machen. Und anders als du vielleicht denkst, ist Faulheit selten der Grund für Armut. Außerdem würde uns Pfarrer Moser sagen, dass es unsere christliche Pflicht ist, denen zu helfen, die weniger Glück haben als wir."

"Ich arbeite vierzehn Stunden pro Tag im Sägewerk, sechs

Tage die Woche, und zu Hause gibt es noch viel mehr Arbeit. Wir haben immer noch kaum genug zum Leben und niemand gibt uns etwas umsonst!" Heinz spuckte die Worte fast aus.

Ein paar Männer nickten zustimmend, die meisten jedoch starrten schweigend auf den Boden. Die Stille hing in der Luft und der Klang der Kuhglocken schien lauter zu werden.

Gustl schämte sich für seinen Schwager. "Zeit, die Kühe zu melken", sagte er und stand auf. Die Männer nahmen dies als Signal, ebenfalls aufzustehen.

"Ja, Zeit, was zu tun", seufzte Anton erleichtert.

*****

Die Männer standen bei Tagesanbruch auf. "Ich habe kein Auge zugetan", sagte Gustl zu Anton. "Ich habe mich die ganze Nacht hin und her gewälzt und mir Sorgen um die Kartoffeln gemacht."

"Es hat keinen Sinn, sich Sorgen zu machen, entweder sie haben es oder sie haben es nicht, wir können es nicht ändern. Ich werde sie mir genau ansehen und tun, was nötig ist."

"Du hast Recht, wir können die Dinge nicht ändern, aber wenn sie in Ordnung sind, sagst du mir Bescheid? Dann muss ich mir keine Sorgen machen."

"Ja, natürlich, das werde ich tun. Wenn du nichts mehr hörst, dann weißt du, dass die Fäule da ist. Ich verkaufe noch eine Kuh und die Kälber, dann ist alles in Ordnung. Du konzentrierst dich jetzt auf den Käse."

"Ja, das mache ich, wir sehen uns dann hoffentlich bald. Sag Margot nichts, bevor es nicht sicher ist."

Die Männer verabschiedeten sich von Gustl und begannen, die Berghänge hinunterzuwandern. Die losen Steine unter ihren Füßen waren nass vom Dauerregen. Niedrige Wolken hingen unter den Bäumen. Ein Frösteln lag in der Luft. Niemand redete

Der Zündhölzli Bub

viel, die Männer steckten nur ihre langen, stabilen Wanderstöcke in den Boden vor ihnen und konzentrierten sich auf den steilen, rutschigen Pfad, der sich an den Berghang schmiegte. Peter berührte Antons Ellbogen: "Kann ich dich kurz sprechen?", fragte er. "Unter vier Augen, bleib ein Stück zurück."
"Natürlich", sagte Anton. "Stimmt etwas nicht?"
"Nein, nein. Es ist mir etwas peinlich zu fragen, aber der Mühle geht es im Moment nicht so gut, und die Rechnung, die ich dir geschickt habe, nun, ich weiß, dass du schwere Zeiten durchgemacht hast, aber wann denkst du, dass du sie bezahlen kannst?"
"Die Rechnung? Für das Schneiden von meinem Holz? Ja, ich habe sie bekommen, aber ich dachte, es sei ein Irrtum. Ich habe nämlich sofort bezahlt, als wir die Baumstämme gebracht haben."
"Hä? Aber ich schicke immer eine Rechnung."
"Ja, aber weil du mir einen guten Preis gemacht hast, hat Heinz danach gefragt und gesagt, er würde es weitergeben, vielleicht hat er es vergessen. Gustl war bei mir und Willi, frag den Willi, der wird es dir sagen!"
"Oh, tut mir leid, das ist ein Missverständnis, Heinz hat wohl vergessen, es mir zu geben. Hör zu, tu mir einen Gefallen, Anton? Sag niemandem etwas davon, vergiss, dass wir miteinander gesprochen haben."
"Natürlich." Anton war ein wenig verärgert. Er hoffte, dass Heinz ihn nicht betrogen hatte und er nun doppelt zahlen musste. Zum Glück waren Willi und Gustl bei ihm gewesen. Sicherlich würde Peter seinem eigenen Schwager glauben?
Beim Abstieg ins Tal fühlte sich Anton deprimiert. Er merkte, dass auch seine Begleiter niedergeschlagen waren. Niemand scherzte oder alberte herum. Zweifellos machten sie sich alle Sorgen über ihre trostlose Lage und bangten um ihre Kartoffeln. Die Regenwolken, tief zwischen den Bäumen in den

Wäldern hängend, trugen nichts dazu bei, um ihn aufzuheitern. Im Gegenteil, er wusste, dass kaltes, nasses Wetter die Kartoffelfäule förderte. Es gab keinen einzigen Einwohner von Weißbrügg oder der gesamten Umgebung, der nicht unter dem anhaltend kühlen und feuchten Sommer gelitten hätte. Auch wer kein Bauer war, bekam die höheren Preise für Lebensmittel zu spüren. Wer konnte, arbeitete in zwei oder sogar drei Jobs. Aber es gab kaum noch Arbeitsplätze.

Anton ging direkt nach Hause zu Margot. Sie hatte ihre morgendliche Arbeit erledigt, und setzte sich gerade mit den Jungen zum Frühstück. "Du hast den Speck gerochen, was?", begrüßte sie ihn.

"Ja, ich habe ihn seit einer Weile schon gerochen, der beste Speck im Kandertal", antwortete er lächelnd. "Haben die Hühner heute keine Eier gelegt?"

"Nein, der Hahn hat seinen Zauber verloren."

Anton gab seinen Kindern einen Kuss und setzte sich dann zu ihnen.

"Erzähl mir den ganzen Klatsch und Tratsch", forderte Margot ihn auf.

"Klatsch und Tratsch? Welcher Klatsch und Tratsch?"

"Ach, bitte. Zwanzig Mann zusammen auf der Alm? Das muss schlimmer gewesen sein als die Fischweiber unten in Thun!"

"Nein, wir Männer plaudern nicht."

"Blödsinn. Nun erzähl mir alles, Wort für Wort, oder du kannst dir heute Abend dein Abendessen selber kochen!"

"Ich habe jetzt etwas Dringendes zu tun, ich bin nur kurz vorbeigekommen, um einen Spaten zu holen, aber ich werde versuchen, mich heute Abend an unsere Gespräche zu erinnern, wenn du mir einen deiner Wurstaufläufe machst."

"Was meinst du mit dringend? Was ist denn los?", rief Margot. Sie sah nur noch Antons Rücken. Er hatte schon eilig das Zimmer verlassen.

6

21. JUNI, 1850

Anton ging zuerst zum Kartoffelacker von Gustl. Er lag in der Nähe des Gunggbachs, teilweise beschattet von einem kleinen Tannenwald im Westen, nur eine halbe Stunde vom Bauernhaus entfernt. Aus der Ferne sah das Laub schön aus und Antons Hoffnung wuchs. Selbst als er auf dem Feld ankam und um den Rand herumzugehen begann, schien alles in Ordnung zu sein. Doch als Anton die Furchen in der Mitte des Feldes entlanglief, wurde seine Hoffnung zunichtegemacht. Er sah braune Flecken auf den Kartoffelblättern, ein sicheres Zeichen für die Kartoffelfäule. Er stieß seinen Spaten unter einer solchen Pflanze in den Boden und hob die Knollen an die Oberfläche. Sofort stieg ihm ein fauliger Geruch in die Nase und dunkle Stellen auf den Knollen wurden deutlich sichtbar.

Anton lief zum Bach, um seinen Spaten zu säubern, und ging dann zum Steg. Er traf Sattler Erik, der wie die meisten Dorfbewohner neben seinem Beruf auch Vieh und ein oder zwei Felder besaß. "Guten Morgen, Anton", begrüßte Erik ihn. "Du hast es also schon gehört? Wie steht's mit Gustls Kartoffeln? Schon befallen?"

"Ja, Karl hat es uns gestern auf der Alp erzählt. Nicht gut, fürchte ich, die Knollen sind bereits angesteckt. Was ist mit deinen?"

"Meine auch, wir müssen sie alle ausgraben und verbrennen, um die Ausbreitung zu stoppen."

"Mmm, ich werde zuerst auf meinem eigenen Feld nachsehen. Auf der anderen Seite des Heiti ist es ein bisschen sonniger."

"Na dann viel Glück, wenn die Knollen in Ordnung sind, kann man die Kartoffeln vielleicht noch retten."

"Das hoffe ich, vielleicht wenn ich alles Laub oberhalb des Bodens abschneide und verbrenne."

"Hast du jemanden, der dir hilft?"

"Nein, Gustl ist auf der Alp."

"Ja, natürlich. Wenn wir meine Ernte verbrannt haben, schicke ich meine beiden Jungs, um dir zu helfen, wenn du willst."

"Das wäre gut, danke. Ich kann ihnen aber nicht viel zahlen."

"Gib ihnen einfach was zu essen, dann sind sie zufrieden. Die beiden sind immer hungrig."

Anton überquerte die Brücke und ging zu seinem eigenen Kartoffelacker. Auf den Blättern konnte er keinen Befall feststellen, und auch die Knollen schienen in Ordnung zu sein. Er beschloss, dass es am besten wäre, das Laub abzuschneiden und zu verbrennen. Vielleicht konnte er die Ernte retten, bevor sie befallen wurde. Das würde zwar bedeuten, dass er die Kartoffeln früher rausholen musste, und er würde keine große Ernte einfahren, aber besser als nichts.

Er beschloss, erst seine eigene Ernte zu retten, bevor er Gustls Feld umgraben und die Pflanzen verbrennen würde. Schließlich hatte er nur zwei Hände. Er machte sich daran, alle grünen Kartoffelblätter oberhalb des Bodens abzuschneiden und sie in eine Ecke des Feldes zu bringen. Sein Rücken brannte vor Schmerzen und die Mücken schwirrten schon tief, als er endlich mit den Pflanzen in der letzten Reihe fertig war. Er schlug seinen Feuerstein auf das Metall und brachte nach vier Versuchen ein Feuer zum Brennen. Er richtete sich auf, wischte die Mücken weg, die sich auf seinem verschwitzten Kopf niedergelassen hatten, und blickte hinunter ins Tal und hinüber zu den Berghängen auf der anderen Seite der Kander. Überall an den Hängen, zwischen den Bäumen und Häusern, waren verräterische Rauchschwaden zu sehen, die spiralförmig stiegen und Botschaften untröstlichen Kummers zum Himmel schickten.

Anton merkte, dass die meisten betroffen waren. *Was sollten sie nur tun?* dachte er verzweifelt. *Sie würden alle verhungern.* Er sammelte sein Werkzeug ein und schritt zielstrebig voran, um zu seinem vorläufigen Zuhause, seiner Schwester und seinen Kindern zurückzukehren.

"Halt! Warte!"

Er hörte jemanden außer Atem hinter sich rufen. Es war Bürgermeister Bühler, der eilig den Hügel hinaufstieg. Er keuchte. Anton wartete, bis er ihn eingeholt hatte.

"Ich wollte gerade zu dir kommen. Meine Güte, bist du flott mit deinen langen Beinen!" Der Bürgermeister wurde rot im Gesicht und zog ein Tuch aus seiner Tasche, um sich die Stirn abzuwischen.

"Tut mir leid, ich hab dich nicht gesehen."

"Das ist schon in Ordnung. Ich wollte dir nur sagen, dass ich morgen Abend eine Notsitzung des Rates einberufen werde."

"Ah ja, ich werde da sein. Gustl kann natürlich nicht mitkommen."

"Nein, natürlich nicht. Könntest du Willi und Linus Bescheid sagen? Ich muss noch acht andere informieren."

"Kein Problem, willst du auf einen Trunk reinkommen?"

"Nein, nein. Ich muss weiter, bis morgen dann."

"Ja, bis morgen." Anton setzte seinen Weg fort und fragte sich, was der Bürgermeister wohl vorschlagen würde. Was wäre, wenn es keine Lösungen gab? Würde er auch Fahrkarten nach Amerika anbieten? Nun, er würde das Tal nicht verlassen, so viel war sicher. Er war hier geboren und würde es nur in einem Sarg verlassen.

*****

Den ganzen Abend und den nächsten Tag über begegnete Anton neugierigem Geplapper und Spekulationen. Die außerordentliche Sitzung war für acht Uhr abends einberufen worden. Die ersten Ratsmitglieder trafen kurz nach sieben Uhr im Rathaus ein. Anton erschien kurz vor acht. Ihm fiel ein nervöser junger Mann auf, der in einer Ecke lauerte, halb hinter einer hohen Grünpflanze versteckt. Er hielt seine Mütze in der Faust und wrang sie ängstlich in den Händen. Anton erkannte Bartli, schüttelte ihm die Hand und begrüßte ihn kurz, bevor er den Besprechungsraum betrat. Er schaute auf die große Uhr an der Wand, sah, dass er noch zehn Minuten Zeit hatte, und eilte zu Helena Bühlers Teller mit den berühmten belegten Broten. Er nahm das letzte und biss schnell hinein, bevor jemand anderes es ihm wegschnappte. Helena machte normalerweise genug für alle, und ein paar Männer kamen immer noch an, also musste sich jemand daran vergriffen haben. Er schaute sich verstohlen um, um zu sehen, ob er den Übeltäter finden konnte.

In diesem Moment traf der Bürgermeister ein und setzte sich an das Kopfende des langen rechteckigen Tisches. Die Ratsmitglieder beeilten sich, ihre Plätze einzunehmen, und aßen nebenbei. Der Bürgermeister machte einen ernsten Eindruck.

"Danke, dass ihr gekommen seid", sagte er. "Ich habe euch nicht hergebeten, um über die Kartoffelfäule zu sprechen, obwohl ich mit den Betroffenen sehr mitfühle."

Der Zündhölzli Bub

"Dann also mit uns allen", mischte sich Erik ein.

"Ja. Ihr wisst ja alle, dass meine Frau aus Bern stammt, und ihre Familie hat, nun ja, wie soll ich mich ausdrücken, einige Verbindungen zu ... einflussreichen Leuten. In den letzten zwei Monaten, seit den Bränden und Überschwemmungen, habe ich meine Fühler ausgestreckt und versucht, irgendeine Art von Industrie nach Weißbrügg zu locken."

"Industrie? Was für eine Industrie?", wollte Erwin Klopfenstein, der Wirt des Goldenen Ochsen, wissen.

"Halt die Klappe, lass ihn weiterreden." Peter Zähler stupste Erwin an, damit er verstummte.

"Nun, eigentlich *jede* Industrie, alles, was unserem Städtchen Beschäftigung bringt. Wir haben bereits über achthundert Einwohner, die von der Armenhilfe abhängig sind, und um ehrlich zu sein, der Topf leert sich schnell. Ein paar Geschäftsleute wollten wissen, wo wir genau sind, und fragten nach den Löhnen, die sie zahlen müssten. Zurzeit werden überall Zündholzfabriken eröffnet. Ich sagte den Herren, dass wir genügend Land hätten, auf dem sie bauen könnten. Ich bot ihnen einen sehr vernünftigen Preis für Bauland an und versicherte ihnen, dass wir ausreichend Holz und fähige Männer und Frauen hätten, die Arbeit suchten. Nun wollte ich es euch erzählen, denn gestern erhielt ich einen Brief, dass morgen vier Herren mit der Postkutsche anreisen werden, um sich umzusehen."

Die Ratsmitglieder begannen alle gleichzeitig zu reden und Fragen zu stellen. Bürgermeister Bühler konnte kaum eine der Fragen beantworten.

"Die Gespräche befinden sich noch am Anfang. Ich wollte euch nur vorwarnen und ein kurzes Votum von euch bekommen, damit ich die Verhandlungen fortsetzen kann."

Die Männer stimmten allesamt zu und beglückwünschten den Bürgermeister zu seinen Bemühungen, ihre Gemeinde zu retten.

"Gut, gut", sagte er. "Jetzt gibt es nur noch eine kleine Angelegenheit zu erledigen, bevor wir alle nach Hause gehen. Einige von euch haben vielleicht Bartholomäus Gerber auf dem Weg hierher bemerkt. Er hat einen Antrag an den Rat gestellt; er möchte die Erlaubnis, zu heiraten."

"Gerber, sagst du? Sind die nicht auf Armenhilfe?", fragte Erwin Klopfenstein.

"Ja, das sind sie, sonst bräuchte er keine Erlaubnis zum Heiraten", stellte Bürgermeister Bühler das Offensichtliche fest.

"Aber es ist doch klar, dass er nicht heiraten und eine eigene Familie gründen kann, dann wären noch mehr Menschen auf Hilfe angewiesen."

"Es ist kompliziert, fürchte ich. Er ist nämlich mit Maria Wiederkehr verlobt und sie erwartet bereits ein Kind." Die Ratsmitglieder sogen Atem ein und stießen ihn geräuschvoll wieder aus. Einige waren besorgt, jeder wusste, dass unverheiratete Mütter ins Arbeitshaus oder sogar ins Gefängnis gesteckt wurden; das Kind würde ihr weggenommen werden.

"Das ist ein schöner Schlamassel!", sagte Sattler Erik. "Hat er da nicht vorher dran gedacht?"

"Wir sollten nicht so tun, als wären wir nie hitzköpfige Jugendliche gewesen", sagte der Bürgermeister. "Ich hätte sofort nein sagen können, ohne euch vorher zu fragen, aber sie waren schon verlobt, bevor die Familie in Schwierigkeiten geriet. Er ist ein fleißiger Junge und schwört, dass er jeden Cent, den er von unserer Gemeinde erhält, zurückzahlen wird, bevor er ein weiteres Kind bekommt. Sie können bei seinen Eltern leben und er wird jeden Job annehmen, den er kriegen kann. Er hat mich angefleht, und ich fand ihn glaubwürdig und vertrauenswürdig. Meint ihr nicht, wir könnten eine Ausnahme machen?"

"Regeln sind Regeln", sagte Erwin. "Wenn man eine Ausnahme macht, werden sich alle wie die Karnickel vermehren."

"Ich kenne die Gerbers, sie sind eine anständige Familie", sagte Anton. "Wenn meine Schwester und mein Schwager mir nicht helfen würden, dann bräuchte ich auch Armenhilfe. Sobald es Arbeit gibt, wird er sich bewerben, da bin ich mir sicher."

"Zusammen mit hundert anderen Männern", argumentierte Erwin.

"Du hast völlig Recht, wir können keine Ausnahmen machen", stimmte Sattler Erik zu.

"Es ist sehr hart für seine Verlobte, Maria ist ein anständiges Mädchen", sagte Karl, der Lehrer. "Und das Kind wird man ihr wegnehmen."

"Daran hätte sie denken sollen, bevor sie ihn unter ihre Röcke ließ", rief Erwin zurück.

"Meine Herren, meine Herren, stopp!", rief der Bürgermeister. "Bitte, bleibt höflich! Bartli Gerber wartet draußen. Jetzt können wir ihn entweder hereinbitten und ihr könnt euch anhören, was er zu sagen hat, oder wir können hier und jetzt abstimmen."

"Es hilft nichts, sich seine Ausreden anzuhören, wir können genauso gut abstimmen", sagte Peter.

"Also gut. Wer für die Heirat ist, hebt die Hand!" Der Bürgermeister zählte acht Hände.

"Und die, die dagegen sind?" Sieben Hände gingen hoch. Vier Ratsmitglieder waren nicht anwesend. Der Bürgermeister fügte seine eigene Stimme hinzu, so dass es neun zu sieben war.

"Ich sage ihm Bescheid", meinte er.

*****

"Hast du es schon gehört?", fragte Margot Anton beim Frühstück.

"Was? Meinst du die Kander?"

"Nein, na ja, auch das, vierzig Menschen sind bei der Sturzflut in Reichenbach gestorben, aber das habe ich nicht gemeint. Heinz hat seinen Job verloren!"
"Er wird eine andere Arbeit finden. Schlimm, diese Häuser, die weggeschwemmt wurden, ich bin froh, dass wir nicht so nah an der Kander wohnen."
"Du scheinst nicht sehr überrascht wegen Heinz zu sein. Wusstest du es schon?"
"Nein, aber ich habe gehört, dass das Sägewerk Probleme hat."
"Trotzdem! Heinz war der Vorarbeiter, warum er? So einen gut bezahlten Job kriegt er nicht mehr. Vielleicht kann er Hari nicht mal mehr ins Internat schicken!"
"Nun, bis dahin sind es noch ein paar Jahre. Ich weiß sowieso nicht, warum er sich so hohe Ziele gesteckt hat. Keines der Kinder hier geht auf ein Internat."
"Die Jungs vom Bürgermeister werden es tun."
"Um Himmels willen, Margot! Frau Bühler kommt aus einer angesehenen Berner Familie, das ist etwas Anderes! Was geht dich das überhaupt an? Du hast nie ein gutes Wort über sie verloren."
"Ich wollte es dir nur sagen, das ist alles."
"Nun, ich bin jetzt weg, ich habe keine Zeit für dein Geschwätz."

7

MÄRZ 1852

"Ich brauche eine Frau", verkündete Anton beim Abendessen. "Das Haus ist fertig, ich habe die Tiere umgesiedelt und der Gemüsegarten ist hergerichtet. Aber davon können wir nicht leben, ich brauche eine Arbeit. Und wenn ich arbeite, brauche ich jemanden, der sich um die Kinder kümmert. Ich kann sie nicht ewig hier lassen, das ist nicht fair euch gegenüber."

Margot sah von ihrem Butterbrot auf. "Das stört mich nicht, sie sind brav, sogar die kleine Mina."

"Aber du hast so viel Erfolg mit deiner Spitze, du könntest dem mehr Zeit widmen."

"Hast du jemanden im Sinn?"

"Nein, ich dachte, ich könnte eine Anzeige in der Wochenzeitung der Frutiger Gemeinde schalten. Das ist nicht teuer."

"Du hast also schon gefragt?"

"Nein, Willi hat es mir gesagt. Na ja, er hat es sogar vorgeschlagen."

"Es sind hauptsächlich Witwen mit Kindern, die diese

persönlichen Anzeigen aufgeben. Du wirst am Ende mehr Mäuler zu stopfen haben."

"Ein Kind wäre schon in Ordnung, nehme ich an. Ich meine, sie muss kochen und waschen, sich um die Tiere und das Gemüsebeet kümmern, also wäre es nur gerecht."

"Ich halte das für eine gute Idee", mischte sich Gustl ein. "Lena ist jetzt seit zwei Jahren fort, es wird Zeit, dass Anton wieder ein bisschen Glück findet."

"Ich werde nie eine zweite Lena finden, aber vielleicht ein bisschen gute Gesellschaft. Ich bin dir wirklich dankbar für alles, was du für uns getan hast, Margot, doch es ist Zeit, dass wir nach Hause gehen."

"Gut und schön, aber wir werden immer für dich da sein, das weißt du doch. Was wirst du dann schreiben?"

"Darüber habe ich noch nicht nachgedacht; hilfst du mir?"

"Bleib einfach bei der Wahrheit, das ist immer das Beste."

In der darauffolgenden Woche erschien Antons Anzeige in der persönlichen Rubrik der Frutiger Gemeindezeitung.

Witwer, 34 Jahre alt, 3 Kinder,
Landwirt mit eigenem Haus und ohne Schulden,
sucht fleißige Ehefrau.

8

REGINA, 1827 – 1852

Als Regina Ruf siebzehn Jahre alt war, schickten ihre Eltern sie zu entfernten Verwandten nach Basel. Angeblich, um zu sehen, wie ein "höherer" Haushalt geführt wurde, um ihre Chancen auf eine "gute" Ehe zu erhöhen. In Wirklichkeit wurde sie wie ein Dienstmädchen behandelt und musste hart arbeiten. Regina hatte nichts dagegen. Das Haus war groß und schön eingerichtet, und Basel war eine aufregende Stadt. Die Hauptattraktion war jedoch der achtzehnjährige Sohn Heinrich, der sie offensichtlich attraktiv fand. Zum ersten Mal in ihrem Leben verliebte sich Regina Hals über Kopf.

Immer, wenn sie sich in einem der Flure des Hauses trafen und dachten, dass niemand zusah, berührte Heinrich sie und gab ihr bei einigen Gelegenheiten sogar einen verstohlenen Kuss. Das ging über mehrere Wochen so, bis sie anfingen, sich heimlich an ihren freien Tagen im Park zu treffen. Er sagte, dass er sie liebte und machte ihr einen Heiratsantrag. Sie stellte sich vor, mit dem geliebten Mann in einem großen Haus in der Stadt zu leben, mit Kindern und Bediensteten. Sie war überglücklich und sagte Ja.

Heinrich bat um ein Gespräch mit seinen Eltern. Regina wartete am oberen Ende der Treppe. Sie hörte lautes Rufen und Streiten durch die geschlossenen Türen dringen. Heinrich verließ das Zimmer mit rotem Gesicht, trat zur Haustür, öffnete sie, ging hinaus und schlug die Tür hinter sich zu. Regina schnappte nach Luft und rannte die Treppe hinauf in die Dienstbotenstube. Sie warf sich auf ihr Bett und schluchzte sich die Seele aus dem Leib.

Die Tür sprang auf.

"Du undankbare kleine Schlampe! Ist das der Dank dafür, dass wir dich aus deinem Kuhscheißdorf aufgenommen haben? Pack deine Sachen, mein Mann wird dich persönlich zur Postkutsche bringen und dafür sorgen, dass du einsteigst!" Heinrichs Mutter, Frau Urwyler, zog Regina energisch am Arm vom Bett hoch.

"Aber wir lieben uns doch!" Reginas Wangen waren nass vor Tränen, und ihr Haar, das sie normalerweise ordentlich zu einem Dutt gebunden hatte, hing ihr in Strähnen ins Gesicht.

"Wenn du nicht packst, kannst du ohne deine Sachen gehen, aber du verlässt jetzt das Haus. Auf der Stelle." Das Gesicht von Frau Urwyler sah aus wie Erdbeerpudding das in einer Form erstarrt war. Sie hatte die Arme vor ihrer breiten Brust verschränkt und rührte sich keinen Deut von ihrem Platz. Regina öffnete rasch eine Schublade und packte ihre wenigen Habseligkeiten in die kleine Teppichtasche, die sie mitgebracht hatte.

"Raus, sofort!" Frau Urwyler hielt die Tür auf und wies ihr den Weg die Treppe hinunter.

*****

"Oh Regina! Was in aller Welt hast du dir dabei gedacht?" Ihr Vater sprach in einem leicht mahnenden Ton.

"Sie hat nicht gedacht! Du dummes Mädchen, du hast Schande über dich und unsere Familie gebracht. Was sollen wir jetzt mit dir machen?" Ihre Mutter war schärfer.
"Sie kann doch sicher bei uns bleiben?", antwortete Herr Ruf. "Sie kann dir helfen. Du beklagst dich doch immer über zu viel Arbeit."
"Nun, das muss sie wohl. Keine *anständige* Familie wird sie mehr aufnehmen, nicht ohne Referenzen. Oh, du dummes Mädchen, du hast all deine Chancen ruiniert."

*****

Also blieb Regina daheim. Sie sehnte sich nach Heinrich und träumte davon, dass er eines Tages auftauchen und sie ohne die Erlaubnis seiner Eltern heiraten würde. Zweimal wöchentlich ging sie zur Post in der Hoffnung, einen Brief zu erhalten, aber es kam keiner. Nach sechs Monaten Schufterei zu Hause, in denen sie ihrer Mutter beim Kochen, Backen und Waschen half, wendete sich das Blatt, jedoch nicht zum Guten.

Bei ihrer Mutter, die sich seit einiger Zeit nicht mehr wohl gefühlt hatte, wurde eine Geschwulst im Unterleib diagnostiziert. Regina umsorgte sie und ihren Vater. Sie melkte die Kühe und Ziegen und kümmerte sich um den Gemüsegarten. Sie wusch ihre bettlägerige Mutter, fütterte sie und schob ihr die Bettpfanne unter den Hintern. Sie wischte das Erbrochene auf und kam gerannt, wann immer sie gerufen wurde, Tag und Nacht. Ihre Mutter starb und ihr Vater war untröstlich. Mit seiner Gesundheit ging es rapide bergab.

Reginas älterer Bruder kehrte mit seiner eigenen Familie nach Hause zurück, um den Hof, sein Erbe, zu übernehmen. Regina durfte bleiben, um sich um den Vater zu kümmern und weiterzuarbeiten. Seine Frau konnte nicht alles allein machen. Also zeigte Regina ihrer Schwägerin, wie man Käse herstellte und Obst und Gemüse für den Winter einmachte. Sie pflegte ihren bettlägerigen Vater, wechselte seine schmutzigen Laken, bis auch er eines Tages, zwei Jahre später, starb. Reginas Bruder bat sie zu gehen, seine Familie wuchs und es gab keinen Platz für sie. Sie konnte natürlich bleiben, bis sie etwas Anderes gefunden hatte. Warum hatte sie sich nicht nach einer *richtigen* Arbeit umgesehen oder geheiratet?

Regina war nun zweiundzwanzig, praktisch eine alte Jungfer. Sie kannte keine geeigneten alleinstehenden Männer. Sie hatte kein soziales Leben. Die Hoffnung, von Heinrich zu hören, hatte sie schon fast aufgegeben. Der Basler Cousin zweiten Grades ihres Vaters, Herr Urwyler, kam zur Beerdigung, um ihm die letzte Ehre zu erweisen. Er vermied es beharrlich, Regina anzuschauen. Er sprach mit ihrem Bruder in kurzen, ernsten Sätzen, bevor er sich verabschiedete.

"Was hat Herr Urwyler zu dir gesagt?", fragte Regina ihren Bruder später.

"Er hat mir von deinen Missetaten erzählt. Du hast ihr Vertrauen und ihre Freundlichkeit ausgenutzt. Ich muss zugeben, ich war überrascht, Schwester. Ich hatte ja keine Ahnung."

Regina presste ihre Lippen aufeinander.

"Was ist mit Heinrich? Hat er dir gesagt, was er jetzt macht?"

"Heinrich? Oh ja, er ist irgendwo in Übersee. Er hat eine Zuckerplantage und eine englische Gräfin geheiratet. Er hat sich schnell von deinen Reizen erholt, Schwester."

Regina dachte, ihr Herz würde stehenbleiben und sie wartete darauf, dass sie umfallen und sterben würde. Aber das tat sie nicht. Sie blieb – eine Statue gleich – wie versteinert stehen und fühlte sich auch wie eine, die mit Taubenkot verschmutzt war. Ein Schalter in ihr sprang um und schaltete jede Wärme aus, die sie noch in ihrem Herzen hatte. Sie drehte sich um und verließ den Raum, ohne zu sprechen.

Am nächsten Morgen klopfte es an der Haustür. Es war ihre Tante Theresia aus Reichenbach.

"Hallo, meine Liebe", begrüßte sie Regina, die ihr die Tür öffnete. "Ich habe gehört, dass du auf der Suche nach einer Wohnung bist, und ich habe dir einen Vorschlag zu machen."

Sie setzten sich gemeinsam an den Tisch und die Tante lud Regina ein, bei ihr zu wohnen. "Ich werde nicht jünger", sagte sie zu Regina, "und mein Sohn kommt nicht oft zu Besuch. Er lebt mit seiner Familie in Basel, und es ist zu weit für ihn, mit seinen Kindern zu reisen. Ich könnte etwas Hilfe gebrauchen. Mein Haus ist nicht sehr groß, aber es hat zwei Schlafkammern, so dass du dein eigenes Zimmer haben könntest. Es gibt einen Garten und ich habe einige Hühner und eine Ziege. Ich habe Angst, allein zu sterben. Wenn du dich im Alter um mich kümmerst, werde ich dir mein Haus vermachen."

"Was ist mit deinem Sohn?", fragte Regina. "Wird er es nicht haben wollen?"

"Er hat ein großes Haus in Basel. Was will er mit einem kleinen Häuschen auf dem Lande? Außerdem kann ich das Haus überlassen, wem immer ich will."

"Wenn du dir sicher bist, nehme ich dein Angebot an."

Regina packte ihr Arbeitskleid und ein paar andere Sachen in ihre Reisetasche und verließ noch am selben Tag zusammen mit Tante Theresia ihr Elternhaus. Ihr gefiel die Vorstellung, ein eigenes Häuschen zu erben und unabhängig zu sein. Ihre Tante wurde alt und gebrechlich. Sie wurde bettlägerig. Aber sie starb nicht. Regina war zunächst froh – sie hatte ihre Tante liebgewonnen – doch die letzten Jahre wurden sehr schwer. Ihre Tante konnte nicht mehr sprechen und sich nicht mehr artikulieren, und sie beschmutzte mehrmals täglich ihr Laken. Sie schrie in der Nacht und Regina konnte nicht schlafen. Ihr Sohn besuchte sie kein einziges Mal. Sie lebte noch zwanzig Jahre.

Der Sohn kam zur Beerdigung. "Danke, dass du dich um meine Mutter gekümmert hast", sagte er. "Du brauchst das Haus nicht sofort zu verlassen, du kannst bleiben, bis du etwas Anderes gefunden hast."

"Nein, du irrst dich", korrigierte ihn Regina. "Deine Mutter hat mir das Haus vermacht, damit ich mich um sie kümmere."

"Davon weiß ich nichts. Hat sie ein neues Testament geschrieben? Ich werde morgen früh zu ihrem Anwalt gehen und ihn fragen."

Ein Hauch von Unsicherheit machte sich in Reginas Magen breit. *Sicherlich hätte sie...* Sie durchforstete ihr Gedächtnis, was vor zwanzig Jahre gewesen war, und versuchte sich zu erinnern, ob ihre Tante jemals ihren Anwalt besucht hatte. Regina hatte alles für bare Münze genommen. Sie hatte ihr einfach vertraut und angenommen, sie hätte ihr das Haus vermacht, wie versprochen.

Die Gewissheit kam am nächsten Tag, als der Anwalt der Tante mit dem Sohn der Tante, ihrem Cousin, vor der Tür stand. Sie waren recht freundlich und ihr Cousin bedauerte sogar, dass seine Mutter Regina falsche Hoffnungen gemacht hatte. Aber das Haus lief auf den Namen seines Vaters und das Testament hätte nicht geändert werden können, selbst wenn seine Tante es gewollt hätte. Er war nicht so verständnisvoll, dass er Regina erlaubte, auf unbestimmte Zeit dort zu wohnen, aber er gab ihr zwölf Monate Zeit, etwas Anderes zu finden.

Regina war inzwischen zweiundvierzig und mittellos. Sie hatte ein braunes Kleid für die Arbeit und ein schlichtes schwarzes Kleid für den Sonntag. Ihr Haar war grau gesträhnt, ihr Gesicht faltig und abgemagert. Ihr Körper war dünn, knochig und sie war noch eine Jungfrau. Sie nahm die Frutiger Gemeindezeitung in die Hand und blätterte zu den Stellenanzeigen auf der letzten Seite.

9

APRIL 1852

Anton erhielt nur eine Antwort auf seine Anzeige in der Gemeindezeitung.

Sehr geehrter Herr Schneider,
Ich habe Ihre Anzeige in der Frutiger Gemeindezeitung mit Interesse gelesen. Ich bin ledig und habe keine Kinder. Nachdem ich meine verstorbene Tante im Alter gepflegt habe, stehe ich nun ohne Zuhause da. Ich bin harte Arbeit im Haus, im Garten und bei den Tieren gewohnt.
Mit freundlichen Grüßen
Regina Ruf

*****

Anton traf Regina zwei Mal. Sie verstanden sich recht gut und waren sich einig, dass eine Ehe für beide Seiten funktionieren könnte. Sie sprachen mit Pfarrer Moser und zwei Monate später heirateten sie in der St. Martinskirche in Weißbrügg.

Obwohl es sich um eine Zweckehe handelte, sagte Regina zu Anton, dass sie die Ehe vollziehen wollte.

"Bist du dir sicher?", fragte er.

"Ja." Regina lag auf dem Rücken, kalt und starr wie ein Eisentor. Anton versuchte es mit einem Vorspiel, aber darauf hatte sie keine Lust. "Mach einfach weiter!", befahl sie ihm. Und das tat er auch.

Am nächsten Morgen zog Regina das Bettlaken ab, faltete es sorgfältig zusammen und verstaute es am Boden einer Holztruhe.

"Was machst du da?", fragte Anton.

"Ich bin schon einmal um mein Erbe betrogen worden. Das wird nicht noch einmal passieren. Dies ist der Beweis, dass wir richtig verheiratet waren. Solltest du vor mir sterben", fügte sie hinzu.

"Aber..."

"Nein, keine Sorge, du brauchst die Vorstellung von gestern Abend nicht zu wiederholen, ich habe jetzt alles, was ich brauche."

"Aber..."

"Es gibt nur einen Grund für unser Zusammenleben und ich bin zu alt für Kinder. Es wird sowieso schon schwer genug sein, deine drei zu ernähren. Ich werde jetzt die Kühe melken, was ist mit dir?"

Anton holte tief Luft. "Nun, da du hier bist, um auf die Kinder aufzupassen, werde ich mich nach einer bezahlten Arbeit umsehen."

*****

Im letzten Jahr waren überall im Kandertal Zündholzfabriken entstanden. Nach der ersten Fabrik in Weißbrügg hatten vier weitere in der Nähe eröffnet. Zündhölzer hatten einen hervorragenden Markt gefunden, weil es so einfach war, mit ihnen eine Flamme zu entzünden. Vor allem im Vergleich zum mühsamen Hantieren mit einem Feuerstein und Metall. Die Fabriken wuchsen und gediehen schnell, besonders hier in diesem abgelegenen Tal, wo es nur wenige andere Arbeitsplätze gab.

Anton wusste, dass die Fabrik in Weißbrügg keine freien Stellen hatte. Sie befand sich im Ort im ersten Stock eines Giebelhauses neben dem Bäcker. Drei Männer arbeiteten dort, sechs Frauen und zwanzig Kinder. Er hatte gehört, dass es sehr beengt war und kaum Platz für die Arbeiter gab. Trotzdem war es schade, denn es wäre in der Nähe gewesen, nur zehn Minuten zu Fuß.

Die Fabrik in Kandermatt war neu. Sie war noch nicht eröffnet worden, und man suchte nach Arbeitskräften. Anton hoffte, die Stelle des Tunkers zu bekommen. Der Tunker machte die am besten bezahlte Arbeit; er konnte zwei bis drei Franken pro Tag verdienen. Es war aber auch die gefährlichste und ungesündeste Arbeit. Der Tunker war den ganzen Tag über giftigem Phosphordampf ausgesetzt. Das machte weder Anton noch den anderen Männern etwas aus. Ein Packer verdiente für die gleiche Arbeitszeit nur die Hälfte, also konnte er auch die besser bezahlte Arbeit machen. Falls er sie bekam. Er machte sich unverzüglich auf den Weg nach Kandermatt und betete zum Himmel, dass die Stelle nicht schon vergeben war.

Nach einem fünfzigminütigen Eilmarsch kam er in der neuen Fabrik an. Es war erst sechs Uhr morgens, aber die Nachricht von der Arbeit hatte sich schnell herumgesprochen, und schon wartete eine Schlange von Männern, Frauen und Kindern geduldig auf die Ankunft des Fabrikdirektors. Anton nahm seinen Platz in der Schlange ein und betrachtete das Holzgebäude vor ihm. Es war kleiner, als er erwartet hatte. Rechteckig, vielleicht fünfzehn Meter lang und zehn breit. Er sah nur drei kleine Fenster. Neben der Fabrik befand sich ein Brunnen, und ein kleiner Bach schlängelte sich in der Nähe durch die Landschaft. Weniger als dreihundert Meter entfernt stand eine prächtige Villa, neu gebaut für den Direktor der Fabrik und stolze drei Stockwerke hoch. Sie befand sich in einem schönen Garten mit einem Torhaus und war von einer Steinmauer umgeben. Selbst ihre Pferdeställe sahen einladender aus als das Fabrikgebäude vor ihnen. Weitere Personen reihten sich in die Warteschlange ein. Alle begrüßten sich, schauten sich an und schätzten ihre eigenen Chancen auf einen Arbeitsplatz ab. Sie wünschten sich gegenseitig Glück und hofften gleichzeitig, dass die Stellen nicht alle weg waren, bevor sie an der Reihe waren.

Um halb acht verließ eine Pferdekutsche die Villa und hielt vor dem Eingang der Fabrik. Der Kutscher sprang von seinem Kutschbock und öffnete die Kutschentür. Zwei Herren, beide in dreiteiligen Anzügen und mit Zylinder, stiegen aus. Die angehenden Bewerber zogen respektvoll ihre Mützen ab und traten zur Seite, um die beiden Herren passieren zu lassen. Sie gingen hinein und schlossen die Tür hinter sich, und die Arbeiter warteten geduldig weiter. Eine Viertelstunde später tauchte der kleinere der beiden Männer wieder auf.

"Mein Name ist Häberlin", sagte er ihnen. "Ich bin der Aufseher. Der Direktor, Herr Carl Lauber, möchte zuerst die Tunker sehen. Alle Bewerber für die Stelle des Tunkers treten bitte vor."

Anton meldete sich zusammen mit sieben weiteren erwachsenen Männern und zwei Jugendlichen.

"Gut, folgen Sie mir", sagte er und führte sie ins Gebäude. Herr Häberlin brachte sie nach oben in sein Büro, setzte sich an einen hölzernen Schreibtisch und notierte die Namen und Adressen der Bewerber, etwaige Vorerfahrungen und ihre Lohnvorstellungen.

Anton hörte seine Mitbewerber zögern und zaudern. Die meisten verlangten zweieinhalb Franken pro Tag, wahrscheinlich dachten sie, das sei durchschnittlich und nicht zu gierig. Anton schlich sich ans Ende der Schlange zurück.

"Name?", fragte Herr Häberlin.
"Anton Schneider, Herr."
"Erfahrung?"
"Keine, Herr."
"Lohnerwartung?"
"Zwei Franken, Herr."
Herr Häberlin packte die Bewerbungsunterlagen zusammen. "Wartet hier!", befahl er den Männern und ging zum Büro des Direktors am Ende des Gebäudes.
Die Männer blickten aufmerksam in Richtung des Büros und spitzten die Ohren, um ein Gespräch aufzufangen. Herr Häberlin kam schnell zurück.
"Tunker Bartholomäus Gerber, Tunkergehilfe Anton Schneider. Seien Sie morgen Punkt sechs Uhr hier. Gut, raus mit euch allen. Diejenigen, die nicht angenommen wurden, können sich als Packer bewerben, wenn sie wollen."
Die Männer trotteten hinaus. Anton schüttelte Bartli die Hand.
"Herzlichen Glückwunsch, du wirst jetzt ein bisschen mehr verdienen. Wie geht es Maria und deinem kleinen Jungen?"
"Es geht beiden gut, danke. Ja, bis jetzt habe ich bei Slaters nicht viel verdient, aber ich war dort nur Tunkergehilfe. Ich hoffe, es macht Ihnen nichts aus, mein Assistent zu sein, Herr Schneider, Sie sind ja doppelt so alt wie ich."
"Nein, überhaupt nicht, ich werde von dir lernen und mich bei der nächsten neuen Fabrik als Tunker bewerben."
"Glauben Sie, dass noch mehr aufmachen werden?"
"Wahrscheinlich, ja. Schau dir nur die schönen Häuser an, die die Fabrikdirektoren bauen, sie müssen beträchtliche Gewinne machen. Ich habe gehört, dass sie sogar Dienstmädchen und Köchinnen beschäftigen, so dass ihre Frauen den ganzen Tag nichts zu tun haben!"
"Dann könnten sie uns besser bezahlen. Oben bei Slaters hat sich der Besitzer ständig über die Kosten beschwert."

"Ah, das würde ich nicht zu ernst nehmen. Was ist mit dir, hast du deine Schulden beim Rat schon beglichen?"
"Beinahe. Jetzt, wo ich diese Stelle habe, sollte es nicht mehr lange dauern."
"Gut gemacht, das wird einige Großmäuler zum Schweigen bringen. Wir sehen uns dann morgen."
"Ja, bis morgen dann. Ich freue mich auf die Zusammenarbeit mit Ihnen, Herr Schneider."

*****

"Und? Hast du die Stelle bekommen?", fragte Regina.
Anton konnte nicht umhin, daran zu denken, dass Lena ihn immer mit einem Hallo und einem Kuss begrüßt hatte. Schnell verdrängte er die sentimentalen Gefühle.
"Assistent, ich habe keine Erfahrung."
"Gut. Wieviel? Zwei Franken pro Tag?"
"Eineinhalb".
"Was? Sie zahlen nur eineinhalb? Na, das ist ein Dämpfer. Vielleicht sollte ich mir auch eine Arbeit suchen."
"Das kannst du nicht. Wer kümmert sich dann um die Kinder?"
"In den Fabriken arbeiten ebenso Kinder, wie du weißt."
"Aber Wilhelmine ist erst zwei, sie kann nicht arbeiten!"
"Nun, Margot hat oft genug angeboten, auf sie aufzupassen."
"Aber deshalb haben wir ja geheiratet, damit sie nicht belastet wird und *du* dich um die Kinder kümmern kannst."
"Es wäre nicht für immer. Ich möchte neben dem Hof eine Käserei bauen, damit ich Käse herstellen und auf dem Markt verkaufen kann. Wir können nicht ewig in Armut leben. Willst du nicht auch, dass deine Kinder eine Ausbildung machen können und es später besser haben?"
"Ja, aber die Fabrik ist innen nicht sehr schön. Es ist dunkel und stinkt."

"Ich verlange von niemandem etwas, was ich nicht auch selbst tun würde. Jakob und Josef können die Tunkrahmen befüllen und Wilhelmine kann bei mir im Verpackungsraum bleiben. Sie könnte unter dem Tisch sitzen."
"Oh Regina, ich weiß nicht. Können wir nicht warten, bis sie in der Schule sind?"
"Ich habe noch keine Stelle, warten wir ab, was passiert. Wenn ich eine finde, kommen sie mit mir. Wenn nicht, bleibe ich noch eine Weile zu Hause. Einverstanden?"
Anton nickte zögernd.

*****

Jakob versuchte, sich an seine eigene Mutter zu erinnern. Er war unglücklich darüber, dass er sich kein klares Bild mehr von ihr machen konnte. Aber er erinnerte sich an ihre Stimme, wie sie ihm abends Schlaflieder vorsang, und er erinnerte sich an ihre Liebe, ihre Wärme und Sanftheit. Josef und Wilhelmine konnten sich überhaupt nicht an ihre Mutter erinnern, doch sie vermissten ihre Tante Margot. Jakob versuchte, sie zu trösten, indem er ihnen das Schlaflied vorsummte, das seine Mutter zu singen pflegte, wenn sie sich abends hinlegten. Anton hörte Jakob durch die dünne Trennwand zum Schlafgemach summen. Er war verzweifelt und traurig. Tränen liefen ihm über die Wangen und durchnässten sein Kopfkissen, sein Herz schlug schwer.

*****

Regina stand um vier Uhr morgens auf, melkte die Kühe und Ziegen und zündete den Ofen an. Sie weckte Jakob und sagte ihm, er solle die Eier einsammeln, während sie Wilhelmine ankleidete und Milch auf dem Herd erwärmte. Josef stellte Teller und Messer auf den Tisch. Sie frühstückten und packten

Kartoffeln und eine Flasche Wasser in ihre Essenspäckchen. Regina gab jedem auch einen Apfel, um den ersten Arbeitstag zu versüßen. Um fünf Uhr morgens machten sie sich auf den Weg, Anton trug Wilhelmine.

In der Fabrik begann die Arbeit um sechs Uhr. Anton ging in den Tunkraum im Erdgeschoss, der den Spitznamen Teufelsküche trug. Zusammen mit Bartli begann er mit den Vorbereitungen für den Tunkvorgang, bei dem Rahmen, die mit kurzen, dünnen Holzstäbchen gefüllt waren, in die klebrige, giftige und brennbare Substanz getaucht wurden, die die Hölzer zum Entzünden brauchten.

Die Küche war beengt und dunkel. Es gab nur ein winziges Fenster und die Luft war abgestanden. Die Männer begannen damit, Schwefel in Pfannen über dem Feuer zu schmelzen.

"Vorsichtig", sagte Bartli zu Anton. "Der geschmolzene Schwefel hat eine Temperatur von über 40 Grad und ist brennbar."

"Es stinkt wie Ziegenfurz", antwortete Anton. "Ich habe gehört, dass es stinkt, aber ich hätte nicht gedacht, dass es so schlimm ist."

Bartli lachte. "Sie werden sich daran gewöhnen, es könnte Ihnen aber für ein oder zwei Tage den Appetit verderben."

"Ach, *so* schlimm ist es nicht."

Sie wogen die Paste und die anderen Zutaten ab und gaben sie in eine Schüssel mit Wasser. Dann wurde die Mischung vorsichtig auf 45 Grad Celsius erhitzt. Sie fügten Salpeter und Kreide hinzu und dann, nach und nach, unter ständigem Rühren gelben Phosphor. Dies erforderte große Aufmerksamkeit, denn der gelbe Phosphor war nicht nur giftig, sondern begann auch sofort zu brennen, wenn er der Luft ausgesetzt wurde. Deshalb wurde er immer unter Wasser aufbewahrt. Gelber Phosphor wurde in festen, einige Finger dicken Stangen in mit Wasser gefüllten Metallkanistern geliefert.

Sobald das brennbare Gemisch eine dicke, sirupartige Konsistenz hatte, goss Bartli es in eine flache Blechschale. Er drehte eine hölzerne Walze über das Gemisch, Anton reichte ihm einen mit Holzstöckchen gefüllten Rahmen, über den Bartli die Walze führte. Diese Prozedur wurde mehrmals wiederholt, bis die Stöcke einen Kopf hatten, der dick genug war, um sie zu entzünden. Dann reichte er den Rahmen an Anton weiter, der ihn auf einen Wagen stellte und Bartli den nächsten Rahmen zum Eintauchen gab. Sobald der Wagen voll mit Rahmen war, rollte Anton ihn in den Trockenraum. Und so arbeiteten sie die nächsten vierzehn Stunden, mit nur einer kurzen Mittagspause, in der sie aßen, was sie mitgebracht hatten.

*****

Regina brachte Jakob und Josef in den ersten Stock und setzte sie an einen Tisch, in dessen Mitte ein ungeordneter Haufen von Holzstöckchen lag. Vreni, die Frau des Nachbarn Willi Stein, saß dort mit sechs anderen Kindern und beaufsichtigte sie dabei, die Rahmen mit Stöckchen aus dem Haufen in der Mitte zu füllen.

"Setzt euch da hin!", sagte Regina zu den Jungen. "Und tut, was Vreni euch sagt. Wir sehen uns dann in der Mittagspause."

Vreni gab jedem der Jungen einen leeren Rahmen, zeigte ihnen, wie sie die kleinen Holzstäbchen Reihe für Reihe hineinstecken mussten, und füllte dann ihren eigenen Rahmen weiter.

Regina ging in den Verpackungsraum, Wilhelmine auf ihrer Hüfte. Sie legte das kleine Mädchen unter dem Tisch ab und befahl ihr, sitzen zu bleiben. Dann stellte sie sich selbst an den Tisch, füllte genau fünfzig Zündhölzer in eine ovale Schachtel und setzte den Deckel auf. Es dauerte nicht lange, bis sie, wie die anderen Verpacker, die Stäbchen nicht mehr einzeln zu zählen brauchte, sondern eine Handvoll Zündhölzer nahm, sie schnell in eine Schachtel legte und den Deckel draufdrückte. Es befanden sich immer genau fünfzig Zündhölzer in der Schachtel.

Die Arbeit war eintönig, die Luft muffig und stickig, das Licht schummrig. Die Arbeiter wurden nach Leistung bezahlt. Der Lohn für das Füllen von eintausend Schachteln betrug dreißig Rappen. Ein geübter und fleißiger Arbeiter konnte an einem 14-Stunden-Tag dreitausend Schachteln befüllen und erhielt dafür neunzig Rappen. Ein Zwei-Pfund-Laib Brot kostete fünfunddreißig Rappen, zwei Pfund Kartoffeln sieben Rappen und zwei Pfund des billigsten Käses siebzig Rappen. Regina rechnete im Kopf ihren Lohn mit dem von Anton zusammen und überlegte, wie viel sie sparen konnten.

Um zwölf Uhr, nach sechs Stunden konzentrierter Arbeit, war sie erschöpft und sehnte sich nach der Mittagspause um eins. Sie schaute unter dem Tisch nach Wilhelmine und entdeckte sie einen halben Meter entfernt, mit einem anderen Kleinkind in ihrem Alter im Dreck und Müll auf dem Boden spielend. Der Boden war bedeckt mit zerbrochenen Zündhölzern und Zündholzschachteln und allen möglichen anderen Abfällen und Unrat.

Regina warf einen Blick auf die junge Frau, die neben ihr arbeitete. Sie war etwa siebzehn Jahre alt und trug eine schmutzige Schürze über einem braunen Kleid. Ihr blondes Haar war an diesem Morgen wahrscheinlich ordentlich zurückgebunden worden, aber jetzt, sechs Stunden später, hatten sich fettige Strähnen gelöst und hingen ihr lose ins Gesicht. Sie bemerkte, dass Regina sie ansah.

"Anneli ...", stellte sie sich kurz vor, nahm ihre Hand von dem Stapel Zündhölzer und reichte sie Regina. "Ebner. Ich bin die Älteste von Elsa und Fridolin. Du wirst Chasper, Buolf und Berta oben gesehen haben. Die anderen arbeiten bei Slaters. Außer meinem Vater natürlich, der arbeitet in der Schieferfabrik."

"Regina Schneider", antwortete sie und schüttelte ihr kurz die Hand, bevor sie ihre Arbeit fortsetzte.

Als es endlich zum Mittagessen läutete, seufzte Regina erleichtert auf. Sie betrachtete ihre Hände, die mit Phosphor von den Zündholzköpfen beschmutzt waren, und suchte nach einer Möglichkeit, sich zu reinigen. Aber sie konnte keine Waschbecken sehen.

"Wo können wir uns waschen?", fragte sie Anneli.

"Draußen gibt es einen Brunnen, oder du kannst zum Bach gehen."

Regina hob Wilhelmine vom Boden auf und holte Jakob und Josef aus dem Füllraum.

"Waren sie brav?", fragte sie Vreni.

"Ja, sie haben sich gut benommen, aber Josef ist noch ein bisschen jung, er hatte Schwierigkeiten mitzuhalten."

"Hat sich Herr Häberlin beschwert?"

"Nein, nein, nichts dergleichen. Er hat sein Bestes gegeben, doch die anderen sind alle ein bisschen älter."

"Nun, wenn sich niemand beschwert hat, kann er hierbleiben, es macht nichts, wenn er etwas weniger verdient. Also los, Jungs, wir haben nur zwanzig Minuten."

Jakob nahm Josefs Hand und lief schnell hinter Regina her. Draußen angekommen, rannten sie eilig hinter einen Busch, um zu pinkeln. Dann führte Jakob Josef zurück zu Regina. Er war so hungrig, dass ihm schlecht war. Regina gab ihm eine gekochte Kartoffel in der Schale. Sie war kalt, aber er aß sie mit großem Appetit.

"Kann ich jetzt meinen Apfel haben, bitte?", fragte Jakob Regina.

"Warte bis vier, wenn wir die nächste Pause haben, sonst hast du nichts mehr zu essen."

"Aber ich habe immer noch Hunger."

"Wenn du ein wenig wartest, wird der Hunger besser. Kümmere dich jetzt um deinen Bruder und deine Schwester, ich muss mich erleichtern."

Regina schaute sich nach einigen Büschen um, hinter denen sie sich verstecken konnte. Sie suchte sich einen aus, ging dahinter und entdeckte Anneli, die sich hinter den nächsten kauerte. Regina zog ihren Rock hoch und pinkelte neben sie.

"Was sollen wir denn im Winter machen?", beschwerte sich Regina.

"Drinnen gibt es eine abgetrennte Ecke", antwortet Anneli. "Dahinter steht ein Eimer, aber den benutzen auch die Männer. Ich ziehe es hier draußen vor, wenn es möglich ist."

Regina brummte. "Ich gehe besser und hole die Jungs ab und bringe sie zu ihren Arbeitsplätzen zurück, bevor Herr Häberlin etwas sagt. Wir wollen an unserem ersten Tag nicht zu spät kommen." Sie ging zu dem Ort, an dem sie die Kinder zurückgelassen hatte, und fand sie alle noch immer apathisch an genau demselben Platz sitzen, an dem sie sie zurückgelassen hatte. Sie zuckte zusammen.

"Na los, aufstehen!", sagte sie mit gezwungener Fröhlichkeit. "Nur noch ein paar Stunden, bis ihr alle einen Apfel bekommt."

*****

Jakob nahm Josefs Hand und führte ihn zurück zum Tisch. Er setzte sich neben ihn. Auf seiner anderen Seite saß Berta, eine von Elsas Töchtern und nur ein Jahr älter als er. Zwei ihrer älteren Brüder waren auch da.

Die Aufgabe der Kinder war, die Stöckchen aus der Mitte des Tisches einzeln auf lange, schmale, gerillte, in einen Holzrahmen eingesetzte Holzplatten zu legen. Ein Rahmen fasste zweitausendfünfhundert Stöckchen. Jakob holte ein

Hölzchen nach dem anderen vom Stapel. Wenn eine Reihe fertig war, kam die nächste Holzplatte oben drauf, bis der ganze Rahmen voll war.

Das einzige Licht kam von kleinen schummrigen Öllampen, die mehr Rauch als Licht abgaben. Der Raum war warm, die Luft muffig. Jakob stupste Josef an, weil dessen Kopf immer näher an den Tisch sank.

"Pssst, du darfst nicht einschlafen, Josef, wach auf!", flüsterte er.

Chasper, der ältere Bruder von Berta, hörte ihn flüstern. Er warf eine Handvoll Holzstöckchen nach Josef.

"He Nuckelkind, wach auf!", gackerte er.

Josef riss seinen Kopf hoch, gerade als Chasper die Stöcke warf. Sie trafen ihn voll im Gesicht. Es tat nicht weh, und er weinte auch nicht, aber Chasper lachte.

"Lasst meinen Bruder in Ruhe!", rief Jakob.

"Pssst, hört auf, ihr alle!", mischte Vreni sich ein. "Arbeitet jetzt weiter, bevor Herr Häberlin kommt, um zu sehen, was los ist."

Jakob blickte Chasper finster an, der ihm die Zunge herausstreckte.

Josef zupfte an Jakobs Ärmel. "Vergiss es", flüsterte er. "Sonst kriegen wir noch Ärger."

Grollend fuhr Jakob fort, Stäbchen in die Platten zu stecken. Es war so mühsam, dass ihm jede Minute wie eine Stunde vorkam. Als die Glocke zur Vier-Uhr-Pause läutete, sprang er auf, packte Josefs Hand und zog ihn nach draußen.

*****

Auch Regina kam an diesem Nachmittag nicht gut zurecht. Sie nahm eine Handvoll Zündhölzer in die Hand und rieb sie unabsichtlich aneinander, so dass Funken flogen und ein kleines

Feuer ausbrach. Sie schrie auf, sprang vom Tisch zurück und schnappte Wilhelmine vom Boden auf.

Anneli rannte in eine Ecke, wo ein halb voller Eimer mit Wasser stand, und leerte ihn über den Flammen aus.

"Mach dir keine Sorgen!", sagte sie zu Regina, die vor Schreck zitterte. "Das passiert ganz oft, schau dir nur meine Finger an!" Sie lächelte und zeigte Regina ihre Fingerspitzen. Sie waren rot und blasig. "Niemand geht ohne verbrannte Finger nach Hause", sagte sie zu Regina.

Die Kollegen an dem langen Tisch lachten freundlich und winkten mit den Fingern, um es ihr zu zeigen.

Regina betrachtete ihre eigenen Finger. Sie waren rot von der Verbrennung, aber es war nichts Ernstes.

Anneli fegte die nassen Zündhölzer und Schachteln, die vor Regina lagen, mit den Händen auf den Boden.

"Du wirst dich daran gewöhnen", versuchte sie, Regina zu beruhigen. "Die Brände sind selten ernst." Sie fuhr mit ihrer Arbeit fort.

*****

Um vier Uhr nahm Regina Wilhelmine an die Hand und brachte sie nach draußen. Sie sah die Jungen und gab ihnen ihren Apfel. Sie bemerkte, dass Jakob schmollte, aber sie führte das auf den Hunger zurück. Sie tauchte ihre wunden Finger in das kühle Bachwasser und beeilte sich dann, ihren eigenen Apfel zu essen.

Jakob und Josef hatten ihr Essen schon verzehrt. Wie immer hatten sie alles aufgegessen, sogar die Kerne. Nur der Stängel blieb übrig. Sie tat es ihnen gleich.

"Wir werden bis sieben arbeiten", sagte sie zu Jakob, "nicht mehr lange."

"Sieben?" Jakob war erschrocken. "Papa sagte sechs."

"Ja, wir werden heute eine Stunde länger arbeiten und am Samstag früher nach Hause gehen."
Jakob wusste, dass es sinnlos war zu protestieren. "Ja, Mutter", antwortete er brav. Er nahm Josefs Hand und ging zurück zu ihrem Tisch.
Berta und ihre Brüder saßen bereits dort und arbeiteten.
"Hast du denn nichts gegessen?", fragte Jakob Berta.
"Nein, meine Mutter konnte nichts zu essen kaufen. Meine kleine Schwester Millie hustet die ganze Zeit. Mama ist mit ihr zu Dr. Köfeli gegangen, und er hat ihr ein Medikament gegeben, aber es hat fünf Franken gekostet. Das war alles, was sie hatte."
"Geht es Millie jetzt besser?"
"Nein, die Medizin hat nicht geholfen. Heute Morgen hat sie Blut gehustet und Mama hat Angst, sie könnte sterben."
Berta begann zu weinen und Frau Vreni sah Jakob streng an.
"Hör auf zu plappern Jakob, du regst Berta auf, mach jetzt weiter!"
"Es tut mir leid, Frau Vreni", sagte Jakob, aufrichtig bedauernd. "Nicht weinen, ich werde Mutter fragen, ob ich dir morgen etwas zu essen mitbringen kann", flüsterte er Berta zu.

*****

Als sie am Abend nach Hause stapften, waren sie alle erschöpft. Anton trug Wilhelmine den größten Teil des Weges. Es war nicht so, dass sie nicht an harte Arbeit gewöhnt waren, aber nicht an so eine triste, langweilige Arbeit in dunklen, feuchten Räumen. Regina kochte Eier, Kartoffeln und Mangold aus dem Garten. Sie hielt Anton und die Kinder davon ab, alle Kartoffeln zu essen, und sagte, sie hätte mehr gekocht, damit sie etwas für den nächsten Arbeitstag hätten.
"Mutter, kann ich morgen auch etwas zu essen für Berta

mitnehmen?", fragte Jakob. "Ihre Schwester ist krank und ihre Mutter musste den Arzt bezahlen, deshalb haben sie nicht genug zu essen."
"Ist das ihre Schwester Millie?", fragte Anton. "Hat sie immer noch diesen Husten?"
"Ja. Berta sagt, sie kann sterben."
Anton und Regina bekreuzigten sich. "Das arme Mädchen, Margot meinte, sie sei sehr krank." bestätigte Anton.
"Wir müssen heute Abend alle für sie beten", schlug Regina vor. "Ich bin sicher, wir können etwas zu essen entbehren", sagte sie zu Jakob, "auch für ihre Brüder."
"Wir werden Elsa am Sonntag nach der Kirche besuchen", sagte Anton. "Regina, du musst einen Korb mit Essen für sie packen. Elsa hat uns nach Lenas Tod geholfen. Es ist besser, du bereitest am Sonntag zwei Körbe vor, und wenn wir sie besucht haben, machen wir mit den Kindern ein Picknick."
"Oh ja!", riefen Jakob und Josef wie aus einem Mund.
"Ich auch!", flehte Wilhelmine.
"Wir alle!", Anton stimmte zu. "Wir haben hart gearbeitet, und Sonntag ist ein Tag der Ruhe."

*****

Jakob hasste die Arbeit in der Zündholzfabrik. Sobald seine Stiefmutter ihn an einen Tisch mit anderen Kindern setzte, fing die Langeweile an, lähmte seinen Kopf und seine Arme und machte die Arbeit noch eintöniger. Seine Arme fühlten sich schwer an, seine Finger waren ungeschickt und der Rahmen vor ihm wollte nicht voll werden. Er sah sich um und beobachtete die anderen Kinder an seinem Tisch. Er würde gerne mit ihnen plaudern und Fragen stellen, aber die einzige anwesende Erwachsene, ihre Nachbarin Vreni, flüsterte ihm eindringlich zu, dass das Reden nicht erlaubt sei.

Eines Tages stand Chasper vom Tisch auf, sagte Vreni, dass er pinkeln müsse, ging dann hinter Jakob vorbei und schubste ihn so heftig, dass Jakobs Kopf auf den Tisch schlug, und zwei Rahmen und ein Stapel Zündhölzer zu Boden fielen. Utz, der Löli, lachte laut auf. Jakob war so überrascht, dass, als er sich wieder gefangen hatte und Chasper anschrie, dieser bereits die Treppe hinuntergelaufen war.

Der Tumult rief den Aufseher, Herrn Häberlin, auf den Plan. Er war gerade dabei, einen vollen Wagen mit Rahmen in die Teufelsküche zu rollen. Herr Häberlin hatte eine Stirnglatze und der Rest seiner Haare war millimeterkurz geschnitten. Er trug einen kurzen Schnurrbart und eine kleine runde Brille mit Metallgestell. Er sah aus wie jemand vom Militär. Als er das Chaos auf dem Boden entdeckte, lief er schnell hinüber und schnappte sich unterwegs einen Stock von seinem Arbeitsplatz. "Utz, heb die Rahmen auf und bete zu Gott, dass sie nicht kaputt sind!", schnauzte er das feixende Kind an. "Du!", rief er Jakob zu, "Hände auf den Tisch!"

"Aber Herr, das ist nicht fair, es war Chasper..." Herr Häberlin packte Jakob an seinen widerspenstigen braunen Haaren und knallte seine Hände auf den Tisch. Mit der einen Hand hielt er die Arme fest, mit der anderen begann er, mit dem Rohrstock auf Jakobs Handrücken zu schlagen. Der Aufseher war rot im Gesicht und außer sich vor Wut. Die anderen Kinder hörten auf zu arbeiten und sahen mit Entsetzen zu. Jakob schrie vor Schmerz und Schrecken. Zu seiner Schande machte er sich nass und Tränen kullerten ihm über die Wangen. Rote, blutige Schnitte zogen sich über seine Handrücken. Vreni stand erschrocken auf und legte ihre Hand fest auf Herrn Häberlins Handgelenk, um ihn daran zu hindern, Jakob weiter zu schlagen. Sie schaute dem Aufseher fest in die Augen und sagte: "Es ist genug!" Alle hielten den Atem an. Herr Häberlin blickte auf den Tisch mit den Kindern und sagte: "Die Leistung von heute Morgen wird annulliert, keine Bezahlung! Und jetzt an die Arbeit!" Dann marschierte er zurück zu seinem Schreibtisch.

Jakobs Hände bluteten. Die Haut war aufgerissen und sie waren rot und geschwollen. Vreni legte sanft ihre Arme um ihn und murmelte: "Komm mit mir, ich bringe dich zu deinem Vater." Sie ging zu Anton in den Tunkraum und sprach leise in sein Ohr. Anton hörte auf zu arbeiten, bedankte sich und nahm Jakob auf seine Arme und trug ihn nach Hause. Dort schmierte er Jakob eine Salbe auf die Hände und verband sie. Er gab ihm eine Tasse mit warmer Milch und sagte ihm, er solle sich hinlegen und ausruhen.

Anton sah Jakob beim Schlafen zu. Er setzte sich an den Tisch, vergrub den Kopf in seinen Armen und weinte.

In der Zwischenzeit erzählte Vreni Regina, was passiert war. "Nun, wenn Anton mit ihm nach Hause gegangen ist, kann ich nichts mehr tun. Ich bleibe hier und arbeite, bis es Zeit ist, mit Josef und Mina nach Hause zu gehen." antwortete Regina.

Jakob wachte auf, weil sich seine Eltern stritten. Sein Papa wollte, dass Regina zu Hause bei den Kindern blieb, aber sie weigerte sich. "Es war doch nur *ein* Vorfall", hörte er seine Stiefmutter argumentieren. "Er ist vier, er ist viel zu jung, um dort zu sein. Er wird die Narben ein Leben lang behalten!", erwiderte sein Papa. "Andere sind jünger. Ich bleibe zu Hause, bis sie verheilt sind, aber dann gehen wir alle wieder an die Arbeit!" Für Regina war die Sache damit erledigt.

10

MÄRZ 1853

Während des Sonntagsgottesdienstes musterte Pfarrer Moser die Gemeinde vor ihm. Zu seiner Linken befanden sich die Männer, rechts vom Mittelgang die Frauen und Kinder. Die Wohlhabenden saßen auf den vorderen Bänken, die ärmere Bevölkerung auf den hinteren. Es gab keine schriftlichen Vorgaben, wo man zu sitzen hatte, sondern die Einwohner suchten sich ihre Plätze selbst aus. Die Armen waren ein bescheidenes Volk. Als er vor fünf Jahren in diese abgelegene Pfarrei geschickt wurde, hatte man ihm gesagt, dass die Leute sehr fromm seien, und in der Tat war die Kirche immer voll. Die Kinder in den hinteren Kirchenbänken, hustend, blass und apathisch, machten ihm Sorgen. Er wusste, dass sie in den Zündholzfabriken arbeiteten, manche von ihnen bis zu vierzehn Stunden am Tag, und einige waren erst drei Jahre alt. Er musste einen Weg finden, dies zu ändern, dachte er, ohne seine Gemeinde in noch mehr Armut zu stürzen.

Nach dem Gottesdienst stand er an der Tür und schüttelte den Familienoberhäuptern die Hand. Er kannte die meisten und versuchte, sich die Namen derjenigen zu merken, die er nicht kannte, und sich vorzustellen, wo sie wohnten. Die Gemeinde Weißbrügg war von der Einwohnerzahl her nicht groß, aber sie erstreckte sich über eine Fläche von siebentausend Hektar und reichte von der Talsohle auf zweieinhalb tausend Fuß über dem Meeresspiegel bis auf über neuntausend Fuß. Die wohlhabenden Bürger wohnten in dem Städtchen im Tal. Von dort aus verteilten sich die Häuser und Bauernhöfe auf die Berghänge. Im Allgemeinen galt: Je höher man wohnte, desto ärmer war man. Die ärmsten Familien lebten auf etwa sechstausend Fuß in den Spissen. Sie konnten nicht oft in die Kirche kommen, es war ein anstrengender Weg über zerklüftete Gebirgskämme und krumme Spalten, aber Pfarrer Moser wollte es sich zur Aufgabe machen, sie zu besuchen, mindestens zweimal im Jahr.

Am Montagmorgen sah das Wetter gut aus. Pfarrer Moser stand um fünf Uhr auf, wusch sich und kämmte sein mausgraues Haar und scheitelte es auf der linken Seite. Oben auf dem Kopf war es etwas länger, aber die Seiten hatte er über den Ohren rasiert. Er trug eine Hose, ein Hemd und einen Pullover über dem weißen Kragen des Klerikers. Anstelle seiner normalen Schuhe schnürte er ein Paar robuster Wanderschuhe. Seine Haushälterin war noch nicht da, also packte er etwas Brot und Käse und eine Flasche Wasser in seinen Rucksack, nahm seinen stabilen Wanderstock aus dem Ständer und verließ das Pfarrhaus.

Er konsultierte seine Wanderkarte und begann, einen schmalen Waldweg am linken Rand einer baumbewachsenen Schlucht entlang zu gehen. Der Pfad führte stetig bergauf und war von Baumwurzeln durchsetzt. Er fühlte sich völlig abgeschieden, begegnete keiner Menschenseele auf seinem Weg, hörte nur den Otterbach, der fünfundsiebzig Fuß unter ihm durch die Schlucht plätscherte, und die Vögel, die durch seine Anwesenheit aufgeschreckt wurden und sich in die Sicherheit höherer Äste flüchteten.

Der Weg führte ihn durch die Weite des mittelhohen

Waldes, bis er auf einen unebenen, terrassierten Bergrücken mit sumpfigen Wiesen gelangte. Vor sich sah er einen steilen, zerklüfteten Berghang, mit einem imposanten Wasserfall, der über die Felsen zum Otterbach hinabstürzte. Oberhalb eines Waldes aus Erlen und Ahornen folgte nacktes Geröll. Bei starkem Regen drohten die losen Kieselsteine ständig den Abhang hinunterzurollen und abzurutschen. Pfarrer Moser nahm seinen Rucksack vom Rücken, holte seine Wasserflasche heraus und trank sie, durstig wie er war, fast ganz aus. Er löste seinen Kragen, zögerte ein wenig, nahm ihn dann ganz ab und steckte ihn in seine Tasche. Er konnte ihn später immer noch anlegen.

    Er studierte den senkrechten Berg vor sich, konsultierte seine Karte und schritt über die Wiese, um das unüberwindbare Hindernis zu umrunden. Der Boden war weich und Erdklumpen hafteten an seinen Stiefeln. Er ging weiter um den Berg herum, bis er eine tiefe Schlucht mit felsigen Hängen erreichte. In einiger Entfernung erblickte er die Sonnenseite des zerklüfteten Berges. Der Pfarrer prüfte erneut seine Karte; er konnte nicht weit entfernt sein, aber er konnte keine Behausungen sehen. Dort war ein dichter Tannenwald, einer der schmalsten, die er je gesehen hatte, aber dahinter *könnten* sich Behausungen verbergen. Er schnallte sich den Rucksack höher auf den Rücken, hielt seinen Wanderstock fest in der Faust und begann, den felsigen Abhang zum Grund der Schlucht hinunterzusteigen. Der Bach, der am Grund entlang plätscherte, wirkte harmlos. Es war kaum zu glauben, dass dieser Bach nach der Schneeschmelze im Frühsommer bis zu vierundzwanzig Fuß hoch angeschwollen war und Schlamm, Steine und Geröll wie simples Spielzeug ins Tal gespült hatte. Die Natur war nicht so unschuldig, wie sie aussah, überlegte er. Er füllte seine Wasserflasche auf und aß etwas Brot und Käse, um wieder zu Kräften zu kommen, bevor er den steilen

Pfad vor sich in Angriff nahm. Zuerst musste er klettern und sich mit Händen und Armen an den Felsen hochziehen. Dann führte der Weg im Zickzack über einen Sandsteinfelsen. Fast jedes Jahr fraßen Schlamm oder Steinschläge Löcher in den Pfad, die provisorisch mit Tannenzweigen gefüllt wurden. Ein falscher Schritt und man konnte leicht in den Tod stürzen. Pfarrer Moser konzentrierte sich auf jede Bewegung. Als er wieder relativ sicheren Boden unter den Füßen hatte, war er erschöpft. Beängstigend, selbst bei Tageslicht! Er schauderte und schickte ein Stoßgebet zum Himmel, damit er dies nicht bei Nacht oder schlechtem Wetter überqueren musste.

Schließlich erblickte er die Hütte, die er gesucht hatte. Selbst aus der Ferne sah sie noch baufälliger aus, als er erwartet hatte, und er fragte sich, ob die Familie wirklich noch dort lebte, völlig isoliert von ihrer Umgebung. Noch während er darüber nachdachte, hörte er Stimmen und näherte sich beklommen.

Die beiden Fenster hatten zerbrochene Scheiben und waren so schmutzig, dass er nicht hineinschauen konnte, das Dach war eingestürzt und hatte Löcher. Er klopfte an die Tür. Der Hausherr, ein Herr Schmidt, öffnete sie und trat zur Seite. Er trug eine Hose, mit einer Schnur um die Taille gegürtet, aber kein Hemd. Er zeigte sich nicht überrascht, den Pfarrer zu sehen, und bat ihn ins Haus. Die Familie saß am Tisch und aß zu Mittag. Die Kinder rückten auf einer Bank näher zusammen, damit er sich zu ihnen setzen konnte. Sie aßen Pellkartoffeln in einer Brühe aus Brennnesseln. Das jüngste Kind stand auf der Bank und konnte gerade noch eine Schale vor sich erreichen, in der eine Kartoffel in der Brennnesselbrühe zerdrückt worden war. Das Kind war dürr und verhärmt. Es versuchte, die winzigen Kartoffelstückchen aus der Brühe in seinen Mund zu fischen. Seine Hände waren fast durchsichtig. Pfarrer Moser hatte noch nie ein so bedauernswertes Kind gesehen. Er wusste, dass er diesen Anblick nie vergessen würde, solange er lebte.

Der Zündhölzli Bub

Neun der Kinder waren angeblich über vierzehn Jahre alt, aber sie waren alle viel zu klein und knochig für ihr Alter. Im Zimmer nebenan konnte der Pfarrer den freien Himmel sehen. Ein ungegerbtes Schafsfell war grob mit einem Ziegenfell zusammengenäht und diente als Schlafplatz, der die Kinder im Schlaf vor Regen, Schnee und Kälte schützen sollte. Der Boden war mit einer dünnen Schicht Heu bedeckt. Alles war dick mit Staub bedeckt, und uralte Spinnweben zogen sich über die Decken, Wände und Fenster. Ihr Heim war kaum von einem Ziegenstall zu unterscheiden.

Pfarrer Moser betete mit der Familie und brach dann auf, um weitere Familien auf diesen abgelegenen Höhen zu besuchen. Es war ein Jahr, in dem der Hunger schlimmer war, als er es je zuvor erlebt hatte. Die Kartoffelernte war dürftig und die Lebensmittel überteuert. Er traf auf Familien, die noch ärmer waren als Familie Schmidt. Die letzten Kartoffeln waren längst verzehrt, und seit sechs Wochen lebten sie von Brennnesselsud. Viele Männer liefen halbnackt auf ihren winzigen Grundstücken umher, ohne ein Hemd auf dem Rücken.

Als Pfarrer Moser nach Hause kam, war es bereits später Abend. Er war körperlich und geistig erschöpft. Er setzte sich hin und aß den Fleisch- und Gemüseeintopf, den seine Haushälterin für ihn zubereitet hatte, und hatte gleichzeitig ein schlechtes Gewissen, wenn er sich die kleinen hungernden Kinder vor Augen führte. Er betete und beruhigte seine moralischen Skrupel, indem er sich sagte, dass er stark bleiben müsse, um den Schwachen zu helfen.

Er setzte sich an seinen Schreibtisch und schrieb an seine Pfarrerkollegen in Frutigen, Kandergrund und Reichenbach. Es musste etwas getan werden, um den Armen zu helfen und der Kinderarbeit ein Ende zu setzen. Gemeinsam hatten sie eine bessere Chance, angehört zu werden. Er wusste jedoch, dass es Monate, wenn nicht Jahre dauern würde, bis etwas unternommen wurde, auch auf kommunaler Ebene. Während er auf Antworten wartete, sprach er mit einigen Familien und versuchte, sie davon zu überzeugen, zumindest die kleinsten Kinder zu Hause zu lassen.

11

APRIL 1853

Am Sonntag nach Ostern besuchte Pfarrer Moser Anton und seine Familie in ihrem Haus. Anton schickte die Kinder zum Spielen nach draußen, doch sie schlichen sich durch den Hintereingang auf den Heuboden, kauerten sich hinter die Heuballen und versuchten mucksmäuschenstill zu lauschen. Jakob konnte nicht alle Worte verstehen, aber er hörte, wie der Pfarrer heftig mit seiner Stiefmutter sprach. Er erkannte die Stimme seines Vaters, tief, ruhig und vernünftig, dann wieder die seiner Stiefmutter, die ihre Stimme zum Protest erhob.

Nachdem der Pfarrer gegangen war, öffnete sein Vater die Tür zum Stall. "Ihr könnt jetzt herunterkommen", sagte er zu ihnen. Jakobs Wangen liefen rot an, weil er ertappt worden war. Er folgte seinem Bruder und seiner Schwester die klapprige Holztreppe vom Heuboden hinunter in den Stall. Ohne auch nur zu wispern, setzten sie sich an den Tisch. Jakob wagte es nicht, seiner Stiefmutter in die Augen zu sehen; er konzentrierte sich auf seinen Vater. Er fragte sich, warum sein Vater seinen Blick nicht erwiderte.

"Eure Mutter und ich haben beschlossen, dass Mina und

Josef zu jung für die Fabrik sind", sagte Anton zu ihnen. "Sie werden stattdessen zu Hause bleiben und Zündholzschachteln herstellen, hier an diesem Tisch."

Jakobs Kinnlade fiel herunter. "Und *ich*?", fragte er.

"Du bist der Älteste, du kannst mit mir in die Fabrik kommen. Wir brauchen deinen Verdienst." Jakob fühlte sich, als wäre ihm gerade ein Stein in den Bauch gefallen. Der Gedanke, in der stinkenden Fabrik zu arbeiten, erfüllte ihn mit Grauen. Warum er? Er gab Regina die Schuld. Warum hatte sich sein Vater nicht mehr für ihn eingesetzt? Sein Gesicht verfinsterte sich. "Nur noch bis Juni", tröstete ihn sein Vater. "Dann werde ich Onkel Gustl fragen, ob du den Sommer bei ihm auf der Alm verbringen kannst. Das würde dir doch gefallen, oder?"

"Oh ja, bitte, Papa."

"Du kannst die Hälfte des Geldes, das du verdienst, behalten und sparen, um eine Lehrstelle zu bezahlen, wenn du älter bist. Wir werden eine Dose finden und deinen Namen darauf schreiben. Und nach diesem Sommer bist du alt genug, um in die Schule zu gehen, dann musst du nicht mehr den ganzen Tag arbeiten."

"Danke Papa." Jakob sah ihn dankend an und strahlte Josef und Mina an.

*****

Draußen war es noch dunkel. In der Nacht hatte es strengen Frost gegeben, und der Boden knirschte unter den Holzsohlen von Jakobs Stiefeln. Er trug eine Hose, eine Jacke und eine Wollmütze, alles Dinge, die er von irgendjemandem geerbt hatte. Ein eisiger Wind traf ihn von vorne und durchdrang seine unzureichende Kleidung. Sein Vater hielt ihn an der Hand, und sie eilten zur Fabrik, aber trotz der schnellen Bewegung zitterte er vor Kälte. Als sie ankamen, verabschiedete sich sein Vater rasch und eilte in die Teufelsküche.

Der Zündhölzli Bub

Jakob lief die Treppe hinauf und setzte sich an seinen Platz am Arbeitstisch. Ausnahmsweise störte ihn die stickige Luft nicht, wenigstens war es warm. Seine Finger waren taub und steif. Er rieb seine Hände kräftig aneinander, bis der Schmerz der Wärme sie durchzog. Er wartete, bis das brennende Gefühl nachließ, dann zog er einen Stapel Stöckchen aus der Mitte des Tisches an seinen Platz und begann, den leeren Rahmen vor ihm zu füllen. Er war motiviert und arbeitete schnell. Das Wissen, dass er einen Teil seines Verdienstes behalten konnte, erfreute ihn außerordentlich. Er fragte sich, ob seine Stiefmutter oder sein Vater es merken würden, wenn er fünf Rappen aus seiner Dose nahm. Am liebsten würde er sich einen der großen, bunten Lutscher kaufen, die Herr Brotz, der Besitzer des Lädchens, in einem Glas in seinem Schaufenster ausstellte. Die Kinder aus wohlhabenden Familien leckten immer daran herum, und machten eine Show daraus, um die Kinder aus ärmeren Familien zu ärgern. Er würde seinen Lutscher natürlich mit Joseph und Mina teilen. Er warf einen Blick auf Berta, die neben ihm saß, und beschloss, dass sie auch mal dran lecken konnte. Sie sah heute traurig aus. Er würde sie gerne fragen, wie es ihrer Schwester Millie ging, aber sie durften nicht miteinander sprechen. Frau Vreni musste streng sein, weil sonst Herr Häberlin an den Tisch kam und sie alle bestrafte. Um halb neun Uhr läutete die Glocke und die Schulkinder sprangen auf, um zur Schule zu gehen. Chasper und Buolf waren die ersten, die die Treppe hinunterstürmten. Berta, ein Jahr älter als Jakob, folgte ihren Brüdern, doch bevor sie verschwand, drehte sie sich um und winkte Jakob kurz zu.

Jakob legte die Holzstäbchen so schnell wie möglich in die Rillen. Sein Vater hatte ihm erzählt, dass er für jeden fertigen Rahmen zwei Rappen bekam. Jedes Mal, wenn er einen Rahmen fertig hatte, sprang er auf und brachte ihn zum Aufseher, der einen Strich unter Jakobs Namen machte. Dreitausend Stöcke passten in einen Rahmen. So weit konnte Jakob nicht zählen, aber Frau Vreni hatte es ihm gesagt. Als um eins die Glocke zur Mittagspause läutete, bemerkte Vreni, wie gut er an diesem Morgen gearbeitet hatte. Er lief nach draußen und war überrascht, dass die Sonne schien. Er musste einige Male mit den Augen blinzeln, um sich an das helle Licht zu gewöhnen. Er schaute in sein Essenspäckchen und fand ein Stück Brot, einen kleinen Klumpen Käse und eine gekochte Kartoffel. Er aß das Brot und den Käse schnell auf und betrachtete die Kartoffel sehnsüchtig. Er wusste, wenn er sie jetzt verzehrte, würde er um vier nichts mehr haben. Stattdessen trank er etwas Wasser und ging zum Bach hinter der Fabrik, um dort in die Büsche zu pinkeln. Auf der anderen Seite des Baches entdeckte er Ramun, den zehnjährigen Sohn des Fabrikdirektors. Er war elegant gekleidet, trug eine lange gebügelte Hose, ein weißes Hemd und eine schicke blaue Jacke. Er besuchte ein Internat in Bern, und die blaue Jacke gehörte zu seiner Schuluniform. Es war sehr adrett und machte Ramun schon von weitem erkennbar. Er scharrte mit den Schuhen auf den Kieseln und warf Steine in den Bach. Er schien gelangweilt. Als er Jakob sah, versuchte er, einen Stein weiter zu werfen, um ihn zu treffen. Er verfehlte ihn. Jakob knöpfte schnell seine Hose zu und wandte sich geschwind der Fabrik zu.

Er setzte sich an seinen Arbeitsplatz und begann wieder, die Rahmen mit Holzstäben zu füllen. Er versuchte, so schnell wie am Morgen zu arbeiten, aber es gelang ihm nicht. Die Luft war zu stickig, das Licht zu schummrig und die Arbeit zu eintönig. Er füllte einen Rahmen, schaffte es aber nur, den zweiten Rahmen zur Hälfte zu füllen, bevor die Glocke zur 4-Uhr-Pause läutete. Er ging nach draußen und verschlang seine Kartoffel in zwei Bissen. Er beobachtete die älteren Kinder, die aus der Schule kamen, und folgte ihnen zurück in die Fabrik. Als er sich an seinen Platz setzte, bemerkte er einen leeren

Rahmen anstelle seines halbvollen Rahmens. Er sah sich am Tisch um und erblickte Chasper vor einem halbvollen Rahmen. Ein unmögliches Kunststück für die halbe Minute, die er dort gewesen war.

"He, du hast meinen Rahmen genommen!", schrie Jakob und streckte sich über den Tisch, um ihn zurückzuerobern.

"Wer's findet, dem gehört's", schmunzelte Chasper und hielt sich am Rahmen fest. Frau Vreni kehrte gerade an den Tisch zurück, als ein Tauziehen begann.

"Hört auf, ihr beiden!" Sie sprach wütend, aber leise, während sie sich umschaute, um zu sehen, wo Herr Häberlin war. Chasper ließ den Rahmen los und Jakob flog nach hinten. Die Stöcke fielen heraus und das Gestell klapperte auf den Tisch. Er fiel auseinander. Vreni hob ihn schnell auf und versuchte, ihn wieder zusammenzusetzen, aber Herr Häberlin war schon am Tisch. Er verlangte zu wissen, wer den Rahmen zerbrochen hatte. Die beiden Jungen zeigten anklagend aufeinander. Er schaute Vreni an. Sie zögerte, bevor sie antwortete: "Sie waren es beide."

Herr Häberlin hob den zerbrochenen Rahmen auf. "Der Preis für einen neuen Rahmen wird euch von eurem Verdienst abgezogen, jeder die Hälfte."

"Das ist nicht fair! Er hat mein ..." Jakob begann zu protestieren, doch als er den Gesichtsausdruck von Herrn Häberlin sah, hielt er den Mund.

"Zurück an die Arbeit, sofort!", befahl Herr Häberlin. "Oder soll ich meinen Stock rausholen?"

Die Kinder arbeiteten weiter. Etwa eine Stunde später, als alle wieder zur Ruhe gekommen waren, schob Berta ihren fertigen Rahmen zu Jakob hinüber und zog seinen halbfertigen Rahmen an ihren Platz. Jakob schaute zu ihr und dann um den Tisch herum. Niemand schenkte ihnen Aufmerksamkeit.

"Danke", flüsterte er.

Endlich war es sieben. Jakob und Berta erhoben sich und gingen nach draußen. "Danke", sagte Jakob wieder, "aber du solltest nicht helfen, du brauchst deinen Verdienst selbst."

"Den Rahmen musst du von deinem Geld bezahlen. Er kostet zwei Franken. Das heißt, du wirst einen Franken bezahlen müssen. Das ist ungerecht, es war Chaspers Schuld."

"Zwei Franken? Oh", seufzte Jakob, "dann wird nicht mehr viel übrigbleiben. Meine Stiefmutter wird wütend sein."

"Bekommst du Prügel?"

"Nein, die Eltern schlagen uns nicht. Aber wenn sie es herausfindet, kriege ich bestimmt kein Abendessen."

"Dann sag es ihr erst am Sonntag, wenn du deine Tante Margot besucht hast. Hattest du nicht gesagt, dass sie sonntags Kuchen für euch backt?"

Jakob grinste. "Das ist eine tolle Idee, Berta. Und wenn sie mir jemals wieder Essen für Chasper gibt, dann gebe ich es ihm nicht, sondern esse es selbst! Wie geht's Millie?"

"Es geht ihr sehr schlecht. Mama sagt, sie wird sterben. Sie spart unseren Verdienst, damit sie einen Sarg bezahlen kann. Mein Vater gibt ihr kaum etwas für den Haushalt. Aber sie darf nicht in einem Armengrab beerdigt werden, sie braucht ein *richtiges*." Bertas Augen quollen vor Tränen über.

In diesem Moment kam Anton aus der Fabrik. Er grüßte Berta und machte sich dann mit Jakob auf den Heimweg. Die Tränen waren ihm nicht entgangen. "Was war das denn?", fragte er Jakob.

"Millie liegt im Sterben und Berta macht sich Sorgen, dass sie nicht genug Geld für einen Sarg haben werden. Sie sagt, ihr Vater ist geizig mit seinem Lohn."

"Dieser Mann ist ein besoffenes Stück Scheiße!" Die wütenden Worte rutschten Anton einfach so aus dem Mund. Plötzlich wurde ihm bewusst, was er gerade gesagt hatte. "Oh, tut mir leid, Jakob, das hätte ich nicht sagen sollen. Vergiss einfach, dass ich etwas gesagt habe, in Ordnung?"

"Ja, Papa, aber mach dir keine Sorgen. Berta sagt eigentlich nicht viel, doch ich habe schon geahnt, dass er kein netter Mensch ist."

Als sie zu Hause ankamen, war jede Fläche im Haus voll mit Zündholzschachtelstücken. Der Boden, der Tisch, die Stühle, die Kommode – überall! Regina machte auf dem Tisch Platz, damit sie sich zum Essen hinsetzen konnten. Es gab Gemüsesuppe und eine dünne Scheibe Brot. Nach dem Essen räumte Regina die Teller schnell ab, und alle begannen, Spaltholzstücke mit selbstgemachtem Kleister aus Mehl, Wasser und Essig zusammenzukleben. Um zehn Uhr durften die Kinder ins Bett gehen. Sie zogen ihre Stiefel aus und legten sich auf ihre gemeinsame Strohmatratze im Wohnzimmer. Anton und Regina arbeiteten noch eine Stunde. "Reich werden wir damit nicht", beschwerte sich Regina. "Ein Franken für tausend Kisten und es ist sogar unser eigenes Holz!"

"Nein, aber solange wir ein Dach über dem Kopf haben und nicht verhungern, müssen wir dankbar sein. Ich gehe jetzt ins Bett."

"Ja", stimmte Regina zu, "ich komme mit."

*****

Allmählich wurden die Tage länger und die Temperaturen milder. Jakob freute sich darauf, mit seinem Onkel Gustl auf die Alm zu gehen. Es waren nur noch ein paar Wochen bis zum alljährlichen Umzug auf die mittelhohen Almen. Er kam in der Fabrik an und sah, dass Berta geweint hatte. Ihre Augen waren rot und geschwollen und eingetrocknete Tränen hatten schmutzige Schlieren auf ihren Wangen hinterlassen. Er dachte, dass Millie gestorben sein musste, aber er konnte nicht mit Berta sprechen, bis sie später am Nachmittag von der Schule zurückkam. Er berührte ihren Arm und fragte, ob Millie gegangen sei.

Berta begann zu weinen. "Ja, aber es ist noch schlimmer! Mein Vater hat das Geld für ihren Sarg gestohlen. Jetzt muss sie in ein Armengrab und kann nicht in den Himmel kommen!" Ihre Brust hob sich.

Jakob war schockiert. "Wie? Er hat das Geld *gestohlen*..."

"Er kam gestern Abend von der Arbeit nach Hause und sah uns alle um ihre Matratze herum beten. Er hat sich nicht zu uns gesellt, er hat sich nicht entschuldigt oder so, er hat nur gesagt, dass er in die Kneipe geht, um etwas zu trinken. Er verlangte Geld von meiner Mutter. Sie sagte, sie bräuchte es für den Sarg. Und ... und kannst du dir vorstellen, was er geantwortet hat?" Berta hörte auf zu schluchzen und zitterte vor Wut. Sie wartete nicht auf eine Antwort von Jakob. "Er sagte, ein Sarg würde ihr jetzt auch nicht mehr helfen und er bräuchte das Geld eher für was zu trinken! Meine Mutter weigerte sich, ihm was zu geben, und er begann sie anzuschreien und zu beschimpfen. Als sie ihm immer noch nichts gab, schlug er sie mit *voller* Wucht auf die Wange. Sie verlor das Gleichgewicht und fiel um, und dann... dann fing er an, sie zu treten. Als sie aufhörte, sich zu wehren, riss er alles aus den Regalen und leerte die Dosen aus. Er hat ein furchtbares Durcheinander angerichtet. Er fand das Geld, wir haben nicht viele Verstecke. Sobald er es hatte, steckte er alles ein, schlug die Tür hinter sich zu und ließ uns allein."

Jakob wusste nicht, was er sagen sollte, er dachte, dass Regina vielleicht doch nicht so schlecht war. Berta war noch nicht fertig.

"Mitten in der Nacht kam er sturzbetrunken nach Hause. Er konnte nicht richtig gehen, stieß gegen den Tisch, fluchte laut und fiel dann auf seine Matratze. Wir wachten alle auf, aber meine Mutter legte einen Finger an die Lippen, um uns zu zeigen, dass wir still sein sollten. Mein Vater begann zu schnarchen. Ich sah, wie meine Mutter alle seine Taschen durchsuchte. Sie fing an zu weinen, und ich bekam Angst, weil meine Mutter nie weint. Sie durchsuchte verzweifelt seine Unterwäsche und alles andere, aber es war nicht eine einzige Münze dabei. *Das waren über achtzig Franken,* sagte sie uns. *Es ist unmöglich, so viel zu trinken.* Sobald es hell wurde, ging sie zum Goldenen Ochsen hinunter. Herr Klopfenstein war verärgert, weil er geweckt worden war. Er erzählte ihr, daß mein Vater Karten gespielt hatte. Meine Mutter kam nach Hause und sagte: *Millie muss jetzt in ein Armengrab. Einen Sarg können wir uns nicht mehr leisten.* "Ich hasse meinen Vater!", verkündete Berta wütend. "Millies Leiche wird in einen Sack gesteckt, und sie wird in einem Gemeinschaftsgrab mit anderen Armen bestattet! Und jeder weiß, dass man ohne ein ordentliches Begräbnis nicht in den Himmel kommt. Ich wünschte, mein Vater wäre tot und nicht Millie." Berta war untröstlich.

Jakob streichelte Bertas Arm, um sie zu trösten. Er dachte über die Situation nach. Er hatte eine Idee, überlegte kurz und entschied sich dann. "Mach dir keine Sorgen, Berta. Ich habe etwas Geld gespart. Ich werde einen Sarg für Millie kaufen."

"Aber wie?", fragte Berta. Sie hörte auf zu weinen und schaute ihn an. "Deine Mutter und dein Vater würden es nie erlauben."

"Nein, das ist *mein* Geld. Es soll für eine Lehre sein, wenn ich älter bin, aber dafür habe ich noch viel Zeit zu sparen. Ich bringe das Geld morgen in die Fabrik und dann können wir uns davonschleichen und zu Schreiner Hans gehen."

"Bist du sicher?", fragte Berta.

"Ja, natürlich."

An diesem Abend wartete Jakob zu Hause, bis alle schliefen. Dann wickelte er leise alle Münzen aus seiner Dose in sein Taschentuch, damit sie nicht klirrten, und steckte das Taschentuch in seine Hosentasche.

Am nächsten Tag, als Berta von der Schule zurückkam, versteckten sie und Jakob sich hinter einem Busch, bis alle anderen wieder in der Fabrikhalle waren. Als alles ruhig war, rannten sie auf leisen Sohlen nach Weißbrügg. Sie liefen eine Straße parallel zur Hauptstraße hinunter, in der Hoffnung, dass sie niemand bemerken würde. Sie schlichen sich dicht an das Bestattungsinstitut heran, schlüpften um die Ecke und öffneten die Eingangstür. Ein Glöckchen bimmelte und Jakob zuckte zusammen. Er grinste Berta dümmlich an. Der Bestatter erhob sich von seinem Schreibtisch, um einen besseren Blick auf die Kinder werfen zu können.

"Guten Tag, Herr Jakob, nicht wahr? Und Fräulein... ihr seid so viele, bist du Berta?"

"Ja", antwortete Berta.

"Ah ..." sagte Schreiner Hans. "Nun, es tut mir sehr leid, das von deiner Schwester zu hören, Berta."

"Deshalb sind wir hier", sagte Jakob. "Wir würden gerne einen Sarg kaufen."

"Einen *Sarg?*" Schreiner Hans musste Jakobs Worte wiederholen, so verblüfft war er.

"Ja. Wissen Sie, Bertas Vater hat das Geld ausgegeben, das ihre Mutter für einen Sarg gespart hatte. Also werde ich stattdessen einen kaufen, damit Millie nicht im Armengrab beerdigt werden muss. Wie viel kostet ein Sarg?" Jakob hoffte, dass er genug hatte.

Schreiner Hans strich sich über das Kinn. Er blickte in die beiden dunkelbraunen Augenpaare, die ihn anschauten. "Ach, das kommt darauf an, welchen Sarg ihr wählt. Warum zeige ich euch nicht ein paar?" Die Kinder nickten feierlich und folgten Schreiner Hans in ein Nebenzimmer. Die Vorhänge waren zugezogen und das einzige Licht kam von zwei brennenden Kerzen. Berta blieb auf der Stelle stehen und schaute sich um. Da war einer! Sie ging geradewegs zu einem kleinen, weiß

lackierten Sarg hinüber. Sie strich über den Deckel. Schreiner Hans trat zu ihr hinüber. "Du hast einen sehr guten Geschmack, Fräulein Berta. Das ist unser bester Sarg. Wir können den Namen deiner Schwester in rosa Schrift darauf schreiben, wenn du das möchtest."
"Mmm, das wäre schön. Können Sie auch eine Blume darauf malen?"
"Ja, es wäre mir ein Vergnügen. Also, was für Griffe hättest du denn gerne? Wie wäre es mit diesen schönen glänzenden Messinggriffen?"
Jakob wurde heiß und kalt. Er war besorgt, dass er nicht genug Geld besaß. "Habe ich genug Geld?", fragte er.
"Lass uns mal sehen", antwortete der Bestatter. Jakob legte sein Taschentuch auf den Tresen und löste den Knoten. Sie zählten gemeinsam das Geld. "Sechs Franken, achtzig", sagte Schreiner Hans. "Das ist viel Geld, dafür hast du sehr hart gearbeitet."
"Seit Ostern, ja."
"Und du hast nichts für dich selbst ausgegeben?"
"Nein. Ich wollte einen Lutscher kaufen. Ich hätte ihn natürlich mit Josef und Mina geteilt." Er sah Berta an. "Ich hätte dich auch mal dran lecken lassen. Aber ich habe keinen gekauft. Ich hatte zu viel Angst davor, was meine Stiefmutter tut, wenn sie es herausfindet."
Schreiner Hans schrieb etwas auf einen Zettel. "Der Sarg kostet genau sechs Franken achtzig", sagte er. "Bist du sicher, dass du ihn einfach so kaufen willst? Ich könnte andere Griffe anbringen."
"Nein, es ist schön so, wie es ist", sagte er und schob die Münzen in Richtung des Bestatters. "Millie verdient einen schönen Sarg, sie hatte kein schönes Leben."
Berta sah ihn dankbar an und er drückte ihre Hand.
"Wenn das so ist, komme ich heute Abend zu euch, um

Millie zu vermessen. Wäre das in Ordnung für dich, Fräulein Berta?"

"Ja", sagte Berta glücklich.

Jakob wurde wieder unruhig. "Bitte sagen Sie Bertas Mutter nicht, dass er von mir ist", sagte er. "Können Sie sagen, dass er von einem Unbekannten bezahlt wurde? Wenn meine Eltern erfahren, dass ich mein Lehrlingsgeld ausgegeben habe, werden sie wütend. Das müssen sie doch nicht wissen, oder?"

Schreiner Hans strich sich wieder nachdenklich über das Kinn. "Ähm ... ich kann ihr sagen, dass es ein unbekannter Wohltäter war, wenn ihr wollt. Es war mir eine Ehre, mit euch Geschäfte zu machen, Herr Jakob, Fräulein Berta." Er öffnete ihnen die Tür und verbeugte sich ein wenig. Die Kinder kicherten und liefen so schnell sie konnten zurück in die Fabrik.

Sie waren seit über zwei Stunden verschwunden. Vreni sah sie streng an. "Wo seid ihr gewesen?", fragte sie.

"Berta fühlte sich krank, sie musste sich ständig übergeben und fühlte sich schwach. Ich bin bei ihr geblieben, um aufzupassen, dass es ihr gut ging", log Jakob. Er und Berta hatten sich vorher auf diese Geschichte geeinigt, aber er fühlte sich trotzdem unwohl dabei.

"Geht es dir jetzt besser, Berta?"

"Ja, Frau Vreni, vielen Dank."

"Also gut, macht weiter mit eurer Arbeit."

Jakobs Herz klopfte so laut, dass er sicher war, dass jeder es hören konnte und es ihn verraten würde. Aber der ganze Tisch konzentrierte sich auf die Arbeit in der Stille. Zeit, weiterzumachen, dachte er, und wieder mit dem Sparen anzufangen.

*****

Der Sohn des Bestatters kam aus dem Hinterzimmer, wo er die Buchhaltung erledigte. "Sechs Franken achtzig? Der Sarg ist hundert Franken wert. Wenn du so weitermachst, sind wir bald am Verhungern."

Schreiner Hans sah seinen Sohn an. "Ich weiß, Junge, aber du weißt auch, dass ich das erst zweimal getan habe. Noch sind wir nicht am Verhungern. Wir haben gestern Abend alle von Fridolin im Goldenen Ochsen gehört. Das ist eine Schande, das ist es! Erwin hätte ihn aufhalten müssen. Elsa hat sicher ewig gebraucht, um das Geld zusammenzukratzen. Und er hat sie ja auch furchtbar geschlagen, wie man hört. Das ist doch nicht in Ordnung. Die armen Kinder haben so erbärmlich ausgesehen."

"Oh, du hast ein weiches Herz, aber ich hätte es auch nicht anders gemacht. Trotzdem gefällt mir der Gedanke nicht, dass wir Fridolins Spielsucht und Sauferei unterstützen. Erwin wird ihn nicht aufhalten, solange er Geld verdient. Mit wem hat er denn Karten gespielt? Könnte es sein, dass sie ein schlechtes Gewissen bekommen und das Geld an Elsa zurückgeben?"

"Das ist sehr unwahrscheinlich! Die üblichen Leute, Ernst, Noldi und jetzt auch noch Heinz, wie ich gehört habe. Ich kenne ihre Antwort schon, bevor jemand fragt!"

"Heinz? Was macht der beim Kartenspielen? Ich habe gehört, dass er nicht mehr so viel verdient, seit er in der Schieferfabrik arbeitet."

"Ja, eine geringere Position. Das geht uns nichts an."

"Du hast Recht. Seltsam, ich frage mich, warum Peter ihn entlassen hat. Und jetzt ist er auch noch mit Fridolin befreundet? Das ist ein richtiges Paar!"

"Peter wird einen Grund gehabt haben; er handelt nicht aus einer Laune heraus".

"Na gut, dann mache ich mich besser auf den Weg."

12

JUNI 1853

Millie wurde beerdigt, und obwohl es Gerüchte über den Sarg gab – jeder wusste bald, dass Fridolin das Geld verschwendet hatte – versiegte das Thema nach ein paar Wochen voller Spekulationen, und die Dorfbewohner wandten ihre Aufmerksamkeit der bevorstehenden jährlichen Alpauffahrt zu.

Jakob freute sich darauf, bei seinem Onkel zu wohnen. Sein Vater schenkte ihm einen Hirtenstab, und Regina hatte ihm eine Tracht genäht. Schwarze Lederhosen mit Hosenträgern über einem weißen Hemd und einer kurzärmligen schwarzen Samtjacke. Auf dem Revers der Jacke waren weiße Edelweißblumen aufgestickt. Ein schwarzer Filzhut vervollständigte sein Outfit. Er war so stolz und glücklich, dass er dachte, er würde platzen. Er umarmte Regina zum ersten Mal überhaupt, und trotz ihrer Zurückhaltung glitt ein kleines Lächeln über ihre Lippen.

Regina hatte ihm einen Rucksack voll Essen gepackt und sie machten sich alle gemeinsam auf den Weg zu Tante Margot und Onkel Gustl. Die Tante gab ihm ein Taschenmesser und einen ganzen Kuchen für seinen Rucksack. Sein Onkel kam aus dem Stall mit einer Ziege an einem Seil. "Sie heißt Maisie und sie ist für dich." Gustl reichte Jakob das Seil. "Pass gut auf sie auf, und wenn sie im Frühjahr ein Zicklein gebärt, kannst du es für ein Taschengeld verkaufen."

Jakob war fassungslos. "Danke, oh danke!", rief er und umarmte seinen überraschten Onkel begeistert.

"Schon gut, beruhig dich", sagte Gustl strenger, als er beabsichtigt hatte. Er lächelte, um den Stachel aus seinen Worten zu nehmen. Mina stürmte mit einem Strauß Wildblumen auf Jakob zu, um ihn an das Hutband zu stecken.

"Vielen Dank, Mina." Er beugte sich hinunter, um auch sie zu umarmen. Er schaute in all die Gesichter, die ihn liebevoll umgaben. Verblüfft und ratlos streichelte er Maisie einfach. Zum Aufbruch bereit, umarmte er Josef ein letztes Mal und flüsterte ihm zu, dass er ihn vermissen würde.

Er marschierte an der Spitze der Reihe neben seinem Onkel und hielt Maisie fest. Ein breites Grinsen breitete sich auf seinen Wangen aus, als er den Dorfbewohnern am Wegesrand schüchtern zuwinkte. Sie winkten zurück, riefen seinen Namen und wünschten ihm Glück. Jeder kannte Jakob und freute sich für ihn.

Nur eine Familie schaute mürrisch zu. Jakob bemerkte Haris grimmiges Gesicht, aber das konnte die Freude über diesen Moment nicht aus seinem Herzen tilgen.

*****

Helga war wütend. Sie stürmte nach Hause, Hari und Hedwig hinter sich herziehend.

"Hast du das gesehen?", beschwerte sie sich bei Heinz. "Mein eigener Bruder hat Jakob eine Ziege geschenkt. Einfach so! Die sind ja nicht mal richtig verwandt!"

"Jakob ist sein Neffe." antwortete Heinz. Er hatte die Hirten dieses Jahr nicht auf die Alp begleitet, er hatte seine letzte Kuh verkauft. Er traute sich nicht, Helga zu sagen, dass er Karten gespielt hatte und das Geld für seine Schulden brauchte, und hatte stattdessen eine Geschichte von einem Unglück erfunden.

"Auf Margots Seite. Hari ist von seinem eigenen Blut, und er hat ihm noch nie ein so wertvolles Geschenk gemacht." Helga ließ nicht von dem Thema ab.

"Nun, Jakob arbeitet den Sommer über mit Hans auf der Alp. Die Ziege wird er sich wohl verdienen müssen. Wenigstens muss Hari nicht arbeiten und kann in den Ferien mit Ferdinand und den anderen ehrbaren Kindern spielen."

"Hmm", antwortete Helga leicht beschwichtigt. "Ja, das stimmt. Werden wir trotzdem genug sparen können, damit Hari auf ein Internat gehen kann, wenn er zehn Jahre alt ist?"

"Ich tue mein Bestes, Schatz. Wenn ich einen besser bezahlten Job bekomme, sollten wir es schaffen."

Heinz verließ das Haus, um draußen zu arbeiten. Er würde seine Finanzen in Ordnung bringen müssen.

*****

Jakob und Gustl richteten sich in ihrer Holzhütte auf der Griesalp im Kiental ein. Es gab nur einen Raum mit einem kleinen Holztisch und zwei Stühlen, ein Bett für Gustl und eine Strohmatratze auf dem Boden für Jakob. Sie hatten es sich vor einem kleinen gemütlichen Feuer bequem gemacht. Gustl rauchte seine Pfeife.

"Soll ich dir die Legende über den Grüenmatti-Wirt erzählen?", fragte Gustl.

"Oh, ja *bitte*!" Jakob hatte bisher immer nur Geschichten aus der Bibel gehört. Er hörte aufmerksam zu und versuchte, sich alles zu merken, damit er Josef und Mina die Geschichte nacherzählen konnte. Er kämpfte darum, seine Augen offen zu halten, aber schlief bald ein.

Der Zündhölzli Bub

Am nächsten Morgen zeigte Gustl Jakob seine Aufgaben. Seine Hauptaufgabe würde darin bestehen, die Ziegen zu hüten. Kühe waren wählerische Fresser. Ihr spezielles Futter aus natürlichen Wiesengräsern ergab eine hochwertige, aromatische Milch, die sogenannte Heumilch. Gustl verarbeitete sie nach traditionellen Methoden zu lokalen Käsespezialitäten. Gustls Vater und sein Vater vor ihm waren Senner gewesen. Gustl hatte ihr Handwerk und ihre Geheimrezepte gelernt, sobald er alt genug gewesen war, um sie auf die Alp zu begleiten.

Die Ziegen wurden gehalten, um den Rest zu fressen: Büsche und Sträucher, die die Kühe verschmähten. Sie sprangen über Felsen zu Stellen, die die Kühe nicht erreichen konnten. Und manchmal kam es vor, dass eine junge, übermütige Ziege zu weit ging und steckenblieb. Jakob war da, um die Ziegen zusammen zu halten oder sie notfalls zu retten.

Er melkte die Ziegen auch und half bei kleinen alltäglichen Routinearbeiten. Die Schweine wurden in einem Stall in der Nähe der Hütte gehalten. Wenn Gustl Milch rührte, um Käse zu machen, war Molke ein unvermeidliches Nebenprodukt. Nichts wurde verschwendet. Jakob schöpfte die Molke ab und gab sie in den Schweinefraß. Gustl zeigte Jakob, welche Kräuter er verwendete und wo sie wuchsen. Er nahm sich Zeit und erklärte geduldig alles, ließ Jakob an den verschiedenen Aromen riechen. Sobald die richtige Zeit gekommen war, erntete Jakob die Kräuter und hängte sie zum Trocknen auf.

Jakob genoss seine Tage auf der Alm. Sein Onkel war liebenswürdig, und obwohl sie von morgens bis abends arbeiteten, blieb genügend Zeit, Landschaft und Tierwelt zu genießen. Es gab Rehe, Rothirsche, Steinböcke, Gämsen und Murmeltiere. Jakob lernte bald, wo er sie finden konnte. Er versuchte, den Pfiff der Murmeltiere zu imitieren, aber sie verschwanden immer schnell in ihren Höhlen, sobald sie ihn bemerkten. Gustl wies auf ein Steinadlerpaar hin und zeigte

Jakob, wo sich ungefähr ihr Nest befand. Jakob lag auf dem Rücken auf der Wiese und beobachtete, wie sie über ihm ihre Kreise zogen, vor dem Hintergrund eines kobaltblauen Himmels und strahlend weißer Bergspitzen. Seine Haut wurde braun und seine Muskeln straff.

Jakob fühlte sich nicht einsam, aber er vermisste Josef. Alle zwei oder drei Wochen besuchte jemand aus Weißbrügg die beiden auf der Alp, brachte ihnen Proviant und vergewisserte sich, dass alles in Ordnung war. Anton war zu sehr mit seiner Arbeit in der Fabrik beschäftigt, um sie zu besuchen, aber eines Tages kam sein zukünftiger Lehrer, Herr Stettler, und brachte Josef mit. Sie blieben zwei Tage lang und ließen sich von Jakob alles zeigen.

Allzu bald wurden die Tage kürzer, und frühmorgens wurde es empfindlich kalt. An einem Samstag Mitte September stiegen die Bergbauern, die den Sommer über im Tal geblieben waren, auf die Alp, um Gustl zu helfen, das Vieh in sein Winterquartier zu treiben, das nun mit frischem Heu gefüllt war.

Für das unerfahrene Auge waren sie ein seltsamer Anblick. Sowohl Männer als auch Frauen waren in ihre traditionelle Kleidung gehüllt, die nur für wichtige festliche Anlässe hervorgeholt wurde. Die Männer trugen saubere weiße Hemden und kurzärmelige schwarze Samtjacken mit bronzenen Knöpfen; die Aufschläge waren mit weißen Edelweißblüten bestickt. Die Frauen trugen eine weiße Bluse unter einem dunkelblauen Kleid mit enger Korsage. Eine schwarze Schürze, eine schwarze Haube und weiße Kniestrümpfe vervollständigten ihre Aufmachung. Die ärmeren Bauern trugen Trachten, die von einer Generation an die nächste weitergegeben worden waren. Viele waren schlechtsitzend: zu eng, zu kurz oder zu lang, aber alle taten ihr Bestes, um festlich auszusehen.

Oben auf der Alp schmückten die begleitenden Frauen die Kühe mit Girlanden aus Wildblumen und Bändern, und befestigten sie zwischen den Hörnern. Dann marschierten sie zurück nach Weißbrügg, wo die Dorfbewohner ihre Häuser verlassen hatten, um die Wege zu säumen und den Umzug zu beobachten. Die Bergbauern zogen galant ihre Hüte vor den hübschen, ihnen zujubelnden Frauen am Wegesrand. Sobald das Vieh untergebracht war, begaben sich alle zum Platz vor dem Rathaus. Zwischen den Bäumen am Rande des Platzes waren Lampions aufgehängt. Für eine Blaskapelle war eine hölzerne Bühne errichtet worden, die viel Platz zum Tanzen bot. Auf der einen Hälfte des Platzes standen lange Reihen von Tischen auf Böcken, mit Wildblumen geschmückt. An einem Spieß drehten sich Spanferkel, deren Duft die Nasen der Vorbeigehenden betörte. Frische Brote und Süßigkeiten, Stapel von Äpfeln und Birnen, Käse und drei große Fässer Bier. Jakobs Augen waren so groß wie die Äpfel, die zum Mitnehmen bereitlagen. Das Bier floss in Strömen und alle feierten fröhlich und lautstark. Einige Männer spielten auf dem Alphorn. Eine Gruppe von Männern führte Fahnenschwingen vor. Es wurde traditionell getanzt, und so mancher schüchterne Blick und Flirt war dabei. Es war der fröhlichste Tag des ganzen Jahres.

13

HERBST, 1853

Nach dem Sommer wurde Jakob eingeschult. Die Kinder im Alter von sechs bis dreizehn Jahren saßen alle zusammen in einem Klassenzimmer, die Jüngsten ganz vorne und die Ältesten ganz hinten. Als die Glocke zum Unterricht läutete, setzten sich Hari und Ferdinand schnell nebeneinander an ein Pult, während Jakob neben Utz Schmidt saß, einem der Jungen, die in den Spissen wohnten.

Die Kleidung von Utz war nicht nur zerlumpt, sondern auch schmutzig. Vermutlich war sie nie gewaschen worden, aus Angst, sie könnte völlig zerfallen. Utz hatte ein schmutziges Gesicht und schmutzige Hände und er roch wie eine Kloake kurz vor dem Überlaufen. Er kratzte sich ständig an Kopf und Armen.

Herr Stettler las die Namen der Kinder aus seinem Register vor, und das jeweilige Kind stand auf und antwortete: "Ja, Herr Lehrer." Als Utz an der Reihe war, stand der Junge zögernd auf und stammelte: "J-ja H-Herr L-Lehrer." Der Lehrer sah ihn von oben bis unten an.

"Utz, geh und stell dich an die Tür", sagte er freundlich. "Ich werde gleich bei dir sein."

Herr Stettler gab den älteren Kindern einige Matheaufgaben und bat Berta, das Alphabet an die Tafel zu schreiben. Die neuen Kinder sollten die Buchstaben auf ihre Schiefertafeln abschreiben. Dann wies er den ältesten Jungen, Rolf, einen von Sattler Eriks Söhnen, an, nach vorne zu kommen und seine Schulkameraden im Auge zu behalten.

"Wenn dir jemand nicht gehorcht, dann schreibe seinen Namen auf und ich kümmere mich um ihn, sobald ich zurückkomme. Es wird nicht lange dauern, ich bringe nur Utz zu Dr. Köfeli. Komm jetzt Utz, folge mir."

Karl sah den Arzt aus dem Fenster seiner Praxis schauen. Er winkte und gab Dr. Köfeli ein Zeichen, ihn draußen zu treffen. Es war nicht das erste Mal, dass die beiden mit Kindern aus den Spissen zu tun hatten, und Karl wusste, dass der Arzt eine Verunreinigung seiner Innenräume vermeiden wollte.

"Hallo Lukas", begrüßte er den Arzt. "Das ist Utz, ich denke, er wird die volle Behandlung brauchen."

"Ich werde ihm zuerst den Kopf rasieren, um die Läuse loszuwerden, und mein Assistent kann mir helfen, ihn zu baden. Wir können ihn sauber machen und ich kann ihm eine Salbe gegen die Krätze geben, damit sie weniger juckt. Ich werde ihm saubere Kleidung geben und seine alte verbrennen. Damit sind die Flöhe erledigt. Aber sobald er nach Hause kommt, wird er erneut zur Beute einer Horde von Ungeziefer."

Karl Stettler hörte die Frustration in der Stimme des Arztes. Sie war verständlich. Gemeinsam hatten sie in der Vergangenheit viel Zeit und Energie aufgewendet, um die Situation der Kinder in den Spissen zu verbessern. Sie hatten sogar geholfen, ihre Hütten zu reinigen, und saubere Decken gebracht. Doch kaum waren ein paar Wochen vergangen, war alles wieder völlig verwahrlost.

Die Leute waren nicht faul. Im Gegenteil, sie arbeiteten von morgens bis abends, um Spanholzschachteln für die

Zündhölzer herzustellen. Eine Familie mit vier Kindern mochte es schaffen, in einer Woche acht- bis zehntausend Schachteln zu produzieren, was ihr ein Wocheneinkommen von etwa zehn Franken einbrachte. Obwohl der Verdienst so mager war, war er für die verarmten Familien lebenswichtig. Es war zu weit und der Weg zu gefährlich, täglich zu Fuß ins Tal zu gehen, um eine besser bezahlte Arbeit in einer der Fabriken zu bekommen. Für Luxus wie Putzen blieb keine Zeit.

"Gegen die Unterernährung können wir nichts tun", antwortete Karl Stettler. "Ich werde aber noch einmal mit dem Bürgermeister sprechen, über kostenlose Schulmilch und einen Apfel, zumindest für die Ärmsten. Gegen den Zustand ihrer Wohnungen können wir auch nichts tun. Aber du kennst mich ja, das Erste, was die Kinder aus dem Spissen von mir lernen, ist, sich ordentlich die Hände zu waschen, wenigstens zweimal täglich. Es gibt genug Bäche in der Umgebung."

"Ja, dann lass ihn hier und geh zurück in die Schule, bevor im Klassenzimmer das Chaos ausbricht. Ich bringe ihn zurück, wenn wir fertig sind. Wer sitzt neben ihm?"

"Jakob."

"Ah, in diesem Fall sollte ich besser seine Mutter warnen."

"Ja, ich kann Utz nicht nach Hause schicken. Die Spissen-Kinder kommen bereits so unregelmäßig genug zur Schule."

"Das ist schon in Ordnung. Frau Schneider ist eine vernünftige Frau, nicht wie einige andere, die ich nennen könnte."

"Dann auf Wiedersehen."

*****

Herr Stettler betrat gerade das Klassenzimmer, als Buolf ein Stück Kreide von seinem Platz im hinteren Teil des Raumes nach vorne warf. Herr Stettler fing es mit einer Hand auf und bedeutete Buolf mit dem Finger, an die Tafel zu kommen.

"Ich hatte gehofft, dein Verhalten würde sich bessern, jetzt wo Chasper die Schule verlassen hat", sagte er. "Offenbar vergeblich. Schreib an die Tafel: *Ich darf nicht mit Kreide im Klassenzimmer werfen.*"

Buolf krampfte seine Finger um die Kreide. Er begann zu schreiben, die Zungenspitze hing ihm seitlich aus dem Mund, und seine Stirn legte sich in Falten, so konzentriert war er. Er wischte Buchstaben weg und korrigierte sich mehrmals.

Herr Stettler wartete, bis Buolf fertig geschrieben hatte. Er brauchte so lange, dass einige Kinder zu kichern begannen. Herr Stettler seufzte.

"Berta, komm bitte her und korrigiere die Rechtschreibfehler deines Bruders." Berta kam nach vorne, strich Buolfs Fehler aus und korrigierte sie in ihrer sauberen Schrift.

"Danke, du kannst dich wieder setzen. Nun Buolf, schreibe den Satz noch einmal, diesmal richtig, und wiederhole ihn dann hundertmal."

Um halb vier läutete die Glocke das Ende des Schultages ein. Die Kinder gingen geordnet nach draußen und Buolf folgte ihnen.

"Nicht du Buolf, du hast deine hundert Zeilen noch nicht fertig."

"Aber Herr Lehrer, ich werde zu spät zur Arbeit kommen!"

"Ich gebe dir einen Zettel für deinen Vorgesetzten mit."

Buolf begann schnell zu schreiben. Er machte sich keine Sorgen um Herrn Häberlin, sondern eher um die Prügel, die ihm sein Vater verpassen würde, wenn er am Ende der Woche den geringeren Verdienst bemerkte.

*****

Das neue Schuljahr hatte Veränderungen in der Fabrik mit sich gebracht. Bartli war zu Ramberts gewechselt, einer neuen

Zündholzfabrik, die in Wengi eröffnet worden war. Da sie keinen erfahrenen Tunker finden konnten, hatten sie Bartli eine beträchtliche Gehaltserhöhung angeboten, wenn er für sie arbeiten würde. Bartli hatte sofort zugesagt. Er sparte sogar eine Viertelstunde Fußweg zur Arbeit.

Herr Lauber bot Anton Bartli alte Stelle als Tunker an. Zuerst war Anton begeistert, denn das bedeutete auch eine Lohnerhöhung. Dann erfuhr er, dass Chasper sein Assistent werden sollte.

Chasper hatte sich bereits im Verpackungsraum unbeliebt gemacht, wo seine Arbeit zumindest unverantwortlich war. Er fand es lustig, die Zündhölzer absichtlich aneinander zu reiben, um ein kleines Feuer zu entfachen. Einmal zündete er absichtlich einige Schachteln an und warf sie dann auf den Boden neben die spielenden Kleinkinder. Die Mütter brachten ihn fast um. Aufgeregt marschierten sie mit ihm in das Büro von Direktor Lauber und meldeten sein Vergehen. Zehn Minuten später kehrte Chasper schmunzelnd an seinen Arbeitsplatz zurück. Niemand verstand, warum er nicht auf der Stelle entlassen worden war. Kleinere Vergehen hatten mit dem Verlust des Arbeitsplatzes geendet.

"Und jetzt hab *ich* ihn am Hals", sagte Anton zu Hause zu Regina. "Er ist ein absoluter Löli und *das* in der Teufelsküche. Da ist ein Unfall doch sicher!"

Regina dachte darüber nach, was Anton ihr gesagt hatte, aber ihr fiel keine befriedigende Lösung ein. "Es hat wohl keinen Sinn, mit Herrn Lauber zu sprechen. Mit Rücktritt drohen..."

"Wohl kaum! Er wird mir auch keine andere Stelle geben. Ich würde es ihm sogar zutrauen, dass er dafür sorgt, dass ich nirgendwo anders Arbeit finde, so wie er es mit Fechtig Bert gemacht hat."

"Das ist ungerecht, du hast schon lange auf diese Stelle gewartet."

"Ich weiß. Aber es ist gefährlich, und ich kann Chasper nicht die ganze Zeit im Auge behalten."
"Warum in aller Welt wurde er nicht entlassen? Er muss irgendeinen Einfluss auf Lauber haben... Ich habe Gerüchte gehört, dass der ein Rockjäger ist. Vielleicht hat Chasper etwas gesehen."
"Was auch immer der Grund ist, es hilft mir nicht weiter. Hoffentlich wird bald eine neue Fabrik eröffnet, die einen Tunker sucht."

*****

Anton begann, Chasper jeden Tag die Sicherheitsregeln zu erklären und ihn sie wiederholen zu lassen.
"Das ist kein Spaß", sagte Anton zum x-ten Mal. "Du könntest sterben oder noch schlimmer, den Rest deines Lebens schwer verletzt verbringen."
Chasper, vierzehn Jahre alt und ein Herumtreiber, versprach vorsichtig zu sein, und anfangs schien er Antons Warnungen ernst zu nehmen. Anton entspannte sich ein wenig und dachte darüber nach, für eine Kuh zu sparen.
Regina arbeitete wieder an der Verpackungsstation und Josef an den Rahmen. Sie vereinbarte mit Anton, dass sie täglich um vier Uhr aufhörte und mit Josef nach Hause ging. Dort hatte sie genug zu tun, sie machte ihren Käse, kümmerte sich um den Gemüsegarten und legte Lebensmittel für den Winter ein. Josef konnte ihr zu Hause helfen, das war besser als in der Fabrik. Nur donnerstags war es anders. Donnerstags verkaufte Regina ihren Käse auf dem Wochenmarkt und arbeitete dann mit Josef von eins bis sieben in der Fabrik.
Mina blieb bei Margot. Margot hatte darum gebeten, sich um sie zu kümmern. Sie war nach ihrer Fehlgeburt nicht mehr schwanger geworden und erzählte Anton, dass Mina ihre Tage verschönerte.

"Nur bis sie in die Schule kommt", flehte Margot. "Ich werde ihr das Nähen beibringen."

"Wenn du dir wirklich sicher bist", antwortete Anton. "Regina kann sie um halb fünf auf dem Heimweg abholen."

*****

Die Berggipfel waren nicht zu sehen, und ein heftiger Wind fegte von Westen her wilde Schneeflocken den Hang hinunter. Regina kämpfte damit, das Scheunentor zu schließen, wobei sie ihr ganzes Gewicht einsetzte. Sie zitterte vor Anstrengung, als sie den schweren hölzernen Riegel in die richtige Position schob, während der Wind durch jede Ritze im Holz zerrte und entschlossen war, das Tor wieder aufzureißen. Als sie es endlich geschafft und sich vergewissert hatte, dass das Vieh drinnen sicher war, ging sie nach unten und legte ein weiteres Holzscheit aufs Feuer. Der Wind pfiff durch den Schornstein und ließ Funken in die Wohnräume sprühen. Sie beeilte sich, den Feuerschutz anzubringen.

Sie sah Mina und Josef zu, die am Tisch Baumnüsse knackten, und hoffte, dass Jakob und Anton bald heimkommen würden. Obwohl sie es nie zugeben würde, nicht einmal sich selbst gegenüber, hatte sie ihre neue Familie liebgewonnen.

Die beiden kamen gemeinsam zu Hause an. Es war schon spät, und sie waren voller Schnee. Sie schüttelten ihn auf der Veranda von ihren Kleidern, betraten die Wohnräume und eilten direkt zum Feuer. Regina stellte einen dampfenden Eintopf auf den Tisch.

"Na kommt schon", sagte sie mit ihrer gewohnt rauen Stimme. "Setzt euch hin und esst, das Essen wird euch aufwärmen."

Am nächsten Morgen hatte es aufgehört zu schneien und der Wind ließ nach. Jakob machte sich mit seinem Vater auf den Weg zur Fabrik.

"Wenn wir einen Schlitten wie Ferdinand hätten, könnten wir viel schneller zur Arbeit kommen", meinte Jakob.
"Willst du mehr arbeiten?", fragte Anton.
"*Nein!* Aber wir könnten länger schlafen."
"Wie wäre es, den Schlitten nach der Arbeit wieder bergauf zu ziehen?"
"Das würde mich nicht stören", behauptete Jakob.

*****

Die Fabrikglocke läutete um halb neun und die schulpflichtigen Kinder sprangen auf und rannten nach draußen. Es war manchmal eine hektische Hetze die Hügel hinauf und hinunter, um pünktlich um neun Uhr in der Schule zu sein. Eine direkte Verbindung zur Schule betrug nur knapp eine viertel Wegstunde, aber wegen eines tiefen Grabens auf dem Weg, brauchten sie gut dreißig Minuten. Wenn wie heute Schnee lag und sie teilweise bis zu den Oberschenkeln durch Verwehungen waten mussten, dauerte der Weg noch viel länger. Die Kinder konnten diese steile Kluft umgehen und stattdessen über den unteren Graben laufen. Der war viel leichter zu passieren, jedoch lawinengefährdet. Aus diesem Grund verboten die Eltern ihren Kindern, im Winter den unteren Graben zu überqueren, auch wenn sie dadurch zu spät zur Schule kamen.

Jakob und Berta hielten sich an den oberen Graben, aber da sie wussten, dass sie eine gute Ausrede hatten, wenn sie zu spät kamen, machten sie auf dem Schulweg eine Schneeballschlacht. Diese heimlichen zehn Minuten waren oft die einzige Spielzeit, die sie je hatten.

Jakob war müde. Herr Stettler klopfte mit seinem Stock auf Jakobs Schreibtisch und ermahnte ihn.
"Setz dich auf, Jakob, und pass auf!"
Jakob setzte sich aufrecht hin und fragte sich einen Moment

lang, wo er war. Er bemerkte, dass Utz *wieder* nicht neben ihm saß. Er war fast neidisch darauf, dass Utz in den Spissen wohnte, er kam im Winter kaum in die Schule. Er überlegte sich, was er wohl machen würde, wenn er nicht mehr zur Schule gehen müsste, und stellte mit Schrecken fest, dass er einfach länger in der Zündholzfabrik arbeiten müsste. Das ließ ihn aufrechter sitzen und aufpassen. Das Letzte, was er als Erwachsener tun wollte, war in der Fabrik zu arbeiten.

Die Schule ging zu Ende und Jakob, Berta und die anderen Fabrikkinder liefen wieder nach Kandermatt. Die übrigen Kinder lachten fröhlich und spielten auf dem Rückweg. Die Sonne war herausgekommen, und von den Bäumen tropfte unaufhörlich Schneeschmelze von den Ästen. Buolf lief voraus, versteckte sich hinter einem Baum und wartete, bis seine Schwester Berta ahnungslos mit Jakob vorbeikam. Er rüttelte am Baum und sie kreischten, als ein eisiger Schauer sie von oben bis unten durchnässte.

"Buolf! Warte nur ... das war *nicht* lustig!", schrie Berta ihn an. Sie raste hinter ihren Bruder her, der schon im Wald verschwunden war.

"So ein Trottel!", murmelte Jakob und folgte ihnen.

*****

Nach einem, aus seiner Sicht, anstrengenden und ziemlich miesen Tag war Jakob froh, dass es endlich sieben Uhr war. Er wollte nur noch nach Hause, essen und schlafen. Er ging los, um seinen Vater zu suchen.

"Ich bin spät dran ... schon wieder. In letzter Zeit scheint alles doppelt so lange zu dauern." sagte Anton zu Jakob und blickte Chasper bedeutungsvoll an. "Geh ohne mich weiter. Nimm die Laterne und sag deiner Mutter, dass ich gleich komme."

Jakob nahm die Laterne und ging nach draußen, wo Berta wartete. Jakob sah sie fragend an.

"Ich warte auf Buolf; er hat die Laterne." erklärte Berta.

"Nun, er ist nicht drinnen, niemand ist noch da, nur Papa und Chasper."

"Oh", Berta stampfte mit dem Fuß auf, "er muss ohne mich nach Hause gegangen sein. Er ist ein fieser Mistkerl! Er weiß, dass er mich mit dem Licht nach Hause begleiten soll."

Jakob hob die Augenbrauen; er hatte Berta noch nie so reden hören. Aber sie hatte recht, Buolf war ein Hirni, dümmer als der Stamm einer 500 Jahre alten Eiche.

"Wir können zusammengehen", bot Jakob an. "Papa hat mir seine Laterne gegeben."

"Aber es wäre ein Umweg für dich ..."

"Kein großer, außerdem habe ich Kopfschmerzen, ich könnte etwas frische Luft gebrauchen."

Der Vollmond spiegelte sich wie weiße, schillernde Juwelen auf dem elfenbeinfarbenen Schnee. Die Luft war frisch, alles unter ihnen war gefroren, und Jakob und Berta knirschten mit ihren Stiefeln durch den vereisten Boden. Alles andere war still.

"Schau!" Berta lachte und deutete auf ihren Atem, der im Dunkeln grün leuchtete. Jakob kicherte und machte es ihr nach. Sie versuchten beide, mit ihrem grün leuchtenden Atem Figuren zu zaubern.

"Das ist Buolf!", rief Berta und zeigte auf eine formlose Kreation vor ihr, die zum Himmel schwebte, bevor sie sich auflöste.

"Und das ist Herr Häberlin." entgegnete Jakob, stieß einen kurzen Lufthauch aus und jagte die beiden den Hügel hinauf.

In den Fabriken wurde mit großen Mengen hochgiftigen weißen Phosphors gearbeitet. Die Arbeiter atmeten die mit Phosphordampf gesättigte Luft ein, ihre Kleidung war mit dem Gift durchdrungen, ihr Atem leuchtete in der Dunkelheit.

Jakob brachte Berta nach Hause und lief dann die Strecke bis zur Abzweigung zu seinem eigenen Haus zurück. Seine schlechte Laune war wie weggeblasen und seine Kopfschmerzen waren verschwunden. Als er zu Hause ankam, war er überrascht, seinen Vater auf der Veranda auf und ab gehen zu sehen. Sobald Anton Jakob erblickte, stürmte er die Treppe hinunter und zog ihn am Arm mit Gewalt auf die Laube.

"Wo in Gottes Namen bist du gewesen? Ich habe dir gesagt, du sollst sofort nach Hause kommen, wir haben uns große Sorgen gemacht!"

Jakob war erschrocken. Sein Vater hatte ihn noch nie so angeschrien.

"W-warum? Ich habe Berta nach Hause gebracht, Buolf hat die Laterne ohne sie genommen ... Ich bin nicht *so* spät dran. Ich dachte, *du* machst Überstunden." Jakob brach in Tränen aus. Das war einfach zu viel für ihn nach dem schlimmen Tag. Seine Kopfschmerzen kehrten mit einem stechenden Pochen zurück.

Anton schämte sich plötzlich für sich selbst. Er kniete sich zu Jakob hin und umarmte ihn. "Es tut mir leid, Junge, es tut mir leid. Ich habe mir solche Sorgen gemacht. Herr Häberlin ist in die Fabrik gekommen, um uns nach Hause zu schicken. Am unteren Graben ist eine Lawine abgegangen, Menschen werden vermisst. Ich bin gleich nach Hause gekommen und als du nicht da warst, da..."

"Du musst mich überholt haben, als ich Berta zurückbrachte."

"Ich dachte, du hättest die Abkürzung durch den unteren Graben genommen."

"Du hast uns gesagt, wir sollen da nicht lang."

"Ja, ich weiß. Es tut mir leid."

"Es ist in Ordnung, Papa. Können wir jetzt ins Haus gehen, ich habe Hunger?"

"Ja, ja, natürlich, lass uns reingehen."

Sie aßen und Jakob bat darum, an diesem Abend von der weiteren Arbeit freigestellt zu werden.

"Darf ich ins Bett gehen, bitte? Ich bin so müde." fragte er Regina.

Regina schaute zu Anton, der nickte. "Ja, lasst uns heute alle früh schlafen gehen, wir hatten genug Aufregung für einen Tag."

Kaum hatten sie sich hingelegt, klopfte es laut an der Tür. Hermann öffnete Linus Gehring, ihrem Nachbarn, die Tür.

"Es tut mir leid, dass ich euch störe", sagte er, "aber ich dachte, ihr solltet es wissen, er ist euer Nachbar und auch unserer. Es geht um Sattler Eriks Sohn Rolf. Sie haben seine Leiche aus der Lawine geborgen, er ist tot."

Jakob setzte sich auf seiner Matratze auf. "Rolf? Das kann nicht sein, ich habe ihn heute Morgen in der Schule gesehen!"

"Ich weiß, Junge, es tut mir leid. Deshalb bin ich gekommen, um es dir zu sagen, damit du es morgen nicht von den anderen Schulkindern hörst."

"Aber ... er wollte mit Ferdinand Schlitten fahren ... und außerdem wollte er nicht über den unteren Graben ... er ist vernünftig. Deshalb ist er ja auch Schulsprecher!"

"Ich fürchte, es stimmt, Jakob. Sein jüngerer Bruder, Urs, war bei ihm. Den haben sie lebend rausgeholt, obwohl beide Beine gebrochen sind, Dr. Köfeli ist jetzt bei ihnen zu Hause."

Jakob stand auf. "Ich verstehe das nicht", sagte er. "Rolf war heute Morgen noch völlig in Ordnung. Was ist mit Ferdinand? Und Hari? Hari wollte auch rodeln gehen."

"Sie sind beide sicher zu Hause", versicherte ihm Linus. "Niemand sonst wird vermisst."

Keiner konnte schlafen, und am nächsten Morgen sagte Anton zu Jakob, dass er an diesem Tag nicht in der Fabrik arbeiten müsse. Er musste aber trotzdem in die Schule gehen. In der Klasse sprachen alle leise und flüsternd, einige Kinder weinten. Herr Stettler führte die Klasse in die Kirche, wo Pfarrer Moser einen Gottesdienst für Rolf hielt und auch für Urs gebetet wurde. Er hatte hohes Fieber und es war nicht sicher, ob er sich erholen würde. Nach dem Gottesdienst schickte Herr Stettler die Kinder nach Hause. Jakob hielt er zurück.

"Du wohnst am nächsten bei Urs", sagte er. "Nimm dieses Buch und lies ihm vor, das wird ihn zumindest ablenken."

"Ja, Herr Lehrer", antwortete Jakob gehorsam und nahm das Buch. Es trug den Titel "Die drei Musketiere" von Alexandre Dumas. Er fragte sich, ob seine Eltern ihm für die nächsten Wochen erlauben würden, nach dem Abendessen keine Zündholzschachteln zu machen. Sonst konnte er Urs nur am Sonntagnachmittag besuchen, er hatte keine andere freie Zeit. Auf dem Heimweg ging er bei ihm vorbei und brachte das Buch mit. Urs lag im Bett im Delirium, seine Mutter weinte. Jakob verschwand schnell und sagte, er werde wieder zu Besuch kommen.

Urs' Fieber wütete fünf Tage lang. Dr. Köfeli wusste nicht, ob er überleben würde, und Pfarrer Moser wurde gerufen. Am fünften Tag war der Höhepunkt überschritten und Urs blieb am Leben. Bleich wie ein Wintermorgen und ausgelaugt wie ein ausgewrungenes Geschirrtuch lag er flach auf dem Rücken, beide Beine bis zur Leiste geschient. Er sollte drei Wochen lang so im Bett liegen, sagte der Arzt. Er musste sogar eine Bettpfanne benutzen, um sich zu erleichtern. Nach drei Wochen würde man ihm ein Kissen erlauben, um sich ein wenig aufzurichten... falls die Beine gut verheilten. Dann musste er mindestens weitere drei Wochen im Bett bleiben.

Schlimmer als der körperliche Schaden war der Verlust seines Bruders. Es gab bloß die beiden in der Familie, und sie waren nicht nur Geschwister, sondern beste Freunde gewesen. Jakob war nicht wirklich Urs' Freund, er war fast vier Jahre jünger, aber niemand sonst kam mehr als ein- oder zweimal, und das Buch war wirklich spannend. Urs' Mutter konnte nicht lesen und sein Vater hatte sich seit Rolfs Tod in seinen Arbeitsschuppen zurückgezogen. Deshalb freute er sich auf Jakobs Besuche. Der konnte zwar nicht besonders gut lesen, aber wenigstens stellte er nicht dauernd dumme Fragen, und während er da war, konnte Urs den Unfall für eine Weile vergessen.

Ferdinand besuchte ihn einmal, weil seine Mutter gesagt hatte, er müsse es tun, es sei anständig. Hari begleitete ihn, aber die beiden hielten es nicht lange bei Urs aus. Sie fühlten sich unwohl mit dem Kranken und die Bettpfanne roch schlecht. Jakob kam am Abend desselben Tages, sein Vater hatte ihn von der Nachmittagsarbeit befreit, bis Urs wieder gesund war. Er freute sich, denn das Buch war spannend und er konnte es kaum erwarten, es weiterzulesen. Urs war schlecht gelaunt.

"Es war alles ihre Schuld!", erklärte er bei Jakobs Ankunft.

"Wessen Schuld und woran?", fragte Jakob.

"Ferdinand und Haris ... na ja, eher Haris. Der Unfall! Ferdinand ist nach Hause gegangen und Hari hat ihn überredet, uns seinen Schlitten zu leihen, damit wir weiterspielen könnten. Rolf sagte ‚nur noch einmal', weil es schon dunkel wurde, aber am Ende war es dreimal und längst dunkel. Rolf machte sich Sorgen um den Heimweg und Hari überredete ihn, die Abkürzung zu nehmen. Er sagte, die Gefahr wär' übertrieben. Den Rest kennst du ja."

"Aber heißt das, Hari war mit dir im unteren Graben?"

"Ja, natürlich!"

"Das hat aber niemand gesagt! Er hat keine Hilfe geholt, es war Herr Brotz, der Alarm geschlagen hat. Regula hat den Lawinenabgang gesehen und ist nach Hause gelaufen, um es ihm zu sagen."

"Das macht jetzt auch keinen Unterschied mehr", schmollte Urs.

Jakob bemerkte, dass Urs kurz vor dem Weinen war und begann schnell zu lesen.

Zu Hause erzählte Jakob Anton und Regina, was Urs ihm berichtet hat.

"Nach so einem schrecklichen Verlust ist es nur natürlich, dass der Junge jemanden sucht, dem er die Schuld geben kann." antwortete Anton. "Aber selbst wenn die Geschichte wahr ist, hätten sie nein sagen können. Hari konnte sie nicht zwingen, die Abkürzung zu nehmen."

"Aber er hätte doch Hilfe holen können!" Jakob war entrüstet. Seitdem er die ersten Kapitel von "Die drei Musketiere" gelesen hatte, war er nun ein Experte für Ungerechtigkeiten und ehrenhaftes Verhalten.

"Es hätte keinen Unterschied gemacht", antwortete Anton. "Die Lawine konnte niemand aufhalten und der Schaden war bereits angerichtet."

Als sie am nächsten Tag nach der Arbeit auf dem Weg zur Schule waren, erzählte Jakob es Berta. Er hatte ihr auch schon alles über das Buch im Detail erzählt.

"Lasst uns eine Bande wie die Musketiere gründen und die Opfer von Unrecht rächen", schlug Berta vor.

"Das ist eine gute Idee!", erwiderte Jakob. "Ich werde es Urs heute Abend vorschlagen."

Urs ging es besser. Er war jung und seine Knochen heilten schnell. Als Dr. Köfeli ihm die Schiene abnahm, schaute Urs auf seine dürren Beine. Er erkannte sie nicht wieder, so dünn und schlaksig waren sie. Als er aufzustehen versuchte, schoss ein heftiger Schmerz durch ihn hindurch. Es wurde ihm schwarz vor Augen. Er kippte nach vorne um und hätte sich vielleicht die Nase gebrochen, wenn nicht der Arzt und seine Mutter da gewesen wären, um ihn aufzufangen. Aber er versuchte es wieder und wieder und wieder, unermüdlich. Nach weiteren sechs Wochen hatten sich seine Muskeln gestärkt, und er war fast wieder ganz der Alte. Er bat seinen Vater, aus seinen Schienen vier Holzschwerter anzufertigen, und sein Vater war so glücklich, ihn wieder gesund zu sehen, dass er es tat.

Es war in der Woche vor Weihnachten, als die vier neuen Freunde Urs, Jakob, Berta und Josef, nun bewaffnet mit vier stumpfen Holzschwertern, einander die Treue schworen. Sie hoben ihre neuen Schwerter, kreuzten sie und schworen sich ewige Freundschaft. Sie sprachen alle zusammen. "Alle für einen und einer für alle, vereint stehen wir, geteilt fallen wir."

Jetzt mussten sie nur noch auf ein passendes Abenteuer warten.

14

1854

Eines Tages im Januar schlenderte Herr Lauber durch die Verpackungsstation. Regina hatte den Eindruck, dass er die Frauen von oben bis unten musterte, aber sie war sich nicht sicher. Erst als er bei Annelis Arbeitsplatz stehen blieb.
"Kommen Sie hoch in mein Büro, Frau ... Ebner, glaube ich."
Anneli wischte sich eilig die Hände an der Schürze ab: "Ja, Herr." Sie eilte ihm hinterher, nur einmal mit einem Achselzucken zu Regina zurückblickend.
Zehn Minuten später kehrte sie mit gerötetem Gesicht zurück und nahm ihre Position wieder ein.
"Seine Frau ist verreist", flüsterte sie Regina zu. "Er hat mich gefragt, ob ich den Haushalt übernehmen würde, bis sie zurückkommt."
"Was hast du geantwortet?"
"Ja, natürlich! Die Bezahlung ist besser. Ich fange morgen an."
"Nun, pass auf dich auf, du weißt ja, was man sagt."
"Ja, mach dir keine Sorgen. Ich bin neunzehn Jahre alt! Außerdem ist die Köchin noch da und das Dienstmädchen."

"Was sollst du dann tun?"

"Ein bisschen putzen, hat er gesagt. Kann ja nicht so schlimm sein, Ramun ist ja im Internat."

"Dann viel Glück."

Regina hatte damit gerechnet, Anneli einige Wochen lang nicht zu sehen, aber zwei Tage später war sie wieder bei der Arbeit. Sie war wortkarg und vermied es, Regina anzuschauen. In der Ein-Uhr-Pause aßen sie gemeinsam zu Mittag und Regina beschloss, dass es besser wäre, nicht zu fragen. Anneli würde ihr schon erzählen, was passiert war, wenn sie dazu bereit war.

Sie brauchte nicht lange zu warten. Nachdem Anneli zehn Minuten lang schweigend auf ihrem Essen herumgekaut hatte, vergewisserte sie sich, dass niemand sie beobachtete, und zog dann die langen Ärmel ihres Kleides zurück, so dass an jedem ihrer Handgelenke ein tief violett-schwarzer Bluterguss zum Vorschein kam.

Regina keuchte und hätte fast einen Schrei ausgestoßen. Anneli legte eine Hand auf Reginas Mund, um ihn gerade noch rechtzeitig zu unterdrücken. "Sssh!", sagte Anneli. "Er hat gesagt, wenn ich das jemandem erzähle, dann schmeißt er mich raus und sorgt dafür, dass ich auch nirgendwo anders Arbeit bekomme."

"Oh mein Gott!" Regina fluchte heftig, was für sie ungewöhnlich war. "Was hat er getan? Hat er ... ich meine ..."

"Nein!", erwiderte Anneli heftig. "Obwohl er... er... es versucht hat." Sie stieß einen Schluchzer aus und ihre Kollegen sahen zu ihnen herüber. "Ich erzähle es dir später", sagte Anneli und eilte zurück an ihren Arbeitsplatz.

Um vier Uhr holte Regina Josef ab, und sie machten sich auf den Heimweg. Sie war überzeugt, dass der Direktor die arme Anneli ausgenutzt hatte und empörte sich darüber. Das arme Mädchen schämte sich zu sehr, um darüber zu reden, dachte sie, als ob es ihre Schuld wäre! Als sie Mina abholte, hätte sie gerne mit Margot über die Ungerechtigkeit des Ganzen gesprochen, aber sie wollte Annelis Vertrauen nicht aufs Spiel setzen. Falls etwas passiert *war*, wollte sie bestimmt nicht, dass jeder davon erfuhr.

*****

Der Februar kam und Jakobs Ziegenmutter Maisie überraschte alle mit Zwillingen. Eines davon war ein Weibchen, und Jakob beschloss, es zu behalten. Die wohlhabenden Leute in der Schweiz, vor allem in den Städten, aßen am Ostersonntag traditionell Ziegenbraten. In der Woche vor Ostern ging Jakob mit Regina auf den Wochenmarkt und verkaufte das männliche Zicklein für sieben Franken. Er war überglücklich.

Er ging geradewegs zum Lädchen von Herrn Brotz, die Münzen klirrten in seiner Tasche. Er betrachtete die Lutscher im Schaufenster und bewunderte das Schild, das in großen schwarz-goldenen Lettern über der Tür prangte: **BROTZ KOLONIALWAREN**. Dann öffnete er zum ersten Mal in seinem Leben die Tür und betrat das dunkle Innere. Die älteste Tochter von Herrn Brotz, Magdalena, stand hinter dem Tresen und bediente Frau Siebold, die Frau des Landrats. Gertrud und Regula, die beiden jüngeren Töchter, die er aus der Schule kannte, waren nicht zu sehen. Seine Frau Johanna saß an einem separaten Schalter für Postzustellungen und Telegramme. Während Frau Siebold ihren Einkauf erledigte, wartete er geduldig und betrachtete all die bunten Dosen, die sich in den Regalen bis unter die Decke stapelten. Unbekannte exotische Düfte stiegen ihm in die Nase, und er staunte.

Frau Siebold ging und Jakob kaufte fünf Lutscher, einen für jeden Musketier und einen für Mina, die sie für zu jung hielten, um zu ihrer Gruppe zu gehören. Er wählte fünf verschiedene Geschmacksrichtungen aus, damit sie alle voneinander kosten könnten, und zahlte Magdalena 25 Rappen. Sie packte die Lutscher in eine braune Papiertüte und er beeilte sich, zur Schule zu kommen, um vor neun Uhr dort zu sein.

Er schaffte es gerade noch, bevor die Glocke läutete, und setzte sich schnell hin. Er stellte die braune Papiertüte auf den Boden neben seiner Bank und legte seine Schiefertafel auf sein Pult, fest entschlossen, sich an diesem Tag zu konzentrieren. Er stellte sich vor, wie es wäre, einen gut bezahlten Job wie Herr Siebold zu haben und so viele Lutscher kaufen zu können, wie er wollte, und vielleicht auch noch Kakaopulver!

Herr Stettler rief Jakob an die Tafel und ließ ihn einige Aufgaben rechnen. Er machte sie alle richtig und freute sich über das Lob des Lehrers, als er zu seinem Platz zurückkehrte. In der Mittagspause standen die Kinder Schlange und warteten auf eine kleine Flasche Milch und einen Apfel. Plötzlich bemerkte Jakob, dass seine braune Papiertüte fehlte. Er stieß einen Schrei des Entsetzens aus.

"Jakob, benimm dich! Was ist denn in dich gefahren?" Herr Stettler tadelte ihn.

"Aber Herr! Ich hatte eine Tüte neben meinem Sitz, jemand hat sie gestohlen!"

"Das ist eine sehr ernste Anschuldigung, Jakob. Niemand hat den Raum verlassen, wir werden nachsehen, ob du deine Tüte verlegt hast." Herr Stettler hörte auf, die Milch zu verteilen und bat die Kinder, eine Papiertüte zu suchen. Regula erkannte die Tüte sofort. Sie lag im hinteren Teil des Klassenzimmers auf dem Boden, zerknittert und zerdrückt, als hätte jemand darauf herumgetrampelt. Sie hob sie auf und reichte sie Herrn Stettler. Herr Stettler gab sie Jakob.

"Gehört das dir?", fragte er.

Jakob öffnete die Tüte, um hineinzuschauen. und Tränen traten ihm in die Augen. Die Lutscher waren in viele Scherben zerbrochen, nicht einer war ganz geblieben. "Ja, Herr Lehrer", stammelte er.

"Nun, sei in Zukunft vorsichtig mit Anschuldigungen."
"Aber Herr Lehrer, die Tasche ist doch nicht von alleine von meinem Platz nach hinten in den Raum gelaufen!", protestierte Jakob und die Kinder kicherten.
"Genug! Komm an die Tafel und schreibe zwanzig Mal, *ich soll nicht widersprechen*. Du wirst heute auf deinen Apfel und deine Milch verzichten."

*****

Helga nörgelte ständig an Heinz herum, weil sie zu wenig Geld hatten.
"Wie sollen wir es uns leisten können, Hari ins Internat zu schicken, wenn wir nicht einmal genug besitzen, um ihm eine schicke Winterjacke zu kaufen, wie sie alle anderen Jungen haben?"
"Nicht *alle* Jungen sind schick gekleidet, sondern nur einige wenige."
"Aber du willst doch nicht, dass Hari hier herumläuft wie das Gesindel. Als Nächstes verlangst du noch, dass *ich* arbeite wie ein gewöhnliches Fischweib!"
Heinz hatte nach dem Vorfall im Sägewerk und dem Fiasko im Goldenen Ochsen beschlossen, ehrlich zu bleiben. Aber Helgas Nörgelei ließ ihm keine Ruhe. Er begann, im Steinbruch Schiefer zu verkaufen und "vergaß", dies in den Büchern zu vermerken.
Xaver, der Besitzer, hatte einen kranken Rücken, aber einen gesunden Geist. Er wunderte sich, dass der Umsatz so gering war, jedoch die übliche Menge an Schiefer aus dem Lagerbestand genommen wurde. Er passte genau auf und fand bald heraus, was Heinz tat. Er entließ ihn auf der Stelle.
Fridolin erzählte seinen Saufkumpanen im Goldenen Ochsen, Heinz sei beim Stehlen erwischt worden. Waren die

Gerüchte nach dem Verlust seines Arbeitsplatzes im Sägewerk noch auf Skepsis gestoßen, so zerstörten diese zusätzlichen Gerüchte Heinz' Ruf gänzlich.

Die Leute fingen an, Heinz zu meiden. Hari litt darunter, vor allem wenn Ferdinand Ausreden fand, um nicht mit ihm zu spielen. Niemand sprach offen über die Diebstähle, aber Hari hörte das Getuschel hinter seinem Rücken und brannte vor Scham. Er begann, mit Buolf, Chasper und Utz von den Spissen herumzuhängen.

*****

Als die ersten Fabriken im Kandertal eröffnet wurden, fanden die Zündhölzer zunächst guten Absatz. Die Nachfrage war groß, das Angebot noch klein. Dies änderte sich mit der wachsenden Zahl konkurrierender Fabriken. Die Hersteller unterboten sich gegenseitig und der Verkaufspreis deckte kaum noch die Produktionskosten. Aus diesem Grund wurden einige Fabriken immer wieder vorübergehend geschlossen. Die meisten Fabriken konnten sich nur knapp über Wasser halten und viele mussten Konkurs anmelden. Die Eigentümer oder Pächter wechselten häufig aufgrund der Überschuldung der vorherigen.

Für die Arbeitnehmer, die auf ihren Arbeitsplatz angewiesen waren und während der Schließung kein Einkommen hatten, war dies eine Katastrophe. Es war ein Desaster für Menschen, die ständig am Rande des Elends lebten.

*****

Am Sonntagnachmittag, drei Tage nach dem Kauf der Lutscher, trafen Jakob und Josef Urs vor seinem Haus. Berta war schon da. Jakob öffnete seine Tüte mit den kaputten Lutschern, um sie ihnen zu zeigen, und jeder nahm sich ein Stück harten Zucker zum Lutschen.

"Es war nicht fair, dass du bestraft wurdest", bemitleidete Urs ihn.

"Sie muss geklaut worden sein, als du vorne zum Rechnen warst. Ich wette, es war Hari!", fügte Berta hinzu.

"Hast du ihn gesehen?", fragte Jakob hoffnungsvoll.

"Nein, ich habe nicht hingeguckt. Tut mir leid."

"Hari bekommt viele Süßigkeiten", sagte Josef. "Er gibt immer vor uns damit an."

"Er könnte die Tasche aber auch zu Buolf geworfen haben, als niemand hinsah."

"Hmm. Aber warum sie kaputt machen?"

"Vielleicht, um es mir zu verderben", sagte Jakob.

"Sie schmecken immer noch sehr gut, danke", sagte Urs.

"Ja, danke", wiederholten Berta und Josef.

Sie liefen am Ufer des Heitibachs bergauf und schwangen ihre Schwerter gegen lange Gräser.

"Was sollen wir heute machen?", fragte Urs. "Wir können Jakob nicht rächen, wenn wir nicht wissen, wer es getan hat."

"Lass uns über die Wiese zum Schlumpach laufen. Wer weiß, vielleicht finden wir unterwegs ein Abenteuer?", schlug Berta vor. Niemand hatte eine andere Idee, und so gingen sie über die Wiese oberhalb der neuen Zündholzfabrik Rambert, wo Bartli arbeitete.

"Seht da!", rief Berta dramatisch. "Auf den Bauch, versteckt euch!"

Die Jungen stürzten zu Boden und flüsterten Berta zu: "Wo? Was hast du gesehen?"

"Sssh, da drüben, schau! Was macht denn Ramun da?"

Die Kinder sahen Ramun im Gras kauern und um die Fabrik herumschleichen. Urs lachte: "Der Typ langweilt sich!", sagte er. "Er hat hier keine Freunde, die sind alle in seinem schicken Internat."

"Wartet!", befahl Berta. "Er führt etwas im Schilde. Man schleicht doch sonst nicht so herum. Schau ... da! Er sieht nach, ob ihn jemand beobachtet."
Die Kinder spähten zwischen den langen Gräsern hindurch.
"Du hast recht", stimmte Jakob zu. "Es sieht wirklich verdächtig aus."
Sie schauten weiter genau zu ihm hin. Ramun legte kleine Bündel von etwas, das wie Heu aussah, um das Gebäude herum. Dann zündete er ein Zündholz an und lief um die Fabrik herum, und zündete die Bündel an. Innerhalb von Sekunden leckten die Flammen an den Wänden hoch und Ramun sprintete in Richtung Kandermatt davon.
Die Kinder sahen sich gegenseitig entsetzt und fassungslos an. Berta erholte sich am schnellsten.
"Ist jemand im Gebäude?", fragte sie.
"Nein, es ist Sonntag", antwortete Jakob. "Es wird niemand da sein." Die Flammen schlugen bereits hoch und schwarzer Rauch stieg in den Himmel.
"Schnell, wir müssen zu Königs laufen, die sind am nächsten, die wissen, was zu tun ist."
Die Kinder rannten den Hügel hinunter und hämmerten an die Tür der Familie König. Frau König bat sie hinein und sie und ihr Mann hörten, wie sie hastig alle durcheinander riefen: "Feuer... Ramberts!"
Königs besaßen eine Fabrik zur Herstellung von Schachteln speziell für Zündhölzer. Sie lag weit außerhalb des Städtchens, und das Verpackungsmaterial für die Verarbeitung von Sperrholzkisten machte sie anfällig für Brände. Aus diesem Grund besaß Herr König ein Jagdhorn, mit dem er im Bedarfsfall die Feuerwehr rufen konnte. Er nahm es nun von seinem Haken an der Wand, lief nach draußen und blies mehrmals darauf. Es war so laut, dass die Wände des Hauses erzitterten.

Innerhalb weniger Minuten kam der erste Feuerwehrwagen in Sicht, der von mehreren Männern den Hügel hinaufgeschoben und gezogen wurde. Sie steckten den Feuerwehrschlauch in den Schlumpach und begannen, Wasser auf das brennende Fabrikgebäude zu pumpen. Jakob hörte, wie Herr König die Feuerwehr vor dem Phosphor warnte. Keiner wusste, ob er explodieren würde oder nicht.

Weitere Freiwillige kamen aus beiden Richtungen die Straße entlanggerannt, und auch weitere Feuerwehren trafen ein. Eine kam sogar aus Rybrügg. Das Feuer schien schon fast gelöscht, als es plötzlich eine große Explosion im Inneren des Gebäudes gab. Holz und Metall flogen hoch in den Himmel und alle Richtungen. Die Feuerwehrleute sprangen zurück, aber ein Mann wurde von einer langen Metallstange umgerissen. Jemand zog ihn aus der Gefahrenzone und ein anderer rannte los, um den Arzt zu holen.

Die Kinder schauten schweigend und ehrfürchtig aus dem sicheren Garten der Familie König zu. Auch der Einsatz mehrerer Feuerwehren konnte nicht verhindern, dass die Fabrik von Rambert bis auf die Grundmauern niederbrannte. Es gelang ihnen jedoch, das Feuer einzudämmen, so dass es sich nicht ausbreitete und keine anderen Gebäude in Mitleidenschaft gezogen wurden. Als der Arzt feststellte, dass der Feuerwehrmann nicht ernsthaft verletzt war, wurde das Manöver für erfolgreich beendet erklärt und die Leute konnten nach Hause gehen.

Frau König forderte die Kinder auf, ins Haus zu kommen und gab ihnen Tassen mit warmem Kakao und Kuchen.

"Wenn ihr Ärger mit euren Eltern bekommt, weil ihr zu spät nach Hause kommt", meinte sie, "sagt ihnen, dass ich sie morgen besuchen komme. Ihr habt das gut gemacht, ohne eure Vorwarnung wären vielleicht noch mehr Gebäude abgebrannt."

Die Kinder gingen gemeinsam nach Hause. Erst dann fiel ihnen ein, dass sie niemandem von Ramun erzählt hatten.
"Was sollen wir tun?", fragte Berta. "Wir können ihn doch nicht einfach so davonkommen lassen!"
"Wir könnten es August morgen in der Schule sagen." schlug Urs vor. "Frag ihn, ob er meint, wir sollten es seinem Vater melden oder nicht."
Die Kinder waren einverstanden.
August Strünzli war der Sohn des einzigen Gendarmen der Weißbrügg. Weder Vater noch Sohn waren die hellsten Köpfe im Dorf, aber sie waren gutmütig und wollten von ihren Mitbürgern gemocht werden, anstatt für ihre Härte berüchtigt zu sein. Augusts Vater wurde von den Dorfbewohnern liebevoll "Wursti" genannt.
Während der Schulpause traten Jakob, Berta und Urs zu August. Er stand allein auf dem Pausenplatz, aß ein belegtes Brot und freute sich sichtlich über die Aufmerksamkeit. Nachdem sie ihm die Ereignisse des Vortages erzählt hatten, zog der Neunjährige seine Schultern überlegen zurück.
"Das ist eine sehr ernste Angelegenheit." Seine Stimme nahm den Tonfall eines Erwachsenen an. "Ich werde meinem Vater davon berichten, sobald ich nach Hause komme, und ich bin sicher, dass er von euch allen eine Erklärung haben möchte."
"Berta und ich arbeiten in der Fabrik in Kandermatt, Josef auch", sagte Jakob zu August, obwohl er sicher war, dass der das schon wusste. "Kann dein Vater uns nach acht Uhr zu Hause besuchen?"
"Ich bin sicher, das lässt sich einrichten", antwortete August ernst.
Wachtmeister Strünzli kam und nahm von allen Kindern gewissenhaft die Aussagen auf. Er notierte alles mit einem stumpfen Bleistift auf einem linierten Notizbuchpapier und ließ sie die Aussage mit Datum unterschreiben.

"Wird Herr Lauber herausfinden, dass unsere Jungs eine Aussage gemacht haben?", fragte Anton beunruhigt. "Wir können es uns nicht leisten, unsere Arbeit zu verlieren."

Wachtmeister Strünzli kaute nachdenklich auf dem Ende seines Bleistiftes. "Normalerweise haben die Beschuldigten ein Recht darauf zu erfahren, wer eine Aussage gemacht hat", sagte er.

Anton und Regina sahen besorgt drein. Sie wollten nicht, dass Ramun ungestraft davonkam, aber sie durften auch nicht ihren Job verlieren.

"Dann muss ich als Vater von Jakob und Josef leider ihre Aussagen zurücknehmen", sagte Anton. Er blickte entschuldigend zu seinen Jungs. "Es tut mir leid, Jungs."

Auch Elsa, die Mutter von Berta, erlaubte ihr nicht, eine offizielle Aussage zu machen, obwohl sie die Aussagen der Jungen gegenüber Wachtmeister Strünzli bestätigte.

Wachtmeister Strünzli wusste, dass ein Fehlverhalten vorlag, aber ihm waren die Hände gebunden. Trotzdem suchte er Direktor Lauber auf, wenn auch nur mit der Aussage von Urs. Herr Lauber lud den Wachtmeister ins Haus ein und bot ihm ein kleines Schnäpschen an. Er stellte seine Frau und seinen Sohn vor und fragte erst dann, wie er ihm helfen könne.

Wachtmeister Strünzli legte Herrn Lauber den Fall dar und zeigte ihm die Aussage von Urs.

"Hmm ... Urs ... der Sohn von Sattler Erik, glaube ich. Schreckliche Sache mit der Lawine, hat seinen Bruder getötet und Urs wurde selbst schwer verletzt, wenn ich mich recht erinnere. Schreckliche Sache, in der Tat. Ich fürchte, es handelt sich um eine Verwechslung. Ramun war nämlich den ganzen Tag zu Hause."

"Den ganzen Sonntag, sind Sie sicher?"

"Nun, abgesehen von der Kirche, ja. Zweifeln Sie an meinem Wort?"

"Nein, Herr, aber Urs hat keinen Grund zu lügen. Ramun, kannst du bestätigen, dass du den ganzen Tag im Haus warst?"
"Den ganzen Nachmittag, ja, Herr Wachtmeister, ich hatte Hausaufgaben zu machen."
"Na also, ich hoffe, Sie sind zufrieden!"
"Ich tue nur meine Pflicht, Herr."
"Ja. Nun, ich muss jetzt selbst weiterarbeiten, also wenn es sonst nichts gibt?"

Wachtmeister Strünzli verabschiedete sich. Mit lediglich Urs' Wort gegen die gut vernetzte Familie Lauber würde es keine Chance auf eine Gerichtsverhandlung geben. Er sollte es den Kindern sagen. Manchmal war sein Job unbefriedigend.

*****

"Was in aller Welt hast du dir dabei gedacht?" Herr Lauber hob seinen Arm, um seinen Sohn zu schlagen, aber Ramun wich aus. Seine Mutter stieß einen kleinen Schrei aus.
"Ich wollte bloß helfen!", protestierte Ramun. "Du hast dich beschwert, dass die Ramberts dich unterbieten und das Geschäft ruinieren."

Herr Lauber ließ seinen Arm sinken. "Die erste Regel im Geschäftsleben lautet: Wenn du dich gezwungen fühlst, die Regeln zu brechen, dann sorge dafür, dass du nicht erwischt wirst. Du hättest deine Zukunft ruinieren können, wenn mehr Leute dich gesehen hätten. Geh jetzt in dein Zimmer, ich muss nachdenken."

*****

Auch die Familie Schneider war nicht gerade glücklich. Regina fühlte sich, als wäre sie ihr ganzes Leben lang unterdrückt worden. Sie hatte keine andere Lösung, als weiter für eine richtige Käserei zu sparen, doch als sie Anneli bei der Arbeit sah, beschloss sie, wenigstens zu versuchen, ihr zu helfen. Anneli hatte ihr Aussehen völlig vernachlässigt. Sie verrichtete Ihre Arbeit achtlos; immer öfter musste Regina einspringen und helfen. Das Schlimmste, was Regina am meisten Sorgen bereitete, war Annelis geistiger Zustand. Sie war nicht mehr das unbekümmerte, gut gelaunte Mädchen von vor dem Vergewaltigungsversuch. Ihr Blick war trübe und sie war ständig zittrig.

Zuerst hoffte Regina, dass die Zeit heilen würde, aber im Gegenteil, die Sache verschlimmerte sich. Wieder einmal brach an Annelis Arbeitsplatz ein kleines Feuer aus. Es war nichts Ernstes und Regina war in Sekundenschnelle zur Stelle, aber dieses Mal brach Anneli völlig zusammen.

"Ich gehe mit ihr ein paar Minuten nach draußen", sagte Regina zu ihrer Arbeitskollegin zur Linken. "Gib uns Deckung, falls jemand kommt."

Regina führte Anneli zum Bach hinunter und sie setzten sich hin. Sie ließ sie weinen und gab ihr ein sauberes Taschentuch.

"E... entschuldige", schluchzte Anneli. "Es tut mir leid."

"Du musst dich nicht entschuldigen", sagte Regina. "Ich wünschte nur, ich könnte dir helfen."

"Niemand kann das!" Anneli jammerte wieder lauter.

Regina wartete, bis das Weinen abebbte.

"Ich kann nicht schlafen", sagte Anneli ihr. "Ich wache immer wieder auf und sehe seine Hände mit den fehlenden Daumennägeln."

"Fehlende Daumennägel?", fragte Regina. "Das hast du noch nie erwähnt."

"Er hat seine Handschuhe ausgezogen ... die, die er immer trägt. Er hat keine Daumennägel und einige Fingernägel fehlen auch."

"Ah."

"Wenn ich bei der Arbeit bin, habe ich Angst, ihn zu sehen. Ich kann mich nicht konzentrieren, so sehr fürchte ich mich." Reginas Blut kochte, wenn sie an den Schaden dachte, den Vergewaltiger ihren Opfern zufügten. Selbst wenn es *nur eine* versuchte Vergewaltigung war.

"Was du brauchst, ist ein Neuanfang, ein neuer Job irgendwo anders", sagte Regina.

"Als ob ich eine Wahl hätte!", rief Anneli. "Ich bin nutzlos, das hat er gesagt! Und ich kann doch nichts."

"Das ist nicht wahr! Als älteste deiner Geschwister hast du viel Erfahrung, Kinder zu betreuen und deine Mutter im Haushalt zu unterstützen."

Anneli sah auf. "Glaubst du das?"

"Ich weiß es", beruhigte Regina sie. ‚Ich habe im Frutiger Pfarreiblatt gelesen, dass in Thun ein neues Hotel eröffnet wird. Sie suchen ehrliche, christliche Zimmermädchen und bieten Unterkunft, Verpflegung und einen kleinen Lohn. Wäre das nicht etwas für dich?"

"Ich kann nicht. Ich habe nichts Anständiges zum Anziehen und mein einziges Zeugnis wäre das der Zündholzfabrik. Dann wissen sie, dass ich weg will."

"Gib nicht so schnell auf. Wenn du mir erlaubst, es meiner Schwägerin zu sagen, dann kann Margot sicher ein anständiges Kleid für dich besorgen. Und du könntest Pfarrer Moser um ein Empfehlungsschreiben bitten, und Karl Stettler. Vielleicht sogar den Bürgermeister."

"Oh nein, das kann ich nicht ... wenn sie es herausfinden ... gut ... ich würde lieber sterben."

"Niemand braucht es zu wissen, Anneli. Sag ihnen einfach, dass du dich auf die Stelle bewerben möchtest."

Anneli sah Regina an. In ihrem Gesicht war ein Hauch von Hoffnung zu erkennen.

"Wir sollten besser wieder an die Arbeit gehen", sagte sie.

15

1855

Heinz hatte Schwierigkeiten, in der Nähe seines Wohnortes eine Anstellung zu finden, da sein schlechter Ruf weithin bekannt war. Die Zündholzfabrik in der Kandermatt suchte einen Holzfäller. Der Direktor wusste von Heinz' Unehrlichkeit, aber es gab keine Möglichkeit zu stehlen, und Heinz' schlechte Lage ermöglichte es dem Direktor, ihm sogar weniger als üblich zu zahlen.

Heinz begann um 5.30 Uhr mit der Arbeit, eine halbe Stunde vor allen anderen. Zuerst zündete er den Ofen an, damit der Zeit hatte, die richtige Temperatur zum Trocknen des Holzes zu erreichen. Er befand sich in geringer Entfernung von der Fabrik in einer offenen Scheune, wo auch die Vorbereitung der Baumstämme stattfand. Dann schnitt er aus grob zugehauenen Bohlen dünne Tannenholzstreifen. Die Stäbe mussten genau einen Meter lang sein und die gleiche Dicke wie Zündhölzer haben. Sie sahen aus wie extralange Spaghetti. Sobald er genug hatte, um den Ofen zu füllen, legte er sie zum Trocknen hinein.

Als Nächstes sammelte Heinz eine große Portion vorgetrockneter Stäbe ein, nahm in der Fabrik auf dem

Hackschemel Platz und begann, eine scharfe Klinge auf und ab zu schieben, um die Stäbchen auf die exakte Länge der Zündhölzer zu schneiden. Man musste sehr schnell arbeiten und die Klinge rasch rhythmisch auf und ab bewegen, um das gesamte Holz zu verarbeiten. Es war eine gefährliche Arbeit, die Konzentration erforderte. Sie war unbeliebt, da es nichts Ungewöhnliches war, wenn jemand einen oder zwei Finger unter der scharfen Klinge verlor.

Zu seiner Arbeit gehörte auch die Vorbereitung sehr dünner Holzbrettchen für die Herstellung von Zündholzschachteln. Obwohl die Familie König eine Schachtelfabrik besaß und die Diakonie eine weitere eröffnet hatte, wurden die meisten Schachteln in Heimarbeit hergestellt, um das karge Einkommen der Leute zu ergänzen. Manche Familien verarbeiteten so drei Baumstämme pro Jahr zu Zündholzschachteln. Andere, die keinen eigenen Wald besaßen, konnten die Holzbrettchen bereits vorgeschnitten von der Fabrik beziehen. Wenn sie die fertigen Schachteln in die Fabrik zurückbrachten, erhielten sie jedoch nur die Hälfte des Geldes, das die Familien verdienten, die ihr eigenes Holz verwendeten.

*****

Auch Helga suchte widerstrebend nach Arbeit. Es ging nicht mehr darum, Hari ins Internat zu schicken, sondern um die Notwendigkeit, Essen auf den Tisch zu stellen. In Weißbrügg hatten die Leute angefangen, auf die andere Straßenseite zu gehen, wenn sie sie sahen. Sie fühlte sich gedemütigt.

Die Arbeit in einer Fabrik brachte zwar nicht die gleiche Anerkennung wie die eines Vorarbeiters in einem großen Sägewerk, aber Helga wollte wenigstens ein Minimum an Ansehen für sich selbst bewahren. In Weißbrügg konnte sie auf keinen Fall arbeiten, doch der Bürgermeister in Reichenbach suchte eine zusätzliche Angestellte. Sie verbiss sich die Demütigung darüber, eine Stelle zu suchen, zog ihr bestes Kleid an, setzte einen Hut auf und ging zum Rathaus in Reichenbach.

Sie klopfte an die Tür von Ursula Huber.

"Warten!", bellte eine Stimme aus dem Inneren.

Helga wartete. Sie konnte sich nirgends hinsetzen und so blieb sie über eine halbe Stunde lang stehen. Sie fragte sich, ob man sie vergessen hatte und ob sie noch einmal klopfen konnte, als die Tür von innen aufgestoßen wurde.

Frau Huber sah Helga an, die ängstlich vor ihrer Tür stand. "Was wollen Sie?", fragte sie.

"Ich bin wegen der Stelle einer Sekretärin gekommen", sagte Helga leise, da sie sich kaum traute, vor diesem Drachen zu sprechen.

"Wir haben hier keinen Platz für Leute wie Sie."

"Was? Was meinen Sie mit... wie mich? Ich bin respektabler als..."

"Sie wissen ganz genau, was ich meine. Diebe und Schwindler, Ihre Familie. Weg mit Ihnen, verschwinden Sie!"

Frau Huber schlug Helga die Tür vor der Nase zu.

Helga konnte es nicht fassen. Sie blickte sich um, aber zum Glück schien niemand den Vorfall gesehen zu haben. Sie eilte nach Hause, so schnell sie konnte, nahm eine halb leere Schnapsflasche aus dem obersten Regal in der Speisekammer und trank sie aus, bis sie leer war.

Als Hari von der Schule zurückkam, fand er seine Mutter am Küchentisch schlafend und schnarchend vor. Er trug einen Holzschemel in die Speisekammer und griff nach einem Keramiktopf. Seine Mutter glaubte, das sei ein Geheimnis, aber er hatte es längst entdeckt. Er nahm ein paar Münzen heraus und verließ dann das Haus, um zum Lädchen zu gehen. In letzter Zeit verlangte Herr Brotz, der arrogante Dreckskerl, immer sofort Geld, wenn Hari Süßigkeiten kaufen wollte.

*****

Der Zündhölzli Bub

1853 schrieb Pfarrer Moser aus Weißbrügg zusammen mit den Pfarrern aus Frutigen, Kandergrund und Reichenbach einen Brief an den Landrat und Generalrat Siebold und beklagte sich über die weit verbreitete Kinderarbeit in den Zündholzfabriken. Sie kritisierten, dass Schulkinder oft ohne Pause vor und nach der Schule arbeiteten, manchmal bis tief in die Nacht, und das leider mit Wissen und Erlaubnis der Eltern. Auch jüngere Kinder, die noch nicht schulpflichtig waren, arbeiteten oft zwölf Stunden und länger in den Fabriken. Die Geistlichen forderten die Regierung auf, Maßnahmen gegen diesen weit verbreiteten Missstand zu ergreifen. Nichts geschah.

Im Gegenteil, der Landrat hatte seither mehrere Berichte an die Regierung in Bern geschrieben, in denen er die Wohltaten der Fabriken lobte. Darin wurde festgehalten, dass durch sie eine beträchtliche Anzahl von Kindern und Erwachsenen mit geringen finanziellen Mitteln die Möglichkeit zur Arbeit erhalten habe, und so die Armenkasse in Weißbrügg erheblich entlastet wurde.

Die Diakonie war der Meinung, dass etwas getan werden musste, um wenigstens den Waisen und geistig verwirrten Erwachsenen zu helfen, die keine Verwandten hatten, welche sich um sie kümmern konnten. Sie beschloss, neben der Tellenburg, einer Festungsruine zwischen Frutigen und Kandergrund, ein Armenhaus zu bauen. Um die hohen Kosten für Pflege, Unterkunft und Verpflegung auszugleichen, richtete die Diakonie neben dem Armenhaus eine Kistenfabrik ein, in der die Bewohner arbeiten mussten. Aber immerhin war es darin sauber und warm, und sie erhielten regelmäßig Mahlzeiten. Die Diakonie brauchte eine Reihe wohltätiger Frauen, Hausfrauen, die sich um den allgemeinen Betrieb ihrer neu gegründeten Einrichtung kümmerten, und schaltete eine Anzeige in der Wochenzeitung der Pfarrei.

Helga las die Anzeige und grübelte darüber nach. Sie hatte

eigentlich keine Lust, mit denen zu arbeiten, die sie selbst als *Schwachköpfe* bezeichnete. Andererseits klang *Oberin einer karitativen Einrichtung* viel protziger als *Fabrikarbeiterin*, und vor allem das bewog sie, sich auf die Stelle zu bewerben. Pfarrer Moser, als ihr Gemeindepfarrer, wurde beauftragt, mit Helga ein Gespräch zu führen. Er sprach über den Betrieb und die Aufgaben, die von ihr erwartet wurden. Helga erkundigte sich nach den Arbeitszeiten und war freudig überrascht zu hören, wie flexibel der Pfarrer klang. Das Gespräch verlief gut, beide Parteien wussten, dass sie nicht zu pingelig sein konnten, bis Helga nach dem tatsächlichen Verdienst fragte. Pfarrer Mosers ohnehin schon blasser Teint wurde weiß bei dem Gedanken an die Zeit, die er mit dieser hochnäsigen Frau verschwendet hatte.

"Bezahlen? Sie erwarten, *Geld* zu verdienen? Meine liebe Dame, in der Anzeige stand *ganz klar*, dass es sich um ein *Ehrenamt* handelt!"

Helga wurde schlecht. *Ehrenamt?* Sie war sich sicher, dass sie *ehrenhaft* gelesen hatte. Abrupt stand sie auf. "Oh, ich verstehe. Ich fürchte, hier liegt ein Missverständnis vor. Wissen Sie ... nun, ich *muss* Geld verdienen ... für Essen." Helga spürte, wie ihre Wangen heiß glühten. "Es tut mir leid", sagte sie und stolperte so schnell wie möglich aus der Tür.

*****

Es war wieder Sommer und die Bergbauern bereiteten sich darauf vor, ihr Vieh auf die Alp zu zügeln. Jakob war aufgeregt, denn dies war schon das dritte Jahr, dass er seinen Onkel begleitete und die Ziegen hütete. Dieses Jahr hatte sein Lehrer, Herr Stettler, Jakob auch seine Ziege anvertraut. Er war sehr großzügig und bot Jakob im Gegenzug für den Käse ein Zicklein an, falls seine Ziege eines bekommen sollte. Jakob liebte seine Zeit auf der Alp und war sehr glücklich, dass er diese Möglichkeit bekam.

Der einzige Nachteil war, dass sie Josef zurücklassen mussten. Josef war im Jahr zuvor eingeschult worden und alt genug, um sie zu begleiten, aber Onkel Gustl konnte nicht beide Jungen den ganzen Sommer über beschäftigen. Jakobs Vater versprach, dass Josef mehrmals an den Wochenenden zu Besuch kommen könne. Er meinte, er sei alt genug, um bei schönem Wetter den ganzen Weg alleine zu bewältigen.

Am Tag des Alpauffahrts zogen Bauern und Dorfbewohner, Rinder, Ziegen und Schweine lautstark über die Graswege und ließen den Rest des Städtchens in ungewöhnlicher Ruhe zurück.

*****

In der Zündholzfabrik in Kandermatt rieb sich Chasper die Hände. Endlich Freiheit, dachte er. Kein Herr Schneider, der wie ein hysterisches Weib reagierte, wenn er versuchte, ein wenig Spaß in die eintönige, langweilige Arbeit zu bringen.

In der Teufelsküche war die Luft heiß, abgestanden und stank widerwärtig. Draußen war es ein schöner Sommertag. Chasper beschloss, seinen Ofen nach draußen in den grünen Schatten einer riesigen Ulme zu verlegen. Verträumt rührte er die blubbernde Masse der Phosphormischung um. Der Dampf stieg träge nach oben in die Äste. Plötzlich fielen alle möglichen Käfer, Bremsen und andere Insekten tot auf ihn herab. Sie fielen auf den Boden, in den Topf mit dem Phosphorgemisch, auf Chaspers Haare und Kleidung. Er stieß einen Schrei aus, der die Fabrikarbeiter alle nach draußen rennen ließ.

Chasper war ein Stück weggelaufen und schüttelte Kopf und Körper, um sich verzweifelt von den toten Insekten zu befreien. Die Fabrikarbeiter lachten über das Spektakel. Herr Häberlin beobachtete säuerlich, wie der Insektenregen allmählich nachließ, dann packte er Chasper am Ohr und zerrte ihn bis in sein Büro.

Die Arbeiter kehrten widerwillig ins Haus zurück und gingen an ihre jeweiligen Plätze. Berta schüttelte den Kopf über die schwachsinnige Eskapade ihres Bruders und wollte gerade zurück zur Packstation gehen, als sie an Heinz am Hackschemel vorbeikam.

"Guten Tag, Herr Stoll", begrüßte sie ihn höflich. "Meine Mutter hat mich gebeten, einen Sack Brettchen nach Hause zu bringen, wir haben fast keine mehr. Haben Sie einen Vorrat auf Lager?"

Heinz hielt in seinen Bewegungen inne und sah Berta an. "Ja, wenn du ein paar Minuten wartest, bis der Stapel voll ist, kannst du sie gleich mitnehmen."

Berta wollte eigentlich nicht warten, sie hatte ihre eigene Arbeit zu erledigen, aber jetzt, wo sie gefragt hatte, dachte sie, wäre es unhöflich, nein zu sagen. Um die Sache zu beschleunigen, griff sie jedes Mal, wenn Heinz die Klinge nach unten brachte, nach dem Bündel Brettchen und steckte sie in den Sack. Sie gewannen an Tempo, Bertas Finger waren noch ein Stück weit unter der Klinge, kurz bevor diese herabfiel. Plötzlich ließ Heinz die Klinge los, als Bertas linke Hand noch darunter war. Die Klinge durchtrennte ihre beiden mittleren Finger. Blut spritzte überall hin. Berta schaute erstaunt auf ihre Hand, sie spürte keinen Schmerz, doch dann wurde sie ohnmächtig.

*****

Helga schlenderte über den örtlichen Markt und prüfte die Kartoffelpreise. Sie überlegte, ob sie bis kurz vor Ladenschluss warten sollte, um ein günstiges Angebot zu bekommen. Sie sah Frau Bühler, die sich mit Frau Siebold unterhielt, und schlich sich neugierig an die beiden heran. Dabei tat sie so, als ob sie den Käse prüfen wollte, während sie ihre Ohren aufs Höchste spitzte.

"... ja, meine Freunde in Bern reißen mir die Spitze von Frau Piller buchstäblich aus den Händen, bevor ich sie auspacken kann", so Frau Bühler.

"Ich hätte gerne einen Kragen für mein neues Samtkleid", antwortete Frau Siebold. "Ich habe gehört, dass sie sogar venezianische Spitze beherrscht."

"Oh ja, die ist *so* schön. Aber sie hat mittlerweile eine lange Warteliste. Sie kann gar nicht schnell genug Spitzen anfertigen, um die Nachfrage zu befriedigen."

"Wirklich... was glaubst du, wie lange ich auf einen Kragen warten müsste?"

"Ich weiß es nicht genau... aber ich rechne mit mindestens drei Monaten."

"Oh."

"Sie ist sehr genau. Sie würde nie etwas Fehlerhaftes verkaufen, nur um schnell zu sein."

"Nein. Nun, ich sehe, ich muss sie bald besuchen. Sag mal, ist es wahr, dass ihre Nichte, das arme Mädchen mit dem Fuß, auch schon Spitze machen kann?"

"Ja! Ist das nicht erstaunlich? Mina ist erst sechs Jahre alt, aber ein außergewöhnliches Talent. Sie sollten mal sehen, wie ihre kleinen Fingerchen fliegen, wenn sie Spitzen für Taschentücher macht! Ich sage Ihnen ..." Frau Bühler lehnte sich näher heran, um Frau Siebold etwas zuzuflüstern.

Frau Siebolds Augen weiteten sich. "*Wirklich?*"

"So wahr, wie ich hier stehe." antwortete Frau Bühler und bemerkte Helga.

Helga ging schnell weiter, verärgert darüber, dass sie nicht das ganze Gespräch mitbekommen hatte. Bis jetzt hatte sie sich vor Margot nicht erniedrigen wollen, aber sie waren schließlich verwandt, und wenn sogar eine Sechsjährige Spitzen machen konnte... dann konnte es doch nicht so schwer sein! Sie würde sie morgen besuchen und ihr ihre Dienste anbieten. Margot würde ihr dankbar sein und konnte es sich offensichtlich leisten, sie gut zu bezahlen.

Sie wartete, bis die Marktstände zusammenpackten, und näherte sich dann dem Stand von Barbara Urban.

Bernadette stupste ihre Schwester Barbara an. "Sie kommt, pünktlich auf die Minute."

"Ich habe es dir ja gesagt", antwortete Barbara. Die Frauen fuhren fort, ihre Waren einzuräumen, als ob sie Helga nicht bemerkt hätten.

"Guten Morgen, Frau Urban", sagte Helga. "Wie ich sehe, packen Sie gerade ein. Wenn Sie wollen, kann ich Ihnen ein paar Kartoffeln abnehmen, damit Sie sie nicht nach Hause schleppen müssen."

"Guten Tag, Frau Stoll. Wie viele möchten Sie? Zwei Pfund kosten sieben Rappen."

"Sieben? Aber das war doch Ihr Preis heute Morgen! Ich tue Ihnen einen Gefallen, wenn ich Ihnen die Kartoffeln abnehme."

"Das denke ich nicht. Wir können sie am Samstag auf dem Reichenbacher Markt verkaufen. Aber ich sag Ihnen was, da Sie Stammkundin sind, kann ich Ihnen für Ihre Treue eine Kartoffel extra geben."

Helga spürte, wie ihre Wangen heiß wurden. "Ja, bitte", sagte sie und sah auf ihre Füße. Sie zählte die Münzen ab und ging nach Hause.

Barbara und Bernadette warteten, bis sie weg war. "Sie würde mir leid tun, wenn sie nicht so eine hochnäsige Kuh wäre." sagte Barbara.

"Sie tut mir überhaupt nicht leid", antwortete Bernadette. "Warum sucht sie sich nicht eine Arbeit wie wir anderen auch, anstatt den ganzen Tag auf ihrem Hintern zu sitzen?"

*****

Am nächsten Morgen ging Helga zu Margots Haus und klopfte an die Tür. Sie trug ihr Alltagskleid, denn für Margot war es nicht nötig, sich gut zu kleiden.

Margot seufzte und legte ihre Klöppelarbeiten weg. Bei dem Tempo, mit dem die Leute an diesem Morgen an ihre Tür klopften, würde sie nicht zum Arbeiten kommen. Sie verbarg ihre Überraschung, als sie Helga sah und bat sie herein.

"Möchtest du eine Tasse Tee?", fragte sie.

Helgas Teint wurde so grün wie frische Erbsenschösslinge, die sich ihren Weg durch fruchtbaren Boden bahnen. Tee? Wie um alles in der Welt konnte Margot sich Tee leisten? Den konnte man nur in Herrn Brotz' Kolonialwarenladen kaufen. Sie schluckte und wollte gerade annehmen, als Margot ihr Zögern falsch interpretierte und fragte: "Oder möchtest du lieber Kaffee?"

Kaffee? Helga wurde plötzlich sehr heiß. Ein komisches Gefühl fuhr durch ihren Körper. War sie nicht noch zu jung für Hitzewallungen? Schnell setzte sie sich an den Tisch, obwohl Helga sie nicht dazu eingeladen hatte, und stotterte: "Tee wäre schön, danke."

Margot stellte Sahne und Zucker auf den Tisch und eine Schale mit leckeren Törtchen. "Ich habe sie nicht selbst gemacht", sagte sie entschuldigend zu Helga. "Ich habe in letzter Zeit keine Zeit. Aber Herr Brotz hat mir versichert, dass sie ganz frisch sind."

Helga konnte sich nicht zurückhalten. "Ach, wie schade, selbstgemacht ist immer am besten, meinst du nicht?"

Margot nahm die Törtchen vom Tisch und stellte sie in die Speisekammer zurück. Helga biss sich auf die Lippe, ihr lief das Wasser im Mund zusammen vom Duft des Kuchens und ihr Magen knurrte.

"Wie kann ich dir helfen?", fragte Margot ziemlich streng. Sie ärgerte sich über sich selbst, weil sie es zuließ,

dass die Anwesenheit Helgas ihr immer unter die Haut ging.
"Ich fürchte, ich habe nicht viel Zeit, ich habe Aufträge zu erfüllen."

"Ah ja, deshalb bin ich ja gekommen. Um dir meine Dienste anzubieten. Ich habe gehört, dass du dich über Hilfe freuen würdest, und wir sind ja schließlich verwandt. Allerdings könnte ich es nicht umsonst tun, ich meine, ich würde einen gut bezahlten Job aufgeben, um dir zu helfen."

Margot schwieg einen Moment und versuchte, Helgas Worte zu verstehen.

"Helga, was genau bietest du an?"

"Spitze zu machen, natürlich."

"Spitze machen? Ich wusste nicht, dass du Spitzen machen kannst ..."

"Nein, noch nicht, du musst mir zeigen, wie es geht. Aber so schwierig kann es doch nicht sein, wenn deine behinderte Nichte das schafft."

"Mit den Händen meiner Nichte ist alles in Ordnung. Das Mädchen, das du dem Tode geweiht glaubtest, ist außergewöhnlich begabt beim Klöppeln. Trotzdem hat sie in den letzten drei Jahren jeden Tag gelernt und geübt. Ich kann dir nicht einfach in ein oder zwei Stunden *zeigen*, wie man Spitzen macht." Margot hielt inne. Sie wollte noch so viel mehr sagen. Sie hätte Helga am liebsten angeschrien und angebrüllt. Aber sie war die Schwester ihres Mannes, und es war kein Geheimnis, dass sie sich schwer miteinander taten. Sie nahm ihre ganze Selbstbeherrschung zusammen und sagte: "Es tut mir leid, dass ich dir keine Arbeit anbieten kann, Helga, aber wenn du ein Darlehen möchtest, um schlechte Zeiten zu überbrücken, dann bin ich sicher, dass wir uns etwas einfallen lassen können."

Helga schürzte ihre Lippen, wie sie es oft tat. Die Falten hatten sich bereits in ihr Gesicht eingegraben und verliehen

ihr einen stets mürrischen Ausdruck, selbst wenn sie sich bemühte, zu lächeln. "Ich bin mir nicht sicher", sagte sie jetzt zaghaft. "Vielleicht können wir uns am Sonntag noch einmal unterhalten."
"Ja, bring die Familie zum Mittagessen mit", bot Margot an. "Gustl wird sich freuen, dich zu sehen."
Gustl fragte seinen Schwager, wie er ihm am besten helfen könne.
"Ich verlange nicht gerne etwas umsonst", antwortete Heinz. "Ich habe ein Stück Wald gleich hinter der Mäggisserenegg. Wenn du mir die Hälfte davon abkaufen könntest, würde uns das über die schwierige Zeit hinweghelfen, bis ich eine besser bezahlte Arbeit gefunden habe."
"Ich denke, das sollte machbar sein", antwortete Gustl. "Wenn du willst, schaue ich es mir nächsten Sonntag mit dir an."
Am folgenden Sonntag gingen sie gemeinsam in den Wald und einigten sich auf einen sehr großzügigen Preis für das kleine Waldstück. Gustl hatte nichts dagegen, er fand es ehrenhaft von Heinz, etwas für sein Geld anzubieten. Wenn er die Bäume eines Tages verkaufte, würde er zwar keinen Gewinn machen, aber der Verlust war verkraftbar, schließlich wollte er seiner Schwester helfen.

16

1856-59

Die Herbstsonne beleuchtete die sterbenden Blätter, die zaghaft an den Ahornzweigen hingen, und ließ die Gelbtöne zu schimmerndem Gold, die Orangetöne zu glänzendem Kupfer und die Rottöne zu funkelnden Rubinen werden. Tagsüber wärmte die Sonne die Haut, aber die Nächte wurden länger, und ein Hauch von Schnee kam von den alpinen Höhen herab.

Die Schulkinder gingen in der Mittagspause nach draußen. Ferdinand hatte die Dorfschule verlassen, um in Bern das gleiche Oberschicht-Internat wie Ramun zu besuchen. Das hatte Hari verärgert und er suchte nach einem geeigneten Ziel, um seine Wut abzureagieren.

Es war bereits Minas zweites Jahr in der Schule. Der Schuster hatte ihr einen speziellen Stiefel für ihren linken Fuß angefertigt und ihn mit Schafsfell gefüttert, um die Schmerzen zu lindern. Sie konnte nicht so schnell laufen wie die anderen Kinder und humpelte, aber sie hatte sich schnell mit Sylvia angefreundet, der Tochter von Franziska Gehring.

Mina nahm ihre Milchflasche und ihren Apfel vom Tisch und ging über den Spielplatz zu Sylvia, als Hari auf sie zukam und ihr heftig auf den Arm schlug, so dass die Flasche zu Boden fiel und zerbrach. Sie hatte noch nicht einmal den Mund zum Protestieren geöffnet, als er anfing, sie zu verspotten.

"Oh je, hahaha. Die lahme Ente ist so tollpatschig, dass sie ihre Milch verschüttet hat. Nun, es hat keinen Sinn, über verschüttete Milch zu weinen, hahaha, ist das ein Kalauer!" Haris Kumpels, Buolf in seinem letzten Schuljahr und Utz von den Spissen, stimmten in sein Lachen ein, umringten Mina und versperrten ihr den Weg. Josef, nicht weit entfernt, drehte sich um und stürmte auf Hari zu.

"Lass meine Schwester in Ruhe, du Schwachkopf!" Er drückte seine flache Hand gegen die Brust des älteren Jungen.

"Oder was?" Hari grinste. "Willst du mich verprügeln?" Er hob die Fäuste in eine Box-Pose und lachte. "Du feiges Weichei! Dein Vater ..."

Ehe Hari Josef weiter beleidigen konnte, kam dessen Faust angeflogen. Der Schlag mit der rechten Hand landete direkt auf Haris Nase und Blut spritzte heraus. Völlig überrascht tastete er sie ab und stürzte sich dann auf Josef. Buolf und Utz stiegen in den Kampf ein, und Jakob eilte seinem Bruder zu Hilfe, Urs dicht hinter ihm. Sie alle wälzten sich im Staub, die Fäuste flogen.

"Du Dreckskerl!", beschimpfte Hari Josef.

"Wenigstens ist mein Vater kein **Dieb**!", erwiderte Josef lautstark. Stille trat ein, die Kinder waren schockiert. Das war eine *wirklich* schlimme Verleumdung und keiner von ihnen hatte die Anschuldigungen zuvor gehört. Ihre Eltern hatten das Thema totgeschwiegen.

Hari zog ein Klappmesser aus seiner Tasche und nun blieben alle Kinder stehen und schauten wie gelähmt zu. Manfred Klopfenstein, der Schulsprecher, eilte nach drinnen, um Herrn Stettler zu holen, während Hari sich zum Angriff bereit machte.

"Leg das Messer weg!", schrie Jakob Hari an. "*Wage es* nicht, meinem Bruder etwas anzutun!"

"Wie deiner kleinen Puppe, Berta? Schade, daß mein Vater nicht mehr Finger abgehackt hat..." Hari stieß seinen Arm mit dem Messer nach vorne, und Josef sprang ausweichend vor und zurück.

"Halt! Sofort aufhören! Leg das Messer weg, Hari, auf der Stelle!" Herr Stettler hatte den Kreis der Jungen erreicht. Hari und Josef starrten sich an; Hari entschlossen, ihn zu verletzen, und Josef ebenso entschlossen, dem Messer zu entkommen.

"Hari, leg das Messer weg!", wiederholte Herr Stettler. "Wir können das vernünftig miteinander besprechen."

"Er hat meinen Vater einen Dieb genannt", antwortete Hari.

"Er hat Mina absichtlich geschubst", verteidigte sich Josef.

"Hört auf, das ist unwichtig, leg das Messer weg, Hari!"

Hari betrachtete das Messer in seiner Hand, sah Herrn Stettler trotzig an und warf dann das Messer halbherzig von sich weg in Richtung seines Lehrers. Er machte es nicht mit Absicht, aber das Messer landete unglücklich auf Herrn Stettlers Hand und verletzte ihn. Das Blut lief Herrn Stettler an den Fingern herunter, und er zog hastig ein Taschentuch aus seiner Tasche und wickelte es fest um die Wunde. Er hob das Messer wortlos auf und sagte: "Rein mit euch, alle, sofort!"

Im Klassenzimmer forderte Herr Stettler die Kinder auf, ihre Plätze einzunehmen, hielt Hari jedoch fest, als dieser sich in die letzte Reihe setzen wollte. "Du nicht. Warte hier!"

Herr Stettler ließ Hari vorne in der Klasse warten, bis er seine verletzte Hand richtig gereinigt und verbunden hatte. Er ließ sich bewusst Zeit. Er faltete sein blutiges Taschentuch ordentlich zusammen und steckte es in seine Aktentasche. Die ganze Zeit über sprach er kein Wort, und die Kinder saßen schweigend, mit großen Augen und hielten den Atem an. Nur Hari stand neben der Tafel. Er grinste höhnisch bei dem Gedanken, eine Strafarbeit schreiben zu müssen. Als Herr Stettler endlich fertig war, forderte er Hari auf, an seinen Schreibtisch zu kommen.

Der Zündhölzli Bub

"Möchtest du noch etwas sagen, Hari, bevor du deine Strafe erhältst? "
"Nein."
"Dann zieh deine Hose runter und beuge dich über meinen Schreibtisch."
Die Kinder erschraken. Das war etwas Neues. Hari knöpfte seine Hose auf und beugte sich vor. Er biss die Zähne zusammen, entschlossen, keine Schwäche zu zeigen.
Herr Stettler nahm seinen Rohrstock und schlug Hari fünfmal auf den Hintern.
"Du kannst dir die Hose hochziehen", sagte er zu Hari, dem es gelungen war, ein Weinen oder Tränen zu unterdrücken. "Jetzt geh zu Wilhelmine und entschuldige dich."
Hari verzog das Gesicht, aber er ging auf Mina zu. "Tut mir leid", sagte er knapp. Er drehte sich teilnahmslos zu seinem Lehrer um und wartete auf den nächsten Befehl. Herr Stettler schüttelte traurig den Kopf. Er konnte in Haris Verhalten so leicht lesen wie in einer Zeitung. "Du darfst dich setzen", sagte er.
Der Lehrer kehrte nach vorne in die Klasse zurück und hielt das Messer hoch, so dass alle Kinder es deutlich sehen konnten. "Dieses Messer ist konfisziert. Ich werde es deinen Eltern persönlich zurückgeben, Hari. Es ist verboten, Messer oder andere Waffen in die Schule mitzubringen", sagte er ernst. "Wenn ich einen von euch mit einer Waffe erwische, bekommt ihr nicht nur die gleiche Strafe wie Hari, sondern werdet auch für eine Woche von der Schule verwiesen. Schlagt jetzt eure Geschichtsbücher auf Seite vierundzwanzig auf."
Die Schule war für diesen Tag zu Ende und Hari machte sich mit Buolf und Utz auf den Weg zur Kandermatt. Er arbeitete zwar nicht selbst, aber er begleitete seine Freunde zumindest einen Teil des Weges. Buolf klopfte ihm auf den Rücken und sagte: "Gut gemacht, Kumpel, du hast es ihnen gezeigt."
"Hat es weh getan?", wollte Utz wissen. "Du warst sehr mutig."

"Nein, ich habe nichts gespürt", log Hari. "Aber warte nur ab, ich werde es ihnen zurückzahlen."

"Ja!", rief Buolf. "Was willst du denn machen? Ich werde dir helfen!"

"Ja, ich auch!", stimmte Utz mehr oder weniger enthusiastisch zu.

"Ich weiß es noch nicht, ich brauche eine gute Idee. Sagt es Chasper bei der Arbeit, wir werden uns gemeinsam etwas ausdenken."

"Ja, bis morgen dann."

Hari ging zu sich nach Hause zurück und jetzt, wo er allein war, konnte er seinen Tränen wegen des Schmerzes und der Demütigung freien Lauf lassen. Er hatte nicht leichtfertig mit Buolf und Utz gesprochen; er war entschlossen, sich zu rächen.

Herr Stettler ging zu Fuß zur Praxis von Dr. Köfeli. Er wollte, dass der sich seine Wunde kurz ansah und, wenn er Zeit hatte, einen Schluck mit ihm trank. Es war ein höllischer Tag gewesen, die fünf Stockhiebe waren nicht leicht gewesen, aber er war mit Hari und Buolf am Ende seiner Geduld. Buolf war einfach nur ein Idiot, doch von Hari hatte er sich mehr versprochen. Jetzt geriet auch Utz unter ihren Einfluss. Als ob die Chancen des Jungen im Leben nicht schon schlecht genug wären.

Die Tür stand offen, und Karl Stettler trat ein, in der Annahme, Helga Stoll am Empfang zu treffen. Seit sie hier arbeitete, mieden die Leute die Praxis und gingen, wenn es sein musste, lieber nach Reichenbach zu Dr. Rössel. So war er nicht überrascht, dass das Wartezimmer leer war. Aber er konnte *etwas* hören. Er spähte durch die halb geöffnete Tür zum Besuchsraum des Arztes und wich hastig zurück. Lukas Köfeli mit Helga Stoll? Mein Gott, die Gerüchte waren also wahr! Kein Wunder, dass Hari so wütend war. Nun, das war's! Er würde in den Goldenen Ochsen gehen und sich ein Bier *und* einen Schnaps gönnen. Er hielt nichts von übermäßigem Alkoholkonsum, aber an manchen Tagen war das wirklich nötig.

*****

Chasper hatte schon lange darauf gewartet, jemandem einen besonderen Streich zu spielen. Bis jetzt fehlten ihm jedoch, Ziel und Motiv dafür. Als er von Haris Unglück und seinem anschließenden Racheplan hörte, hatte er die perfekte Ausrede, um es auszuprobieren.

Die vier Jungen trafen sich am Sonntagnachmittag und Chasper erklärte ihnen seine Idee. Er wollte nach der Arbeit noch ein wenig bleiben und Phosphor stehlen. Buolf und Utz konnten sich mit ihm in der Teufelsküche treffen, sobald Herr Schneider nach Hause gegangen war, und Hari konnte draußen warten, bis einer der Jungen käme, um ihn hineinzuschmuggeln. Dann würden sie den Phosphor zum Haus der Schneiders bringen. Die Jungen wussten, dass Phosphor im Dunkeln grün und weiß leuchtete, und wollten dieses Phänomen nutzen, um einen riesigen grünen Bölima zu erschaffen, ein gruseliges Gespenst, das Mina einen gehörigen Schrecken einjagen sollte! Die Jungen besprachen ein paar kleine Details, wie sie Mina dazu bringen könnten, aus dem Fenster zu schauen. Sie lachten und freuten sich schon auf den Aufruhr, den sie verursachen würden, und auf Minas Schreie.

Am Montagabend vergewisserte sich Herr Schneider, dass alle Sicherheitsvorkehrungen getroffen worden waren und verließ dann die Teufelsküche. "Wisch den Boden, bevor du nach Hause gehst!", sagte er zu Chasper.

Die Stäbe mit gelbem Phosphor wurden in einer versiegelten Dose unter Wasser aufbewahrt, da sie sich an der Luft sehr leicht entzündeten und brennendes Phosphor schwerste

Verletzungen verursachte, die tief in das Hautgewebe drangen und nur sehr langsam heilten.

Nachdem Herr Schneider gegangen war, betrat Buolf die Küche. "Utz holt Hari", sagte er zu seinem Bruder. Bald standen die vier Jungen da, betrachteten die versiegelten Dosen und rieben sich die Hände in freudiger Erwartung ihres Abenteuers. Hari bestand darauf, dass er den gelben Phosphorstab tragen sollte, aber er ließ Chasper das Siegel brechen, um eine Dose zu öffnen und den Deckel abzuheben. Die Augen der Jungen leuchteten beim Anblick mehrerer Stangen gelben Leuchtstoffs.

Hari nahm einen Stab aus der Dose und steckte ihn in seine Hosentasche, um später in der Nacht das Feuer zu machen.

Als sie etwa dreißig Schritte von der Fabrik entfernt in der Nähe des Brunnens waren, entzündete sich der Leuchtstoff in Haris Tasche und seine Hose begann zu brennen. Er schrie vor Schmerz und Schreck auf und schlug auf seine Hose, um das Feuer zu stoppen. Seine drei Freunde sahen zu und wussten nicht, was sie tun sollten. Herr Häberlin, der noch in der Fabrik war, hörte die Schreie. Er rannte nach draußen, sah Hari und warf ihn geistesgegenwärtig in den Brunnen. Das Feuer erlosch und er half Hari, aus dem Brunnen zu klettern. Aber anstatt ihm an Ort und Stelle die Hose auszuziehen, trug er ihn in die Fabrik zurück. Das war ein Fehler! Der Phosphor entzündete sich erneut und brannte sich immer tiefer in das Fleisch von Haris rechtem Oberschenkel ein. Hari kreischte und brüllte wie ein Schwein bei der Schlachtung.

"Lauf zum Haus des Direktors und sag ihm, er solle dringend jemanden zu Pferd schicken, um den Arzt zu holen", befahl Herr Häberlin Chasper. Er fuhr sich mit den Fingern durch die Haare, völlig überfordert mit der Situation. "Holt Eimer mit Wasser", befahl er Buolf und Utz. Hari wurde ohnmächtig. "Mehr Wasser", sagte Herr Häberlin zu den Jungen. Er wusste nicht, was er sonst tun sollte. Der Arzt kam und behandelte die Wunde sorgfältig. Dann wurde Hari nach Hause gebracht.

In den nächsten Tagen und Wochen war es ungewiss, ob er überleben oder sterben würde. Nach einem hohen Fieber schien er auf dem Weg der Besserung zu sein, doch dann erlitt er einen Rückfall nach dem anderen. Mehrere Male war er dem Tod nahe. Er musste im Bett liegen und erhielt angemessene Medikamente und eine sorgfältige Behandlung, aber er verbrachte sechs Monate zu Hause, bevor er wieder gesund genug war, um zur Schule zu gehen.

Die Verbrennung verheilte nicht vollständig. Helga bekam eine spezielle Salbe, die sie auf Haris Wunde auftragen sollte, und wurde angewiesen, die Wunde zweimal am Tag frisch zu verbinden. Dr. Rössel, der Kantonsarzt, der von den Behörden mit Haris Fall betraut worden war, äußerte die Hoffnung, dass die Wunde eines Tages ganz heilen würde.

Haris junger Körper wuchs, aber das Narbengewebe konnte sich mit dem Rest der umgebenden Haut nicht mitdehnen. Die Wunde verursachte furchtbare Schmerzen und öffnete sich immer wieder aufs Neue. Eines Tages, als er allein zu Hause war, sah er die Flasche mit Pflaumenschnaps, den sein Vater so gerne trank, auf dem Tisch stehen. Er öffnete sie und nahm einen großen Schluck und dann noch einen. Der Alkohol betäubte den Schmerz ein wenig.

Nach diesem ersten Mal griff er immer wieder nach der Flasche, bis sein Körper täglich danach verlangte. Er befürchtete, sein Vater könnte bemerken, dass seine Schnapsflasche schnell leer war, und ihm Prügel verpassen. Er versuchte, mit dem Trinken aufzuhören, konnte es aber nicht. Der Schnaps machte seine Schmerzen erträglicher.

Zuerst bemerkte Heinz gar nichts. Irgendwann schaute er jedoch auf seine Flasche und wunderte sich, dass nur noch so wenig Flüssigkeit darin war. Er fragte sich, ob Helga heimlich zu trinken begonnen hatte, und begann sie zu beobachten. Er konnte keinen Unterschied in ihrem Verhalten oder Auftreten feststellen. Also vergaß er das Ganze.

Im November 1859, drei Jahre nach dem Unfall, hatte sich die Wunde immer noch nicht dauerhaft geschlossen. Dr. Rössel schob die Schuld auf Haris Familie und behauptete, die Wunde sei vernachlässigt worden.

Hari hinkte und ertrug die Schmerzen stoisch. Er hatte seinen Entschluss bereits gefasst. Sobald er konnte, würde er sein Zuhause verlassen und nach Amerika gehen. Er wollte nie wieder etwas mit Weißbrügg und seinen Bewohnern zu tun haben. Aber zuerst würde er sich an Josef rächen.

17

1859

Chasper, Buolf und Utz verloren alle ihre Arbeit in der Zündholzfabrik. Allein ihr Alter bewahrte sie vor einer gerichtlichen Verurteilung. Auch Berta hätte beinahe ihre Stelle verloren, aber alle sprachen sehr gut von ihr, und Herr Häberlin, der wusste, dass ihre Familie dringend auf ihren Lohn angewiesen war, warnte sie eindringlich davor, in die Fußstapfen ihrer Brüder zu treten.

Chasper verließ Weißbrügg und fand Arbeit bei der Schweizerischen Centralbahn, einer privaten Gesellschaft, die die Bahnlinie von Bern nach Thun ausbaute. Er schlief zusammen mit den meisten seiner Arbeitskollegen in einem Container, welcher der Firma gehörte, und bekam täglich eine warme Mahlzeit. Der Lohn war gering, aber etwas besser als in der Zündholzfabrik, und er konnte ihn wenigstens für sich behalten.

Die Arbeit auf der Baustelle war hart und gefährlich. Erfahrene Männer sprengten die Felsen mit Dynamit, um Tunnel zu bauen, und Chaspers Aufgabe war es, den Schutt wegzuräumen. Chasper leistete harte Arbeit bei Temperaturen von über 40 Grad im Inneren des Tunnels. Unzureichende Belüftung und Dynamitdämpfe ließen seine Augen tränen und erschwerten das Atmen. Die Gesteinsschichten waren instabil, und manchmal stürzte unerwartet Gestein ab und begrub die Arbeiter unter tonnenschweren Brocken. Das Unternehmen war ständig auf der Suche nach Ersatzarbeitern. Im Sommer 1857 kam Buolf zu ihm.

Berta war froh, dass ihre beiden älteren Brüder das Haus verlassen hatten. Das ersparte ihnen Konflikte mit ihrer Mutter und den anderen Geschwistern und machte das Leben friedlicher. Sie vermisste Anneli, die immerhin glücklicherweise einmal im Monat nach Hause kam. Anneli hatte sogar für ihre beiden anderen älteren Schwestern, Trudi und Dorli, Stellen im Service gefunden. Das war eine große Verbesserung für sie gegenüber der Arbeit bei Slaters, einer konkurrierenden Zündholzfabrik. Ihre Schwestern sahen bereits adretter, gesünder und viel glücklicher aus. Jetzt war Berta allein mit ihrer Mutter und den zwei Jahre jüngeren Zwillingen.

Der Nachteil war, dass ihr Vater, wenn er betrunken aus der Kneipe nach Hause kam, weniger Opfer hatte, die er schikanieren konnte. Wann immer er zu Hause war, versuchte Berta, sich unsichtbar zu machen. Er wurde ohne ersichtlichen Grund wütend, und wenn er sie auch nur sah, wusste sie, dass ihr eine Tracht Prügel drohte. Wo sie konnte, versuchte sie, vor ihrem Vater zu fliehen, aber es gab nicht viele Verstecke. Meistens erwischte er sie am Ende und schlug und trat sie, bis sich seine Wut legte. Sie war mit blauen und grün-blauen Flecken übersät, die sie immer auf Stürze zurückführte, falls jemand danach fragte. Aber normalerweise tat man das nicht. Schlimmer als die körperlichen Verletzungen war ihr geistiger Zustand. Sie sprang bei jedem unerwarteten Geräusch auf, ihre Schularbeiten litten, und - wenn sie angesprochen wurde – waren ihre Antworten einsilbig, und sie wurde still und depressiv.

Als intelligentes Mädchen überlegte sie, wie sie ihre Situation ändern könnte. Aber sie war erst dreizehn Jahre alt. Im Sommer würde sie die Schule beenden, und ihr Vater hatte bereits gesagt, dass sie ganztags in der Fabrik arbeiten sollte. Sie konnte nicht vor ihrem sechzehnten Lebensjahr in Dienst gehen. Sie wusste nicht, ob sie es so lange zu Hause aushalten würde.

Der nächste Tag war ein Sonntag. Sie wartete, bis ihr Vater um zwölf in die Kneipe ging, schnappte sich ein Stück Brot und lief los, um die anderen drei Musketiere zu treffen. Urs hatte ihr erzählt, dass seine Tante an diesem Nachmittag zu Besuch war und er zu Hause bleiben musste. Jetzt, da er die Schule verlassen hatte und bei seinem Vater als Sattler in die Lehre ging, hatte sie den Eindruck, dass er nicht mehr mit ihnen spielen wollte, sie waren ja schließlich jünger als er. Sie verdrängte das und ging zu Schneiders. Jakob war schon dabei, seine Stiefel anzuziehen. Er erzählte ihr, dass Josef für irgendeine Missetat bestraft worden sei und zu Hause bleiben müsse, um Zündholzschachteln zusammenzukleben.

"Wir sind also nur zu zweit", sagte er fröhlich. "Was sollen wir denn jetzt machen?"

Berta trat mit der Spitze ihres Schuhs gegen eine Klumpen Dreck. "Ich weiß es nicht", sagte sie lustlos. "Du entscheidest."

"Nun, die Sonne scheint", antwortete Jakob, "und ich rieche Sommer in der Luft. Wenn wir wie irre rennen, schaffen wir es gerade noch zu den Ruinen von Schloss Aris. Du kannst meine Burgherrin sein und ich dein Hofnarr." Jakob verzog das Gesicht und zauberte zwei Kuchenstücke, eingewickelt in ein Taschentuch, aus seiner Tasche.

Berta schlug die Hände vor ihrem Herzen zusammen und sagte: "Ein wahrer Gentleman kennt den Weg zum Herzen seiner Dame. Wer zuerst da ist, bekommt das größte Stück!" Sie rannte los und Jakob folgte ihr fröhlich. Sie schafften es, bis zum Käsespeicher zu laufen. Natürlich war niemand da; es war Sonntag und der Eingang war verschlossen. Sie tranken etwas Wasser aus der Chiene und setzten sich dann hin, um wieder zu Atem zu kommen. Berta streckte die Hand nach dem Kuchen aus, aber Jakob schüttelte den Kopf.

"Nein, wir sind noch nicht da, und der Kuchen schmeckt viel besser mit dem Blick von der Burgmauer." Er streckte seine Hand nach unten, um Berta hochzuziehen. "Leise jetzt", flüsterte er. "Wir wollen den Grüenmatti-Wirt nicht stören."

"Was?"

"Ich erzähl's dir, wenn wir da sind", antwortete er und raste weiter.

Efeu und Moos bedeckten die bröckelnde Steinruine, so dass sich die Burg perfekt in ihre Umgebung einfügte. Jakob und Berta saßen auf einer Mauer, ließen die Beine über den Rand baumeln, und blickten hinunter auf den Fluss Kander, der als silberner Streifen das Sonnenlicht im Tal weit unter ihnen reflektierte. Jakob holte den Kuchen aus seiner Tasche und packte ihn aus.

"Das haben wir Mina zu verdanken", sagte er. "Frau Siebold war so zufrieden mit ihren Spitzentaschentüchern, dass sie ihr zusätzlich zum vereinbarten Preis einen ganzen Beutel Zucker geschenkt hat."

"Das ist wirklich gut, sie hat es verdient. Meine Schwester Anneli hat mir erzählt, dass sie auch manchmal Trinkgeld von Kunden bekommt. Meine Mutter hat mir immer nur gezeigt, wie man zerrissene Kleidung flickt und Socken stopft."

"Na, das ist ja nützlich..." Jakob hörte auf zu sprechen, als Schreie die friedliche Ruhe zerrissen. Er beugte sich vor, um die Richtung zu erkennen, aus der das Kreischen kam, verlor dabei das Gleichgewicht und kippte nach vorne. Berta packte ihn an der Jacke und zog ihn zurück. "Äh ... danke. Was *war* das?"

"Wahrscheinlich zwei Reiher, die krächzen immer so, als würde jemand ermordet werden."

"Nein, nein. Es war anders. Da, schon wieder!" Jakob und Berta hörten verzweifelte Schreie. Sie kamen aus der Richtung des Käsespeichers und sie klangen wie von Menschen.

"Schnell!", sagte Jakob zu Berta, stopfte die Reste seines Kuchens zurück in seine Tasche und rannte den Berg hinunter. Als sie sich dem Käsespeicher näherten, hörten sie Schluchzen und Weinen. Sie versteckten sich hinter einem Baum und sahen, wie Ramun seine Jacke abbürstete und dann davonlief. Berta flüsterte Jakob zu, dass er hierbleiben solle, und sie ging zu einer Frau, die zusammengerollt auf dem Boden lag. Berta berührte leicht die Schulter der Frau, um sie nicht zu erschrecken, aber die Frau zuckte erschrocken zusammen. Es war Magdalena, die älteste Tochter von Herrn Brotz, sie war völlig aufgelöst. Obwohl sie Berta nur vom Sehen her kannte, klammerte sie sich fest an sie und weinte.

Berta wartete, bis Magdalenas Tränen versiegt waren und gab dann Jakob ein Zeichen.

"Soll ich Hilfe holen?", fragte er. "Den Arzt oder deine Eltern oder jemand anderen?"

Panisch registrierte Magdalena Jakobs Anwesenheit. "Nein, niemand, sagt es bitte niemandem!"

"Wenn Sie sich sicher sind, Fräulein Magdalena, aber Sie scheinen verletzt zu sein. Es ist Blut auf Ihrem Kleid."

Magdalena wischte sich die Tränen weg und blickte an sich herunter. Sie knöpfte einige Knöpfe an ihrem Mieder zu und schaute Berta an. "Meinst du, ich könnte mit dir nach Hause kommen und mich zurechtmachen?"

"Mein Vater ist wahrscheinlich noch in der Kneipe. Ja, natürlich kannst du kommen. Keine Sorge, meine Mutter wird niemandem etwas sagen, wenn du es nicht willst. Wir waschen die Flecken aus deinem Kleid und kämmen dein Haar."

"Danke", sagte Magdalena erleichtert. "Meine Eltern werden mich umbringen, wenn sie das je erfahren."

"Sie werden kein Wort von mir hören, das verspreche ich", sagte Berta. Beide Mädchen starrten Jakob erwartungsvoll an. Der hob die Hände: "Was? Ich habe doch schon gesagt, dass ich nichts verraten werde."

"Versprich es!", forderten die Mädchen unisono.

"Ja, natürlich, ich verspreche es." Jakob vermutete, dass er etwas verpasst hatte, aber er wusste nicht, was. Er fragte sich, worüber Ramun und Magdalena sich gestritten hatten. Seufzend folgte er ihnen nach Hause und winkte zum Abschied, als sie zu Bertas Haus abbogen.

*****

Jakob besaß bereits acht eigene Ziegen und hütete weitere zwanzig von benachbarten Bergbauern. Anton hatte wieder vier Kühe, wie vor dem Brand. Es war für Jakob kein Problem, den Vater zu überreden, dass Josef sie bei der jährlichen Alpauffahrt begleiten durfte, um Jakob mit der Ziegenherde zu helfen. Jakob schnitt eine lange Haselrute für Josef, sagte ihm aber, er solle die Ziegen damit nicht richtig schlagen, sondern sie nur leicht berühren.

Der Marsch zur Griesalp verlief ohne Zwischenfälle. Jakob machte ein Feuer und die Männer saßen darum herum, aßen, tranken und rauchten. Es gab nur einen Unterschied: Eddie war nicht mehr bei ihnen. Sein Enkel Emil war nach Amerika ausgewandert, obwohl er immer behauptet hatte, das nicht zu tun. Eddie war so untröstlich, dass er mittlerweile nur noch selten sein Haus verließ.

Damit hatten die Männer etwas, worüber sie in den ersten Minuten reden konnten. Sie sprachen auch über die neue Bahnlinie von Bern nach Thun. Sie fragten sich, wie lange die Reise nach Bern mit einem Dampfzug dauern würde. Das Gespräch kam natürlich auf Chasper und Buolf, die bei der Bahngesellschaft arbeiteten, und auf die ganze Familie Ebner.

Fridolin hatte einen hartnäckigen, schlimmen Husten und war so schwach, dass er kaum mehr zum Wirtshaus gehen konnte. Das weitere Gespräch über die Familie wurde unterbrochen, als Karl Stettler die Männer eindringlich darauf hinwies, dass Jakob und Josef unter ihnen säßen und aufmerksam zuhörten.

"Nun denn, Männer, nicht tratschen. Was werden die beiden jungen Burschen von uns denken?" Er lachte gutmütig und wechselte das Thema. "Sag, Edwin", wandte er sich an Herrn Brotz, "Wie geht es deiner Tochter Magdalena? Ich habe neulich mit deiner Frau gesprochen, und sie hat mir gesagt, dass sie nach Baden-Baden gefahren ist, um sich dort zu erholen. Ich hoffe, es ist nichts Ernstes?"

Herr Brotz hustete und wurde ein wenig rot im Gesicht. Herr Stettler ärgerte sich selbst über seine Frage, denn Edwin wollte offensichtlich nicht darüber reden. "Nein, es ist nichts Ernstes", antwortete er, "aber wir dachten, eine Luftveränderung würde ihr guttun und wir haben dort Freunde, bei denen sie bleiben kann." Herr Stettler runzelte ein wenig verwundert die Stirn, fragte aber nicht weiter nach.

Die Männer plauderten weiter, bis es Zeit war, die Kühe zu melken. Am nächsten Morgen kehrten sie ins Tal zurück, Josef mit ihnen. Jakob und Gustl blieben allein auf der Alm zurück.

Die nächsten zwei Wochen vergingen rasch. Gustl und Jakob lebten sich schnell in ihren gewohnten Alltag ein. Jakob war nun zwölf Jahre alt und ein großer, kräftiger Junge. Er war harte Arbeit gewohnt und konnte Gustl mehr und mehr helfen.

"Ich habe unweit des Gamchibachs am Hang des Gspaltenhorns eine tote Gämse gefunden", begrüsste Jakob Gustl in der Sennerei. Er hatte die Ziegen in ihr Gehege zurückgebracht, jetzt, wo die Dämmerung einsetzte.

"Ach ja?" Gustl wartete auf weitere Informationen.

"Es sah aus, als hätte sie ein Luchs erwischt, aber als ich mit den Ziegen kam, war die Gegend menschenleer. Es waren nicht einmal Aasgeier am Himmel zu sehen. Aber schau mal, was ich habe..." Jakob hielt ein Haarbüschel vom Nacken der Gämse in die Höhe. "Ich habe es mit meinem Messer abgeschnitten, es wird sich hervorragend auf meinem Hut machen."

"So ist es", stimmte Gustl zu. "Es hat auch eine schöne Färbung. Ich helfe dir später, es richtig zu binden. Hast du da oben viele Steinböcke gesehen?"

"Ein paar mehr als sonst, ja. Der Schnee liegt immer noch und der Boden ist sumpfig. Dieses Jahr wächst nicht viel, es wundert mich nicht, dass sie abwandern."

"Ich habe in den letzten Tagen ein paar kleine Steinschläge gehört. Es braucht nicht viel, wenn der Boden so nass ist wie hier. Ein ausgewachsener Steinbock, der von einem Felsvorsprung zum nächsten springt, kann leicht Steine und Felsen lösen. Und du weißt ja, was man sagt: Es *braucht nur einen Stein, um den ganzen Berg ins Rollen zu bringen.*"

"Ich kann nicht glauben, dass morgen schon wieder Samstag ist und Josef kommt."

Gustl konnte sich ein Lächeln nicht verkneifen. "Was?", fragte er spielerisch, "gerade mal zwölf Jahre alt und schon klingst du wie einer von uns alten Männern!"

Jakob errötete leicht und lachte zurück. "Es ist aber wahr! Ein einziger Tag in der Fabrik scheint viel länger zu dauern als zwei Wochen hier oben."

Gustl lächelte jetzt traurig. Er hatte als Kind nicht in einer Fabrik arbeiten müssen, es hatte Gott sei Dank keine gegeben. Obwohl er oft Hunger gehabt hatte, war er noch am Leben. Aber andere *waren* gestorben, das war nicht zu leugnen. Die Welt veränderte sich, er wusste nur nicht, ob zum Guten oder zum Schlechten. Er beendete das Käsewenden. "Na dann komm", sagte er. "Lass uns dein Gamshaar schön zusammenbinden. Du kannst es morgen Josef zeigen."

*****

Der Zündhölzli Bub

Jakob war aufgestanden, sobald die ersten Lichtstreifen über die Alpengipfel krochen. Er beschloss, seine Ziegen in ein Seitental zu führen und das Gebiet auf Steinschlag zu überprüfen, bevor Josef kam. Er folgte einem Bach und ging langsam, damit die Ziegen genügend Zeit zum Fressen hatten. Er suchte die Kämme des Tals ab und hielt Ausschau nach Steinböcken oder einer verräterischen dunklen Linie aus Steinen. Die Alp war friedlich. Die einzigen Geräusche waren das gelegentliche Meckern seiner Ziegen, das Bimmeln ihrer Glocken und das Plätschern des Baches.

Er setzte seinen Weg fort und dachte aufgeregt daran, dass sein Bruder in ein paar Stunden auf der anderen Seite des Bergrückens zu seiner Linken den Berg hinauf wandern würde. Er beschloss, den Grat ein kleines Stück hochzuklettern. Noch immer hatte er seine Ziegen im Blick, die sich unter ihm die Mägen vollschlugen. Er setzte sich auf einen Felsen und wartete. Ein Murmeltier kam aus seinem Bau und machte sich, da es keine Gefahr witterte, auf die Suche nach Nahrung. Weitere Murmeltiere tauchten auf. Drei Gämsen begannen, vom Kamm über ihm herabzusteigen. Er staunte immer wieder über die Art, wie sie sich einfach fallen ließen, aber stets trittsicher von einem Felsen auf dem nächsten landeten. Kein Lebewesen konnte so schnell aus der Höhe absteigen wie die Gämsen, dachte er.

Doch halt! Was war das? Ein halbes Dutzend weiterer Gämsen stürzte von den Höhen herab, als hätte sie etwas erschreckt. Das Wächtermurmeltier stieß einen hohen Pfeifton aus und seine Familie sauste zurück in ihren Bau. Jakob kniff die Augen zusammen und suchte am Horizont nach der Ursache für ihre Panik. Er glaubte, einen Menschen zu sehen, der sich auf dem Kamm bewegte. Da! Er hatte es sich nicht eingebildet. Mit einer blauen Jacke! Nein, das konnte nicht sein! Was in aller Welt machte Ramun hier oben?

Jakobs Herz raste. Er war sich nicht sicher, warum. Nur, dass jedes Mal, wenn er Ramun sah, etwas Schlimmes passierte.

18

1859

Jakob verfolgte die Bewegungen der Person, bis sie völlig aus seinem Blickfeld verschwand. Dann rannte er ohne logischen Grund den Hang hinunter zu seinen Ziegen und begann, sie zu Gustls Holzhütte zurückzutreiben. Die Ziegen blökten protestierend. Es war noch nicht an der Zeit, zurückzukehren! Aber Jakob war rigoros und trieb sie zielstrebig zurück in ihr eingezäuntes Gehege. Der Klang ihrer Glöckchen und das laute Meckern holten Gustl aus der Käserei.

"Was ist los? Was ist denn passiert?", fragte Gustl, seine Stimme war voller Sorge. In all seinen Jahren auf der Alp hatte Jakob die Ziegen nicht ein einziges Mal so früh zurückgebracht.

"Da oben auf dem Kamm bewegt sich jemand, ich glaube, es ist Ramun."

Gustl strich sich nachdenklich über das Kinn. "Jemand oben auf dem Kamm, bist du sicher? Das ist ungewöhnlich", fuhr er fort, ohne eine Antwort abzuwarten, "aber vielleicht ist es ein Fremder ... der eine Wanderung macht oder so. Manche Leute aus den Städten ... nun, ich habe gehört, dass sie das heutzutage tun."

"Nicht hier. Ich habe noch nie jemanden gesehen, niemals. Jedenfalls war es kein Tourist, es war Ramun."
"Wie kommst du darauf, mein Junge?"
"Er trug eine blaue Jacke."
Gustl schüttelte den Kopf. "Ich weiß, dass du denkst, die blauen Jacken von dieser Schule sind vornehm, Junge. Die Wahrheit ist, dass es in den Städten viele Leute gibt, die blaue Jacken tragen."
Jakob begann sich zu beruhigen. Sein Onkel hatte Zweifel in seinem Kopf gesät. Er hatte recht, es hätte jeder sein können. Und selbst wenn es Ramun gewesen wäre, na und? Hier oben konnte er nicht viel Schaden anrichten.
"Tut mir leid, Onkel, ich weiß nicht, was in mich gefahren ist, ich bin sonst nicht so."
Gustl klopfte Jakob auf die Schulter. "Das ist schon in Ordnung, Junge, jeder hat ab und zu einen kleinen Aussetzer. Also, du bist zwölf Jahre alt, ich denke, das ist alt genug, um einen kleinen Schluck von Tantchens Spezialschnaps zu trinken. Dann kannst du mir in der Käserei helfen." Gustl ging ins Haus, um die Flasche zu holen, und Jakob setzte sich auf eine alte Holzbank in der Veranda. Sein Herz pochte immer noch, jetzt jedoch langsamer. Plötzlich hörte er ein tiefes, dumpfes Grollen, wie Donner, aber es hörte nicht auf. Er schaute zum Himmel hinauf, als Gustl aus dem Haus stürmte.
Das Geräusch dröhnte noch lauter. Es machte keine Pause. Es donnerte und knurrte und es gab ein seltsames knirschendes Geräusch. Gustl bekreuzigte sich. "Oh mein Gott, hilf uns bitte in Deiner Güte!"
Jakob spürte, wie sich sein Herz zusammenzog, er konnte kaum noch atmen: "Onkel?", fragte er erschrocken.
"Eine Steinlawine ... eine große ... eine schlimme." Gustl lauschte weiter und konzentrierte sich. Das Geräusch hallte wieder, prallte an den Bergwänden, die sie umgaben, hin und

her. Es dröhnte und rollte und grummelte. Jakob hatte in seinem ganzen Leben noch nie etwas so Schreckliches gehört. Sogar der Boden unter seinen Füßen zitterte. Schließlich ließ sich das Geräusch nach und hörte auf. Nur ein gelegentliches, kleineres Rumpeln verriet, dass sich der Berg noch bewegte.

Gustl ließ sich auf die Bank sinken. Er bekreuzigte sich wieder und starrte auf die Flasche in seiner anderen Hand, als wäre sie ein Fremdkörper. Mit zitternder Hand schüttete er zwei ordentliche Portionen in zwei Becher. Er kippte seinen eigenen hinunter und füllte seinen Becher wieder auf, noch bevor Jakob seinen probiert hatte. Seine Stimme schwankte, als er sprach.

"So eine Große habe ich noch nie gehört", sagte er zu Jakob, "in meinem ganzen Leben nicht. Wir bringen das Vieh in Sicherheit und machen uns dann auf den Weg zum Tschingelsee. Vielleicht sehen wir auf unserem Weg noch mehr. Hoffentlich ist niemand verletzt. So ein großes Ding könnte leicht ein ganzes Dorf unter sich begraben."

Die Kühe hatten den schrecklichen Lärm bereits verstärkt, indem sie aufgeregt muhten und von ihrer Weide zurück zur Hütte liefen. Gustl brauchte nur das Gatter zu öffnen, und sie gingen alle freiwillig in ihr Gehege. Gustl rannte hin und her, schnappte sich eine Rolle stabiles Seil, eine Spitzhacke sowie eine Schaufel und einen Spaten. Letztere gab er Jakob und forderte ihn auf: "Komm!"

Sie begannen, den steilen Bergpfad hinunterzulaufen, der sich im Zickzack in nordwestlicher Richtung schlängelte. Es war nur ein schmaler Pfad, übersät mit losen Steinen, abgestorbenen Tannennadeln und heruntergefallenen Zapfen zwischen einem Wald aus Tannen und Koniferen. In seiner Eile stolperte Jakob über einen Stein und fiel auf seine Hände und Knie. Gustl blieb stehen, drehte sich um und reichte ihm die Hand, um ihm aufzuhelfen.

"Geht es dir gut?", fragte er.

Jakob stand auf und fuhr mit einer Hand über die aufgeschürften Knie, um den Schotter und Schmutz abzuwischen.

"Ja, alles gut, nichts gebrochen," antwortete er und stampfte mit den Füßen, um sich zu vergewissern. "Onkel, wird es Josef gut gehen?"

"Ja, Junge, natürlich! Es ist überhaupt nicht gesagt, dass die Lawine den Weg hier oben gekreuzt hat, und außerdem ist es unwahrscheinlich, dass Josef genau dann an der Stelle vorbeigekommen ist, als sie abging."

"Als ich Ramun sah wusste ich, dass was Schlimmes passieren würde, das passiert immer!"

"Ich weiß nur von dem Brand bei Ramberts. Gibt es noch mehr, was du mir nicht erzählt hast?"

Jakob wurde klar, dass niemand etwas über Magdalena wusste. "Nichts wie das", vermied er eine direkte Antwort, "nur Kleinigkeiten, wie Steine über den Bach zu werfen und so", endete er und merkte, wie lahm es klang.

"Nun, er ist ein arroganter junger Mann, das war er schon als Junge, aber wir wissen nicht sicher, ob er es oben auf dem Grat war, und selbst wenn... nun, man kann ihm nicht die Schuld an einer Lawine geben. So ist die Natur!"

"Wenn ein Steinbock Steine lostreten kann, die einen Felssturz in Gang setzen, dann kann das auch ein Mensch."

Gustl strich sich über das Kinn, wie er es immer tat, wenn er ernsthaft über etwas nachdachte. "Ich nehme an, wenn jemand einen oder mehrere große Felsbrocken umkippt und sie den Berg hinunterrollen lässt, dann könnte er vielleicht eine Lawine auslösen... aber", fügte er hinzu, "das wäre ein *großer* Zufall. Es ist unmöglich, dass jemand tatsächlich eine Lawine *plant*. Komm schon, anstatt zu spekulieren, lasst uns das verdammte Ding finden und schauen, ob jemand Hilfe braucht."

Der Weg führte nun an einer Seite des zerklüfteten Berges entlang und fiel auf der anderen Seite steil ab. Nur ein wackeliges Seil, das lose an kurzen, morschen Pfählen befestigt war, trennte sie von einem schwindelerregenden, steilen Abgrund, der hunderte von Fuß ins Tal hinabfiel.

Vorsichtig schritten sie von der Griesalp durch die Griesschlucht. Unter ihnen donnerte der Gornerbach eiskalt zwischen zerklüfteten Felsen, die aus dem Flussbett ragten, ein wirbelnder Strudel aus weißem Wasser, in Gegenströmen tobend. Über ihnen ragten hohe Immergrüne ins Licht. Schattenliebende Pflanzen und feuchtes Moos berührten ihre Füße.

Gustl und Jakob überquerten eine klapprige Holzbrücke, die sich über den Bach wölbte. Nun schlängelte sich der Weg wieder aufwärts und umrundete rechts eine unwegsame Felswand. Sie folgten dem Flusslauf in Richtung "Hexenkessel", einem tiefen Strudel, und dem tosenden Pochtenfall. Der Wasserfall stürzte von den Höhen über ihnen kaskadenartig in den Fluss hinab.

Der Dündebach, ein kleiner Nebenfluss, gesäumt von frischen, lindgrünen Lärchen, formte einen mehrstufigen Wasserfall, bevor er sich prächtig in den Gornerbach ergoss. Als sie dem Weg um einen Felsvorsprung herum in Richtung eines Geröllfeldes folgten, erblickten sie plötzlich, früher als erwartet, einen schwarzen, neu entstandenen Fluss aus Granitfelsen und -steinen, der sich von dem hoch aufragenden Bergrücken über ihnen bis ins Tal erstreckte.

Gustl und Jakob standen wie erstarrt da und verfolgten mit ihren Augen den Lauf der Lawine. Die dunklen, anthrazitfarbenen, scharfkantigen Gesteinsbrocken standen in krassem Gegensatz zu den grünen Wiesen und Waldbäumen, die den Rand säumten. Als Jakob versuchte, das ganze Ausmaß der Szenerie vor ihm zu erfassen, erstarrte sein Herz plötzlich zu Eis.

"Da!", schrie er und zeigte auf einen verbogenen Holzgriff, der schief zwischen einigen Felsen hervorlugte. "Das ist Josefs Handkarren!" Er kletterte auf allen Vieren über die zerbrochenen Felsbrocken wie ein Wolf, der nach zwei Wochen seine erste Mahlzeit erspäht hatte.

"Warte!", Gustl schrie ihm nach. "Halt, das ist gefährlich!" Ab und zu waren noch Steine in Bewegung, die nach unten rollten. Jakob beachtete seine Warnungen nicht und krabbelte ungeschickt weiter auf den verräterischen Holzgriff zu. Die Felsen gaben unter dem Druck seiner Füße nach und begannen, bergab zu rutschen. Gustl griff nach dem Seil aber es gab nichts woran er es befestigen konnte. Also stützte er sich mit dem langen Stiel des Spatens ab, um Jakob vorsichtig über die Felsen zu folgen.

Jakob erreichte den Griff des Handkarrens und begann verzweifelt, die Steine, die ihn begruben, aufzuheben und beiseite zu werfen. Tränen und Rotz liefen ihm über das Gesicht, er weinte wie ein Kleinkind, aber er konzentrierte seine ganze Energie darauf, die Steine schnell in alle Richtungen zu verteilen und das Loch tiefer zu graben, in der Absicht, das freizulegen, was auch immer sich darunter befinden mochte. "Josef", rief er, "Josef, wo bist du? Wir sind hier, um zu helfen. Josef, halt durch, wir kommen!" Er hob die Steine weiter weg, bis er plötzlich den ganzen Griff, der von dem Wagen abgebrochen war, in den Händen hielt. Er hielt ihn hoch und drehte sich weinend zu Gustl um, der ihn schon fast erreicht hatte. Er setzte sich wieder hin.

Gustl nahm das Seil und band ein Ende um Jakobs Taille und das andere Ende zur Sicherheit um seine eigene. Er biss sich auf die Lippe, um Jakob nicht für seine Tollkühnheit zu beschimpfen. "Allein können wir nichts tun", sagte er stattdessen. "Hilfe ist unterwegs, das ganze Tal ist Zeuge des Lawinenabgangs geworden. Für Josef gibt es noch Hoffnung, das ist nur sein Karren. Jetzt folge mir vorsichtig zurück zum Weg, aus der Gefahr heraus. Wir wollen doch nicht noch mehr Steine ins Rollen bringen."

Jakob starrte auf den Fluss aus Steinen und wusste, dass sein Onkel recht hatte. Josef konnte überall sein. Die Chance, ihn zu finden, war gleich Null. Er drehte sich um und folgte ihm gehorsam zum Weg zurück.

Es gab nur einen Weg durch das Chienetal: Auf der rechten Seite des Flusses Chiene, der aus dem Tal heraus in das Scharnachtal und weiter nach Reichenbach führte. Dieser Weg war versperrt. Sie mussten zur Alp zurückkehren und warten, bis der Pfad geräumt und gesichert war. Er vermutete, dass *er* den Grat, auf dem er Ramun gesehen hatte, erklimmen und auf der anderen Seite, auf der linken Seite der Chiene, absteigen könnte. Das würde ihn direkt nach Aris führen, aber es war höchstens ein Fußpfad, inklusive Felsklettern und definitiv nicht für Kühe zugänglich.

Sie erreichten sicher den Weg über ihnen und Gustl löste das Seil. "Mach das nie wieder!", sagte er zu Josef. "Egal, wie dringend es ist. Du hilfst den anderen nicht, wenn du dich in Gefahr begibst. Du hättest eine neue Lawine auslösen können und wärst selbst umgekommen!" Nachdem Gustl den Dampf abgelassen hatte, holte er seine Schnapsflasche hervor und nahm einen Schluck. Er bot ihn Jakob an, der den Kopf schüttelte und zu Boden sah.

"So!", sagte Gustl und wischte sich den Mund mit seinem staubigen Ärmel ab. "Hier ist ein guter Platz, um die da drüben wissen zu lassen, dass wir noch leben, aber Hilfe brauchen." Er holte ein paar Mal tief Luft und begann dann über die Hügel in Richtung eines einsamen Bauernhofs zu jodeln, der etwa eine halbe Meile entfernt war und in den Falten des Mittelbergs lag. Er hoffte, dass er jetzt im Sommer bewohnt war.

"Ho lo-di li-di jo ho-la djo di-li di-a-di li-di jo." Er

wiederholte es dreimal. Schließlich drang eine schwache Antwort durch das Tal.

"Ho-la djo di-li-di-o di-li-di-djo." Und weiter. "Hola la-dili dilo di-li-di-o."

"Die werden schon kommen. Wir müssen zurück zum Vieh", sagte Gustl zu Jakob. "Die Tiere können sich nicht selbst melken."

Das Jodeln wurde mal lauter, mal schwächer, während die Nachricht von einem Bauernhof zum nächsten und über die Täler bis nach Weißbrügg übermittelt wurde.

*****

Hilfe kam. Man brachte Proviant und die Nachricht, dass niemand verletzt sei, Josef aber vermisst werde. Bauer Rüdi aus Reichenbach bot sich an, mit seiner Bernhardinerhündin Gundi über den Felssturz zu laufen. Sie erhielt einen Pullover von Josef zum Beschnuppern. Sowohl der Bauer als auch der Hund wurden mit Seilen gesichert, die von Männern am Rande des Lawinenabgangs gehalten wurden. Die Rettungsaktion scheiterte. Man vermutete im Stillen, dass Josef zu tief verschüttet lag, als dass selbst der Hund eine Duftspur hätte finden können. Auch die Temperaturen waren gesunken.

Nach einer Woche hoffte niemand mehr, Josef lebend zu finden, und er wurde für tot erklärt.

Die Arbeiten zur Sicherung der Felsen oberhalb des Weges begannen. Stabile Eisenpfosten wurden in den Granitberg gehämmert und dazwischen Metallnetze befestigt. Nachdem die Gefahr minimiert worden war, räumten zwanzig Männer den Weg frei und stabilisierten ihn für die weitere Nutzung.

Jakob kam für zwei Tage von der Alp nach Hause zurück, während sein Vater weiterarbeitete. Sein Kummer war unerträglich. Er ging zurück und blieb bei seinem Onkel, um sich um die Ziegen zu kümmern, bis der Herbst kam und es Zeit war, ins Tal zurückzukehren.

In diesem Jahr gab es keine feierliche Alpabfahrt. Kein Fest, kein Tanz, keine Musik. Es war eine traurige Rückkehr, und die wenigen Menschen, die den Weg säumten, zogen ihre Hüte und standen aus Respekt schweigend da.

Jakob ging nach Hause. Er konnte sich nicht mehr vorstellen, mit Mina allein auf der Matratze im Wohnzimmer zu schlafen, ohne Josef. Er sagte Anton und Regina, dass er in Zukunft mit dem Vieh auf dem Heuboden schlafen würde. Ja, auch im Winter, trotz der eisigen Temperaturen.

Er erzählte seinem Vater und seiner Stiefmutter, dass er Ramun kurz vor dem Ausbruch der Lawine auf dem Bergrücken oberhalb der Stelle gesehen hatte, wo die Lawine abgegangen war.

"Er hat Josef ermordet", behauptete er.

"Mord? Josef? Mach dich nicht lächerlich, man kann niemanden mit einer Lawine ermorden!", antwortete Anton verärgert. Er hatte schreckliche Zahnschmerzen, die nicht verschwinden wollten, und er hatte seinen Sohn verloren. Er hatte Lena im Stich gelassen. Das Letzte, was er brauchte, waren wilde Anschuldigungen von Jakob.

"Er muss etwas damit zu tun gehabt haben. Vielleicht wollte er ihn nicht wirklich töten, sondern ihn nur erschrecken oder verletzen. Aber dann ist es Totschlag, ich weiß es, ich habe davon gelesen!"

"Genug Jakob. Ich verbiete dir, solchen Unsinn zu reden. Ist es nicht schon schlimm genug, dass wir Josef verloren haben?"

Jakob ging auf den Dachboden. Er wälzte sich hin und her und konnte nicht schlafen. Er konnte Ramun nicht vergessen. Wenn seine Familie nicht auf ihn hören wollte, dann würde er zu Wachtmeister Strünzli gehen, beschloss er.

*****

Am nächsten Morgen ging er zu Fuß ins Dorf und bog rechts in die Straße ein, in der das Haus von Wachtmeister Strünzli stand. Es war blassgrün gestrichen und hatte rote Holzfensterläden. Es stand allein, ein zweistöckiges Haus mit steilem Giebeldach, umgeben von einem weißen Lattenzaun. Der Garten war üppig mit hell blühenden Stockrosen, Sonnenblumen und Dahlien bepflanzt. Sie säumten den Weg, der zur Haustür führte. Einige von ihnen waren größer als ein erwachsener Mann.

Wachtmeister Strünzli kam von seiner Morgenrunde zurück. Als er Jakob sah, zog er die Schultern hoch, beugte sich leicht nach vorne und begann, viele kurze Trippelschritte zu machen. Er gewann an Tempo, und es sah so aus, als würde er jeden Moment umkippen. Sobald er Jakob erreichte, hielt er sich an seinem Zaun fest, um nicht umzufallen. Er richtete sich auf, reichte Jakob die Hand und sagte guten Morgen, als wäre alles ganz normal. Und das war es auch.

Wachtmeister Strünzli lief immer so, und niemand zog bei seinem Anblick mehr die Augenbrauen hoch. Selbst die Kinder, die früher über den "Wursti" gekichert hatten, hatten sich an diese Eigenschaft gewöhnt. Nur wenn er mit seinem Sohn August, der genauso rannte, zusammenlief und beim Anhalten fast den ganzen Zaun umriss, wurden die Lachmuskeln der Dorfbewohner überstrapaziert.

Er führte Jakob hinein und bat ihn, im vorderen Raum zu warten, der als Polizeistation diente. Er trug eine khakigrüne Hose und eine Jacke über einem weißen gestärkten Hemd mit einem hohen Kragen, der ausschaute, als würde er ihm in den Hals kneifen. Jakob setzte sich auf einen Holzstuhl und spähte hinter sich. Er sah, wie der Wachtmeister seine grüne Schirmmütze abnahm und vor einem kleinen runden Spiegel sein kurzes braunes Haar ordentlich zu einem Seitenscheitel kämmte. Dann zwirbelte er seinen Schnurrbart zu zwei anständigen Kringeln auf. Zufrieden mit seinem Aussehen betrat er den Raum und setzte sich hinter seinen Schreibtisch. Er holte einen Block Papier aus der Schublade und nahm einen Bleistift aus dem Halter vor ihm, wobei er die Spitze auf ihre Schärfe hin überprüfte.

"Wie kann ich dir nun helfen?", fragte er schließlich.

Jakob erzählte seine Geschichte und hielt ab und zu inne, damit Wachtmeister Strünzli sich Notizen machen konnte. Als er beendet hatte, kaute der Wachtmeister nachdenklich auf dem Ende seines Bleistifts herum.

"Ich kann Ramun Lauber besuchen, falls er zu Hause ist, und ihn fragen, wo er an diesem Tag war. Aber wenn du ihn nicht *beobachtet* hast, wie er einen Felsbrocken den Grat hinuntergeschoben hat, nun ... ich fürchte, da kann ich nicht viel tun." Der Wachtmeister klang ein wenig enttäuscht, als hätte er gerne ein Verbrechen aufgeklärt.

Jakobs Gesicht verfinsterte sich. Aber als er alles, was er gesehen hatte, noch einmal erzählte, wurde ihm klar, dass die Fakten nicht ausreichten. Er selbst war sich absolut sicher, dass Ramun irgendwie in die Sache verwickelt war, doch er konnte es nicht beweisen.

"Ich könnte wohl auch den Bürgermeister fragen", fügte Wachtmeister Strünzli hinzu. "Ferdinand geht in dieselbe Schule."

"Ferdinand? Nein, nein." Jakob versicherte ihm. "Ferdinand ist nicht so, das war bestimmt Ramun."

*****

Zu Hause war die Atmosphäre angespannt. Wilhelmine, inzwischen zehn Jahre alt, sprach mit Margot und dann mit ihren Eltern. Es wurde beschlossen, dass sie dauerhaft bei Margot und Gustl wohnen konnte. Das war näher an der Schule und sie konnte Margot bei der Spitzenherstellung nach der Schule helfen. Anton war sowieso kaum zu Hause. Sie würden sich sonntags sehen.

Jakob besuchte Berta. Sie hatte abgenommen und war blass. Sie erzählte Jakob, dass ihr Vater krank sei, irgendetwas mit seiner Lunge, weil er so viele Jahre in der Schiefergrube geschafft hatte. Er konnte nicht mehr arbeiten und war bettlägerig. Sie half ihrer Mutter, ihn zu pflegen, und bekam nachts oft keinen Schlaf.

"Wenigstens kann er mich nicht mehr schlagen." Sie schnitt eine Grimasse. "Was ist mit dir? Ich bin so traurig wegen Josef."

Jakob erzählte Berta noch einmal die ganze Geschichte. Sie hörte aufmerksam zu. "Aber warum sollte Ramun Josef töten wollen? Das ergibt doch keinen Sinn."

"Vielleicht hat Josef etwas gesehen. Du weißt schon", sagte er, senkte seinen Blick und flüsterte, "wie bei Magdalena oder so."

"Vielleicht..." Berta antwortete: "Aber ihn zu töten? Was könnte Josef denn gesehen haben, um *das* zu rechtfertigen?"

"Ich weiß es nicht."

Berta ließ sich Zeit zum Überlegen. "Erinnerst du dich an den Sonntag mit Magdalena, als Josef zur Strafe den ganzen Nachmittag zu Hause bleiben musste? Er musste Zündholzschachteln zusammenkleben oder so."

"Ja, ich erinnere mich, warum?"

"Nun, ich frage mich nur, ob du weißt, was er falsch gemacht hat. Ich meine, das war eine ziemlich harte Strafe für den *ganzen* Nachmittag. Deine Eltern sind normalerweise nicht so streng. Eine Stunde oder zwei, ja, aber den *ganzen* Nachmittag?"

Jakob merkte, worauf sie hinauswollte. "Nein, ich weiß es nicht. Er hat es mir nicht gesagt und, na ja, ich war in Gedanken bei Magdalena. Ich habe nicht daran gedacht zu fragen. Ich habe ihm auch nichts von Magdalena erzählt, ich hatte versprochen, es niemandem zu erzählen. Hmm ... vielleicht weiß es Mina, ich werde sie fragen."

*****

Am nächsten Tag sah Jakob Mina in der Schule. In der Pause ging er zu ihr auf den Schulhof, wo sie gerade mit ihrer Freundin Sylvia ihre Milch trank.

"Tut mir leid, Sylvia", sagte er. "Kann ich mit meiner Schwester *allein* sprechen? Es ist sehr wichtig."

Mina sah ihren Bruder böse an und wollte protestieren, aber Sylvia zuckte mit den Schultern. "Kein Problem", sagte sie und ging weg.

"Was?", fragte Mina.

"An jenem Sonntagnachmittag, als Josef Hausarrest hatte... weißt du, was er angestellt hatte?"

"Ja, natürlich. Das ist doch nicht so wichtig, dass du Sylvia wegschicken musst!"

"Was hat er getan?"

"Er hat Mama und Papa erzählt, dass er Haris Mutter beim *Knutschen* mit dem Arzt gesehen hat."

"Was! Welcher Arzt?"

"Köfeli natürlich. Das ist kein Geheimnis, das wissen *alle*. Sogar Tante Margot weiß es. Sie hat mich gebeten, es vor Onkel Gustl nicht zu erwähnen, schließlich ist sie seine Schwester. Sie hat gesagt, dass es nur Klatsch und Tratsch ist, aber dass er sich aufregen würde, wenn er es wüsste."

"Das wusste *ich* nicht!"

"Nun ja, aber du bist eben ein *Junge*."

"Warum haben Mama und Papa ihn dann so hart bestraft, wenn es alle wissen?"

"Keine Ahnung. Vielleicht hatte Papa es nicht gewusst und

er hatte wieder Zahnschmerzen. Er sagte, Josef solle keinen Klatsch wiederholen, schon gar nicht solche Verleumdungen, und dass Helga eine Verwandte sei und er das Wort *Knutschen* nicht mehr hören wolle, es sei ein schlechtes Wort und so weiter. Es gab einen großen Streit."

"Und Josef?"

"Nun, er murrte natürlich, zumal er sie selbst gesehen hatte, aber wagte nicht, mehr zu sagen."

Jakob kehrte verwirrter als vorher ins Klassenzimmer zurück. Haris Mutter mit Dr. Köfeli? Was hatte das mit all dem zu tun? Er zermarterte sich das Hirn, bis es sich wie Sägemehl anfühlte und Herr Stettler den Tafelschwamm nach ihm warf, um ihn aufzuwecken.

"Pass auf, Jakob! Jetzt erklär uns allen, wann die Alte Eidgenossenschaft ihre Unabhängigkeit vom Haus Habsburg und dem Herzogtum Burgund erlangt hat."

19

1859 – 60

Anton hatte einen bitteren Geschmack im Mund, und sogar er selbst bemerkte seinen fauligen Atem. Seine Zahnschmerzen waren unerträglich, und nun zogen die Schmerzen bis in den Kopf. Er wollte nicht zu Dr. Köfeli gehen. Nicht nur wegen der Gerüchte über seine Affäre mit Helga, sondern weil, seitdem sie dort arbeitete, sich einige Leute über das Bekanntwerden ihrer medizinischen Daten beklagt hatten, manchmal bis hin zur Bloßstellung. Wie der arme alte Bert Fechtig mit seinen Hämorrhoiden. Das halbe Dorf wusste alles über sie, bis ins kleinste Detail. Zahnschmerzen waren nicht so peinlich, aber er wollte trotzdem nicht, dass ihn jeder danach fragte, schon gar nicht sein Arbeitgeber.

Dr. Rössel in Reichenbach arbeitete manchmal für die örtlichen Behörden und war teuer, und so lief Anton den ganzen Weg nach Mülenen zu Dr. Tobler. Der Arzt zog ihm den Zahn mit einer riesigen Zange und verlangte fünf Franken. Anton war verärgert. Er ging zurück nach Weißbrügg und murmelte: "Ein Schwindler, ein Schurke!" Er hatte einen Lappen im Mund, um das Blut und den Eiter zu stoppen. Es tat immer noch höllisch weh! Er grummelte vor sich hin. Wenn das alles war, hätte er den Zahn selbst ziehen und das Geld sparen können.

Sechs Monate später hatte er immer noch Schmerzen. Er überlegte, ob er wieder zum Arzt gehen sollte, um sich zu beschweren und sein Geld zurückzufordern. Doch dann war Josef umgekommen und er konnte sich bei der Arbeit nur noch schwer konzentrieren. Da kam der Vorschlag des Direktors wie ein Geschenk des Himmels.

Anton klopfte an die Bürotür von Direktor Lauber, ohne zu wissen, warum er gerufen worden war, und in der Hoffnung, dass es keine schlechten Nachrichten waren. Carl Lauber bat ihn herein, bot ihm einen Sitzplatz an und sprach ihm sein Beileid wegen Josef aus.

"Wie Sie wissen, Herr Schneider, verkaufen wir unsere Zündhölzer direkt an die Gemischtwarenläden und ... nun, ich komme gleich zur Sache, ich suche einen neuen Handelsvertreter, und Herr Häberlin und ich dachten, Sie wären vielleicht interessiert."

"Ich? Aber ich habe kein Pferd und keinen Wagen."

"Nein, aber wir sind mit Ihrer Arbeit in den letzten acht Jahren hier zufrieden und wären bereit, Ihnen ein Darlehen zu gewähren, um Pferd und Wagen zu kaufen. Wir haben sogar einen, den Sie uns abkaufen könnten. Sie würden auf Provisionsbasis arbeiten und könnten das Darlehen problemlos in einem Jahr oder höchstens achtzehn Monaten zurückzahlen."

"Oh. Ich würde also zu den Läden herumfahren und die bestellten Zündhölzer ausliefern und für jede Bestellung eine Provision erhalten?"

"Ja, aber wenn Sie etwas Initiative zeigen und Zündhölzer an weitere Geschäfte verkaufen, können Sie natürlich noch mehr verdienen."

"Vielen Dank, Herr, das würde mir sehr gefallen."

*****

Wachtmeister Strünzli klopfte an die Haustür der Villa von Direktor Lauber. Ein Dienstmädchen öffnete und führte ihn ins Innere, in ein Arbeitszimmer. Zwei Wände waren mit Büchern ausgekleidet und im Kamin brannte ein kleines Feuer. Er brauchte nicht lange zu warten. Herr Lauber trat ein und schenkte beiden ohne zu fragen einen kleinen Whisky ein. Er drückte Wachtmeister Strünzli ein Glas in die Hand, forderte ihn auf, Platz zu nehmen, und setzte sich dann selbst auf ein dunkelrotes Ledersofa. Er lehnte sich zurück, schlug die Beine übereinander, nahm einen Schluck aus seinem Glas und fragte dann den Wachtmeister, was er tun könne, um zu helfen.

Der Wachtmeister nahm sein Notizbuch und einen Stift heraus, blätterte auf eine leere Seite und sagte: "Herr Lauber, ich bin hier, um nach dem Verbleib Ihres Sohnes Ramun am Freitag, dem 2. Juli, zu fragen."

"Ramun? Warum in aller Welt wollen Sie das wissen? Oh, war das nicht der Tag der Steinlawine? Oh, ich verstehe, aber das ist doch absurd! Was hat Ramun damit zu tun? Mein Sohn studiert in Paris, das hat er auch an diesem Tag getan." Herr Lauber stand brüskiert auf und riss dem Wachtmeister grob das halbvolle Glas aus der Hand. "Ich muss Sie bitten, jetzt zu gehen. Ich werde mich bei Ihrem vorgesetzten Beamten in Bern beschweren." Er läutete eine kleine Glocke und ein Dienstmädchen trat ein.

"Führ den Wachtmeister hinaus", befahl er.

*****

Ostern kam und Jakob erzielte einen guten Preis für seine Ziegen. Da er nur noch wenige Monate zur Schule gehen musste, zählte er sein Geld zusammen und beschloss, dass es an der Zeit war, sich um eine Lehrstelle zu kümmern. Wann immer er seinen Vater gefragt hatte, waren seine Fragen mit der

Antwort abgetan worden, es sei noch viel Zeit. Aber sein Vater war jetzt oft für längere Zeit weg, und Jakob hatte gesehen, wie seine Schulfreunde Vorbereitungen getroffen hatten. Er wollte etwas mit seinen Händen machen, am liebsten etwas Mechanisches. Er hatte gehört, dass die Wagnerei Franz Egger im Kandergrund im Herbst einen neuen Lehrling einstellte und dachte, er würde sein Glück dort versuchen, bevor die Stelle vergeben war.

Jakob hatte keine Ahnung, was eine Lehre kostete. Die wenigen Jungen, die er kannte und die das Glück hatten, eine zu bekommen, waren die Söhne von Handwerkern, Gewerbetreibenden oder Kaufleuten. Der Sohn des Notars und des Apothekers sowie Ferdinand gingen auf höhere Schulen, und einige wenige studierten sogar. Die meisten Jungen, die er kannte, waren jedoch Söhne von Bauern und einfachen, ungelernten Arbeitern. Ihre Zukunft würde ähnlich verlaufen wie die ihrer Eltern. Ein Leben voller harter Arbeit, um genug Geld zum Leben zusammenzukratzen. Er wollte nicht wie seine Eltern sein, er hatte Hoffnung auf ein besseres Leben.

Jakob war oft versucht gewesen, etwas von seinem Verdienst auszugeben. Er hätte gerne einen Schlitten oder Skier oder wenigstens einen eigenen Fußball gehabt, aber abgesehen von Millies Sarg und den Lollis nach dem Verkauf seiner ersten Ziege war er sehr diszipliniert geblieben und hatte jeden Cent für eine Lehre und eine bessere Zukunft gespart. Er nahm das Geld aus seiner Dose und begann zu zählen. Am Boden lag das Geld von acht Jahren Arbeit in der Fabrik, 380 Franken. So viel, dass er sich reich fühlte! Mit zittrigen Fingern zählte er sein Ziegengeld, weitere 253 Franken. Er konnte sein Glück nicht fassen. Zusammen 633 Franken. Von so viel Geld hatte Jakob noch nie gehört. Er war überglücklich. Es hat sich gelohnt, dachte er.

Er steckte sein Geld wieder in die Dose und zog sich seine

saubere Sonntagskleidung an. Dann machte er sich mit der Dose unter dem Arm auf den Weg zum Kandergrund. Herr Egger feilte gerade ein hölzernes Rad, um es zu glätten. Er blickte auf, als Jakob seinen Hof betrat.

"Hallo Junge. Bist du nicht Jakob, der Ziegenjunge?"

"Ja, Herr. Ich bin gekommen, um mich nach der Ausbildung zu erkundigen."

Franz Egger hörte auf zu arbeiten und wischte sich die Hände an seiner Hose ab. "Bist du das", sagte er und spielte auf Zeit. Er wollte nicht unfreundlich sein, aber er konnte sich nicht vorstellen, dass der Vater des Jungen die Mittel für eine Lehre hatte. «Nun, du kommst besser rein und setzt dich. Ich bin überrascht, denn normalerweise kommen die Väter zu mir. Es ist eine Frage des Geldes, fürchte ich."

"Ja, Herr. Mein Vater ist Vertreter für die Lauber-Fabrik und oft unterwegs. Er hat mir die Erlaubnis gegeben, selbst mit Ihnen zu sprechen", flunkerte Jakob.

Jakob nahm sein gesamtes Geld aus der Dose und legte es vor sich auf den Tisch.

"Das sind sechshundertdreiunddreißig Franken, Herr", sagte er stolz. "Ich habe das alles selbst gespart."

Franz Egger war beeindruckt. "Das ist eine Menge Geld, Jakob, du kannst stolz auf dich sein."

"Kann ich dann anfangen für Sie zu arbeiten, reicht das?" Jakob sah ihn erwartungsvoll an.

"Jakob, weißt du, was eine Lehre kostet?", fragte er freundlich.

"Nein, Herr." Jakob war unsicher, ob er genug hatte. Oder war es vielleicht zu viel?

"Lass mich erklären. Unabhängig davon, welchen Beruf du erlernst, ist es üblich, während der gesamten Lehrzeit bei deinem Meister zu wohnen und zu essen. Dein Meister muss sich Zeit nehmen, um dich zu unterrichten. Er muss für deine Kleidung sorgen. Und dann gibt es noch Versicherungen zu bezahlen, und du musst bei der Zunft angemeldet sein und Prüfungen ablegen. Das alles muss bezahlt werden. Eine durchschnittliche Lehre kostet etwa achtzig Franken im Monat."

"Achtzig Franken im Monat!" Jakob rechnete kurz nach und war entsetzt. "Neunhundertsechzig Franken im Jahr!"

"Mindestens." Der Wagnermeister bestätigte dies mit Bedauern.

Jakobs Gesicht wurde knallrot. Er stopfte sein Geld zurück in die Dose, murmelte: "Es tut mir leid, Herr" und eilte aus der Werkstatt.

Sobald er außer Sichtweite des Wagnermeisters war, nahm Jakob die Beine in die Hand und rannte los. Neunhundertsechzig Franken für nur ein Jahr! Sein Vater muss es gewusst haben! Warum hatte ihm niemand etwas gesagt? Es war ihm peinlich, dass er bei Herrn Egger aufgetaucht war. Was hatte der bloß von ihm gedacht? Ein dummes Landei! Er lief an der Ruine Tellenburg vorbei am Fluss entlang in Richtung Schwandi. Er rannte noch lange weiter, obwohl er völlig außer Atem war. Seine Geldbüchse stieß gegen seine Hüfte, klapperte, quälte ihn. Es verhöhnte sein Vertrauen in seine Eltern. Er war so wütend, dass er sie beinahe weggeworfen hätte. Schließlich warf er sich, außer Sichtweite von Häusern und Menschen, auf den Boden und begann zu weinen.

Er weinte über all die Jahre, die er in der Fabrik gearbeitet hatte, ohne sich zu beschweren. Er würde nie wieder dorthin zurückkehren, das stand fest. Weder vor noch nach der Schule, beschloss er hartnäckig. All diese Jahre für nichts! Nichts außer einer kleinen Käserei, die seine Stiefmutter gewollt hatte. Sie war nicht einmal seine richtige Mutter, dachte er voller Hass. Sie hatte gesagt, dass sie mit ihrem Käse so viel verdienen würde, dass die beiden Jungen eine Lehrstelle bekämen und ein besseres Leben führen könnten als ihre Vorväter. Moment... die war doch erst seit Josefs Tod fertig. Ein schrecklicher Verdacht schlich sich in seinen Kopf. Hatte sie Josefs Geld benutzt? Das Geld, das er gespart hatte. Was war damit geschehen? Nun, sie sollte nur warten, er würde sie zur Rede stellen.

Er hörte auf zu schluchzen und drehte sich wütend auf den Rücken. Er machte sich nicht die Mühe, auf seine Sonntagskleidung zu achten. Er betrachtete sein weißes Hemd und rieb den Ärmel über das Gras. Hoffentlich würde es ein paar Flecken bekommen, das würde seine Stiefmutter auf Trab halten. Er war so wütend, dass seine Gedanken schnell zwischen der Frage, was er jetzt tun würde, und dem Wunsch nach Rache an seinen Eltern hin und her schwankten. Warum hatte sich sein Vater nicht für ihn eingesetzt, als Pfarrer Moser sie besucht hatte? Sie waren nicht wirklich arm, nicht wie Utz' Familie. Und Tante Margot und Onkel Gustl hätten ihnen geholfen.

Er hätte ihnen gerne die Hälfte des Ziegengeldes gegeben! Er ging gerne auf die Alp. Er fragte sich, ob Onkel Gustl das wusste. Natürlich wusste er es, dachte er verbittert. Er hatte ihm schon angeboten, ihn zum Senn auszubilden. Aber als Senn und Bauer konnte man nicht *leben*. Onkel Gustl arbeitete die meiste Zeit des Jahres auf Baustellen.

Jakob starrte in den blauen Himmel über ihm. Ein Rotmilan kreiste auf der Suche nach Beute. Seine Tränen trockneten.

Was wollte er?

Er wollte nicht nach Amerika gehen, er wollte hierbleiben. Dies war sein Zuhause. Er wollte nicht zurück in die Fabrik mit ihren dunklen Räumen und der schlechten Luft. Er wollte hier ein Haus und einen Garten haben. Einen Stall für Tiere und Land für Kartoffeln. Er könnte Senn sein und lernen, Käse zu machen. Vielleicht konnte er sparen und eine große Käserei bauen, mehr Käse herstellen und ihn an Lebensmittelgeschäfte im ganzen Kanton verkaufen. Oder Spezialitäten produzieren und sie an die großen Hotels in Bern und Thun verkaufen.

Während er dies dachte, formte sich in seinem Kopf ein Plan. Zuerst würde er die Schule beenden, es waren nur noch acht Wochen. Dann würde er mit seinem Onkel auf die Alp gehen und sein Angebot annehmen, eine Ausbildung zum Senn zu machen. Er wusste nicht, wie viele Jahre es dauerte, sich zu qualifizieren. Wahrscheinlich eine lange Zeit, denn die Ausbildung fand nur in drei Monaten im Jahr statt. Aber das spielte keine Rolle. Er war erst dreizehn, und er musste Geld für ein Haus verdienen. Er könnte versuchen, eine Stelle bei einer Eisenbahngesellschaft zu bekommen, wie Chasper und Buolf. Neun Monate dort arbeiten und drei Monate auf der Alp.

Jakob begann sich zu freuen, als der Plan für seine Zukunft Formen annahm. Er würde sein eigenes Geld verdienen und sparen, aber nicht alles. In Zukunft würde er sich auch ein wenig Vergnügen gönnen. Er wusste noch nicht genau, was, aber er wollte das Leben das ganze Jahr über genießen und nicht nur im Sommer und an Sonntagen. Er pflückte einen langen Grashalm und kaute darauf herum. Schließlich setzte er sich auf, stand auf und ging nach Hause.

Als er nach Hause kam, arbeitete seine Stiefmutter noch in der Fabrik. Er ging auf den Dachboden hinauf und nahm zuerst acht Franken aus seiner Geldbüchse, die er zu seinen anderen wenigen Habseligkeiten zurücklegte. Er legte sich auf das Stroh und wartete auf seine Stiefmutter. Er hatte noch nie in seinem Leben so viel Zeit gehabt. Als er Hunger verspürte, ging er nach unten und holte etwas Brot und Butter aus der Speisekammer. Er setzte sich hin und begann zu essen.

Es dämmerte bereits, als Regina müde von der Arbeit nach Hause kam. Als sie Jakob in seiner Sonntagskleidung am Tisch sitzen sah, schmutzig und sich mit Brot und Butter vollstopfend, explodierte sie.

"Was machst du hier? Warum warst du heute nicht bei der Arbeit? Sieh dich an, in deinen besten Kleidern, schmutzig!

Was denkst du dir dabei, dich am Essen zu bedienen? Keine Arbeit, kein Essen!" Sie schnappte sich den Rest des Brotlaibs vom Tisch.

Jakob hatte viel Zeit gehabt, seine Wut zu dämpfen. Er nahm die acht Franken aus seiner Tasche, legte sie nacheinander auf den Tisch und zählte sie laut.

"Bitte sehr, acht Franken für acht Wochen, im Voraus bezahlt, denn ich habe nicht die Absicht, in die Fabrik zurückzukehren. In acht Wochen werde ich auf die Alp gehen und nie wieder hierher zurückkehren." Er stand auf, nahm ihr den Laib Brot aus der Hand und legte ihn auf den Tisch zurück.

"Bezahlt", sagte er.

Regina verschränkte die Arme vor der Brust. "Nun, wenn du in den nächsten Wochen so viel Zeit hast, kannst du deine Kleidung selber waschen. Und wenn du schon dabei bist, kannst du auch meine waschen." Sie zog ihre schmutzige Schürze aus und warf sie auf den Boden.

"Sag mir, Stiefmutter, was ist mit Josefs Ersparnissen passiert? Hast du sie gestohlen, um deine Käserei zu bezahlen?"

"Wie kannst du es wagen, hier zu stehen und Anschuldigungen zu machen?", Regina schrie ihn an. "Du hast keine Ahnung, was es kostet, eine Familie zu ernähren. Mit deinem einen Franken pro Woche hast du ja kaum das Brot bezahlt!"

"Wenn es so wenig ist, warum hast du mich dann arbeiten lassen?", schrie Jakob sie an. "Ich war heute bei der Wagnerei und habe erfahren, was eine Lehre kostet. Du und Papa habt mich die ganze Zeit belogen! Ihr habt gewusst, dass ich nie genug sparen kann!"

Ohne auf eine Antwort zu warten, stürmte Jakob hinaus und schlug die Tür hinter sich zu.

Am nächsten Tag ging Jakob mit seiner Dose Geld zu Gustl und Margot. Er bat seinen Onkel, auf seine Ersparnisse aufzupassen. Er vertraute seinen Eltern nicht mehr.

20

1860 – 68

An einem zeitigen Frühlingsmorgen streiften Utz und sein jüngerer Bruder Mathis durch Weißbrügg. Plötzlich entdeckte Mathis in der Ferne den Wachtmeister Strünzli. Er zerrte an Utz' Ärmel, sagte zur Erklärung "Wursti" und rannte schnell in die andere Richtung davon. "Halt!", rief Utz seinem jüngeren Bruder nach und sprintete hinter ihm her. "Wir haben nichts falsch gemacht!" Aber sein jüngerer Bruder war schon ein paar Mal dabei erwischt worden, wie er Essen von einem Marktstand gestohlen hatte. Einen Apfel oder ein Brötchen oder irgendetwas, um seinen Hunger zu stillen. Er wollte nicht noch eine Tracht Prügel oder eine Standpauke, und seine Erfahrung sagte ihm, dass es eigentlich egal war, ob er schuldig war oder nicht. Wenn irgendetwas passiert war, würde ‚Wursti' zuerst nach ihm suchen.

Utz erkannte, dass er seinen Bruder nicht mehr einholen konnte und er wollte nicht zu spät zur Arbeit kommen, also hörte er auf, ihn zu verfolgen und kehrte um.

Der Wachtmeister hatte zwar kurze Beine, aber mit seinem Sehvermögen war alles in Ordnung. Wenn jemand anfing, vor ihm wegzulaufen, war er immer misstrauisch und nahm sofort die Verfolgung auf. Er zog die Schultern hoch, holte tief Luft und stürmte die Straße hinunter, die Augen auf den Boden gerichtet, um nach losen Steinen Ausschau zu halten.

Er hatte nicht damit gerechnet, dass Utz sich umdrehen und ihn völlig übersehen würde, bis er direkt in ihn hineinschlug, ihn umschmiss und mit dem Bauch auf ihm landete.

"Uff!", schrie Utz und versuchte vergeblich, ihn wegzustoßen.

Wachtmeister Strünzli war völlig überrascht. Er hatte sich verschluckt und war sich nicht ganz sicher, wo er war und was passiert war. Er konnte nur verschwommen sehen, bis sich seine Augen an die kurze Distanz gewöhnt hatten. Dann erkannte er einen blauen Blazer.

"Ach du!", warf er Utz vor. "Was machst du mit dieser Jacke? Die gehört dir nicht."

"Ich habe sie gefunden. Runter von mir, Sie sind schwer!"

Wachtmeister Strünzli setzte sich mühsam auf, realisierte, dass er wirklich auf dem Jungen lag und kämpfte sich auf die Beine. "Tut mir leid, ich wollte dich nicht umstoßen. Wo hast du sie gefunden? Du kommst besser mit aufs Revier, du musst eine Aussage machen."

"Ich werde zu spät zur Arbeit kommen."

"Hör auf zu jammern, dann sind wir schneller."

Auf dem Bahnhof forderte Wachtmeister Strünzli Utz auf, die blaue Jacke auszuziehen und untersuchte sie. Sie war verblasst und schmutzig. An zwei Stellen war sie zerrissen und ein Messingknopf fehlte. Er schaute auf das Innenfutter und dort war, schwach, aber deutlich lesbar, ein Schild mit dem Namen Ferdinand Bühler.

"Da!" Er zeigte Utz das Namensschild. "Also, wo hast du gesagt, dass du sie gefunden hast?"

"Im Tschingelsee, unter Wasser, mit Steinen bedeckt. Ich sah einen Messingknopf in der Sonne glänzen, holte sie raus

und hab sie getrocknet. Ich hab sie nicht gestohlen, ich dachte, jemand hätte sie weggeworfen."
"Und unter Steinen vergraben? Das klingt nicht sehr wahrscheinlich. Was wolltest du überhaupt da oben? Das ist auf der anderen Seite des Tals, weit weg von deinem Haus."
"Fischen. Wir waren hungrig und mein Onkel sagte, er hätte dort guten Fang gemacht. Es ist erlaubt, es ist nicht verboten!"
"In Ordnung, du kannst jetzt zur Arbeit. Ich werde aber mit dem Bürgermeister sprechen und hören, was er dazu zu sagen hat."

*****

Karl Stettler war Mitte dreißig. Er lebte gerne in Weißbrügg, verstand sich gut mit den Einwohnern und hatte Freude an seinem Beruf als Lehrer. Anfangs hatte er sich gewünscht, das Schicksal jedes einzelnen Schülers zum Besseren zu wenden, aber nach all den Jahren wusste er, dass das unmöglich war. Er half im Kleinen, wo er konnte, aber er erkannte, es gab eine Grenze für das, was er allein erreichen konnte.

Er beschloss, dass es an der Zeit war, sich um seine eigene Zukunft zu kümmern. Er hatte ein Haus und einen Garten, beides klein, aber gemütlich, und eine Ziege und ein paar Hühner. Was er brauchte, war eine Frau und, so Gott wollte, ein oder zwei eigene Kinder.

Karl hatte schon lange ein Auge auf Regula Brotz geworfen. Sie war die jüngste und seiner Meinung nach auch die hübscheste der drei Brotz-Schwestern. Wegen ihres Alters hatte er bis jetzt gewartet. Letzte Woche war sie achtzehn Jahre alt geworden. Die Schule hatte sie schon vor fünf Jahren verlassen. Lange genug, um alle böswilligen Gerüchte über einen Skandal zu entkräften. Er hatte oft auf der Straße oder im Geschäft ihres Vaters mit ihr gesprochen und glaubte, dass sie seinem

Vorschlag nicht abgeneigt wäre, aber er hatte noch nie mit ihr privat geredet und war besorgt über ihre Reaktion. Zuerst musste er jedoch mit ihrem Vater sprechen.

Am Samstagabend nahm Karl ein Bad, wie die meisten Einwohner von Weißbrügg, bevor er am nächsten Tag in die Kirche ging. Am Sonntagmorgen kleidete und putzte er sich noch sorgfältiger als sonst und machte sich dann auf den Weg nach St. Martins. Herr Brotz saß vor ihm, und Frau Brotz und ihre Töchter waren auf der anderen Seite der Kirchengemeinde. Er war so nervös, dass er sich nicht auf die Predigt konzentrieren konnte und ihm der Gottesdienst doppelt so lang vorkam wie sonst.

Danach wartete er draußen auf Familie Brotz. Als diese aus der Kirche kam, Hände schüttelte und ein paar Höflichkeiten mit Pfarrer Moser austauschte, trat er vor, um sie zu begrüßen. Er schüttelte Herrn und Frau Brotz und dann jeder der Töchter die Hand. Seine Handfläche war feucht von Schweiß. Das war ihm noch nie passiert. Er hätte seine Handschuhe anlassen sollen, dachte er entsetzt.

"Könnte ich Sie vielleicht kurz sprechen?", fragte er Herrn Brotz.

"Ja, natürlich. Kommen Sie mit uns zurück ins Haus und trinken Sie vor dem Mittagessen ein Bier mit mir." Herr Brotz hoffte, dass der Lehrer um die Hand von Magdalena anhalten würde. Es war an der Zeit, dass sie heiratete, aber es fehlte an geeigneten Junggesellen in Weißbrügg, und es gab auch nicht viele gesellschaftliche Anlässe, um jemanden von außerhalb kennenzulernen.

Zurück im Haus führte er Herrn Stettler in sein Arbeitszimmer und wechselte ein paar Worte über das Wetter, bis Frau Brotz das Bier brachte und sie allein ließ.

"Also Herr Stettler, worüber wollten Sie mit mir sprechen?"

"Nun, Herr Brotz, ich habe mich in Weißbrügg gut eingelebt

und es gefällt mir. Es gefällt mir sogar so gut, dass ich mich gerne dauerhaft hier niederlassen würde. Ich habe etwas Geld gespart und habe ein Haus und eine Beschäftigung und nun ... äh ... ich möchte heiraten und hätte gerne Ihre Erlaubnis, mit Regula zu sprechen?", beendete Karl in aller Eile.

"Regula? Aber sie ist doch erst achtzehn Jahre alt. Nein, nein. Zuerst muss unsere älteste Tochter Magdalena heiraten, dann Gertrud und erst dann kann ich Regula heiraten lassen!"

Karl wurde das Herz schwer. "Aber das kann Jahre dauern!"

"Ja, aber Sie können mit Magdalena sprechen, wenn Sie wollen, sie ist verfügbar."

Karl hatte nie einen Gedanken an Magdalena verschwendet. Sie sah gut genug aus, dachte er jetzt und überlegte. Aber Regula hatte so süße kleine Grübchen. Doch zwei Schwestern, die erst verheiratet werden müssen! Magdalena sollte leicht jemanden finden, aber Gertrud? Nun, das konnte länger dauern. Sie hatte bereits einen ausgeprägten Schnurrbart über den Lippen, den er ziemlich unangenehm fand. Anderseits mochte Regula ihn vielleicht nicht. Sie war immer nett und höflich gewesen, doch er *war* viel älter als sie und sah auch nicht besonders gut aus, musste er sich eingestehen.

"Na gut, ich nehme Magdalena", sagte er zu Herrn Brotz. "Wenn sie mich haben will."

*****

Wachtmeister Strünzli klopfte an die Tür des Bürgermeisters. Er sprach kurz mit Herrn Bühler, der ihn an seine Frau verwies.

"Meine Frau kümmert sich um alle Haushaltsangelegenheiten; sie wird Ihnen helfen, wenn sie kann." Herr Bühler führte den Wachtmeister in das vordere Zimmer, bat das Hausmädchen, Erfrischungen zu bringen, und sagte, er werde seine Frau holen. Wachtmeister Strünzli setzte sich und stöhnte innerlich über die Hitze des Kachelofens. Er nahm seine Schirmmütze ab und legte sie zusammen mit Ferdinands Jacke auf den niedrigen Couchtisch vor ihm.

Das Dienstmädchen kam mit einem Tablett mit Tassen und Untertassen herein. Schnell versuchte er aufzustehen, wie es sich für einen Mann gehörte, wenn eine Frau den Raum betrat. Aber der Stuhl war so niedrig, dass er zurückfiel, mit den Knien gegen den Tisch stieß, und das Tablett mit den Tassen und Untertassen klappernd zu Boden fiel. Beschämt versuchte der Wachtmeister erneut aufzustehen, diesmal mit mehr Schwung. Es gelang ihm, und er bückte sich, um dem Dienstmädchen zu helfen, das Porzellan aufzusammeln. In diesem Moment betrat Frau Bühler den Raum.

"Guten Morgen", sagte sie.

Erschrocken richtete sich der Wachtmeister rasch auf, schlug mit dem Kopf auf die Unterseite des Tisches und ließ das Porzellan erneut durch die Gegend fliegen. Frau Bühler eilte zu ihm hinüber.

"Sie armer Mann!", sagte sie und drückte ihn auf einen Stuhl. "Haben Sie sich verletzt? Luzia, hol einen kalten Lappen für die Stirn des Wachtmeisters, er sieht ziemlich erhitzt aus."

Wachtmeister Strünzli spürte, wie seine Wangen brannten. Er versuchte sich zu beruhigen, indem er seinen Stift und sein Notizbuch hervorholte, während Frau Bühler ihr zerbrochenes Porzellan aufklaubte.

"Nein, das ist wirklich nicht nötig, mir geht es gut. Das mit den Tassen und Untertassen tut mir leid. Bitte lassen Sie mich wissen, was sie gekostet haben, damit ich Ihnen den Schaden ersetzen kann. Ich bin wegen der Jacke hier."

"Unsinn, es war ein Versehen und wahrscheinlich genauso Luzias Schuld wie Ihre." Frau Bühler war froh, dass sie Luzia gesagt hatte, sie solle die gewöhnlichen Tassen und Untertassen nehmen und nicht die guten, die sie normalerweise den Besuchern hinstellten. Aber es war ja auch nicht der erste Besuch des Wachtmeisters.

"Nein, ich bestehe darauf. Jetzt wegen der Jacke..."

Luzia kam mit einem kühlen, feuchten Tuch zurück. Frau Bühler erhob sich, forderte den Wachtmeister auf, sich zurückzulehnen, und legte ihm das Tuch auf die Stirn.

"Es geht mir gut, wirklich." Der Wachtmeister versuchte, sich aufrecht hinzusetzen, aber Frau Bühler drückte ihn zurück.

"Nur eine Minute, das wird Ihnen guttun", sprach sie beruhigend.

"Aber wegen der Jacke..."

"Sofort."

"Bitte, ich möchte mich aufsetzen."

"So," Frau Bühler gab Luzia das Tuch. "Wie Sie wollen."

Wachtmeister Strünzli war völlig verwirrt. "Wegen der Jacke... Ich habe sie gefunden, also nicht ich, sondern Utz Schmidt, ich habe gesehen, wie er sie trug."

Frau Bühler nahm die Jacke in die Hand und sah das Etikett. "Ja, die gehört Ferdinand. Danke, dass Sie sie mitgebracht haben, Herr Wachtmeister, doch ehrlich gesagt, Ferdinand hat jetzt eine neue Jacke, und diese hier ist nicht mehr zu retten. Utz hätte sie gerne behalten können."

"Das ist sehr großzügig von Ihnen, Frau Bühler, aber sagen Sie mir, haben Sie nicht bemerkt, dass sie fehlt?"

"Ja, natürlich, doch wir wollten Sie nicht mit einer solchen Bagatelle belästigen. Es war der Tag nach der Felsenlawine, und Sie hatten viel wichtigere Dinge im Kopf."

"Sind Sie sicher, dass es *nach* der Lawine war?"

"Als wir es bemerkten, ja. Warum ist das wichtig?"

"Ich fürchte, die Informationen sind vertraulich. Obwohl Sie das Fehlen erst nach der Lawine bemerkt haben, könnte sie also schon vorher verschwunden sein?"

Frau Bühler seufzte. Sie hatte einen Verdacht wegen der

Jacke, aber sie wollte niemanden ohne Beweise beschuldigen. Sie wollte immer noch keinen Namen nennen. Es war ja schließlich nur eine Jacke. "Am Tag des Lawinenunglücks machte Ferdinand mit seiner Schulklasse einen Ausflug an den Oeschinensee. Sie trugen geeignete Kleidung und Stiefel für draußen, und er ließ seine Jacke hier. Am nächsten Tag konnten wir sie nicht mehr finden."

"Gut, vielen Dank." Wachtmeister Strünzli schloss sein Notizbuch und verabschiedete sich. Er hatte das Gefühl, dass er der Lösung des Rätsels näherkam, aber ihm fehlte noch etwas. Selbst wenn er herausfand, wer die Jacke genommen hatte, bewies das leider nichts. Er würde so gerne ein wichtiges Verbrechen aufklären.

*****

Karl und Magdalena machten ein Picknick, um sich besser kennen zu lernen. Gertrud begleitete sie. Nicht so sehr als Anstandsdame – Herr und Frau Brotz vertrauten darauf, dass der Lehrer ein Ehrenmann war – sondern um zu verhindern, dass unter den alten Frauen in Weißbrügg getratscht wurde. Sie gingen einen Weg entlang des Heiti-Baches und dann über Wiesen, bis sie einen geeigneten Platz fanden, um ihre Picknickdecke auszubreiten. Gertrud und Magdalena packten eifrig den Picknickkorb aus, während Karl ihnen allen ein Glas Limonade einschenkte.

Sie setzten sich und aßen. Karl zeigte auf verschiedene Berggipfel, nannte sie beim Namen und erklärte, wohin die Bergpässe führten. Es war sehr gesellig. Bald entschuldigte sich Gertrud, um sie allein zu lassen und sagte, sie käme später wieder. Magdalena hatte sich vor diesem Moment gefürchtet, obwohl sie es mit ihrer Schwester abgesprochen hatte. Ihr Gewissen konnte es ihr nicht erlauben, Karl zu heiraten, ohne ihm vorher die Wahrheit zu sagen.

Karl ergriff Magdalenas Hand und streichelte sie. "Danke, dass du dich bereit erklärt hast, mit mir zu diesem Picknick zu kommen, ich genieße es sehr. Was ist mit dir, kannst du meine Gesellschaft ertragen?"

Magdalena sah Karl in die Augen. "Ja, sehr sogar. Aber bevor das hier weitergeht ...", sagte sie und zog sanft ihre Hand aus seiner zurück, "... muss ich dir ein Geständnis machen. Ich glaube nicht, dass du mich heiraten willst, wenn ich es dir gesagt habe."

"Was!" Karl sah erschrocken aus. "Ich kann nicht glauben, dass du mir etwas so Schreckliches erzählen kannst, dass ich meine Meinung ändern werde."

"Es ist sechs Jahre her." Magdalena zog ein Taschentuch aus ihrer Tasche und tupfte sich eine Träne aus den Augen. "Erinnerst du dich an meine Reise nach Baden-Baden?"

"Ja, deine Eltern sagten, es ginge dir nicht gut."

"Hmm. Ich fürchte, ich habe mich vorher sehr töricht verhalten."

Karl nahm ihre Hände in seine. "Aber du warst so jung, es kann nichts Schlimmes sein."

"Bitte lass mich ausreden, bevor mich der Mut verlässt. Eines Sonntags fragte mich Ramun, ob ich mit ihm zu einem Picknick gehen wolle. Er sagte, es würden viele junge Leute dabei sein. Ich wollte unbedingt mitgehen, aber ich hatte Angst, dass meine Eltern es mir verbieten würden, also habe ich es ihnen nicht gesagt. Als ich am Treffpunkt ankam, war Ramun allein. Er sagte, die anderen warteten bei dem Käsespeicher. Ich wollte nach Hause zurückkehren, doch er hatte einen großen Picknickkorb dabei und bat mich, mit ihm zu gehen. Er sagte, er könne nicht alles allein essen." Magdalena wischte sich die Tränen aus den Augen. "Ich hätte es wissen müssen; ich war so dumm! Wir gingen das Chiene-Tal hinauf zum Käsespeicher, und es war niemand sonst da. Es war menschenleer..." Magdalena brach weinend zusammen.

"Sag nichts mehr!" Karl nahm sie in seine Arme. "Was für ein verachtenswerter, abscheulicher Mensch! Aber es war nicht deine Schuld, Magdalena, es gibt keinen Grund, dir Vorwürfe zu machen. Du warst jung und hast an das Gute im Menschen geglaubt."

Magdalena schluchzte. Ihr Körper bebte, während Karl sie hielt.

"Es... es tut mir so leid. Ich verstehe, dass du mich jetzt nicht mehr willst."

"Mein Liebling! Was du mir gesagt hast, ändert nichts an meinen Gefühlen für dich." Karl kniete sich hin und holte ein kleines Kästchen aus seiner Tasche. Er öffnete es und zeigte Magdalena einen Ring. "Magdalena Brotz, ich liebe dich. Willst du mir die große Ehre erweisen, meine Frau zu werden?"

Magdalena sah ihn ungläubig an, dann lächelte sie und beugte sich vor, um ihn zu küssen.

*****

Ramun beendete sein Studium in Paris und kehrte nach Hause zurück. Sein Vater war einerseits froh, denn Ramuns Eskapaden mit Frauen waren nicht nur teuer geworden, sondern hatten auch seinen Ruf in Gefahr gebracht. Es war an der Zeit, dass er sich niederließ, heiratete und eine Familie gründete. Die Frage war nur, wie er sich beschäftigen sollte. Carl Lauber war noch nicht bereit, sich zur Ruhe zu setzen und seinem Sohn die Fabrik zu geben, aber vielleicht könnte er ihm einen Teil des Geschäfts überlassen. Er beschloss, zuerst mit ihm zu sprechen und herauszufinden, ob er in Paris tatsächlich etwas gelernt hatte, abgesehen davon, dass er das Zeug zu einem Casanova hatte.

Carl hätte sich keine Sorgen machen müssen. Ramun breitete eifrig die neuen Ideen, die er mitgebracht hatte, vor seinem Vater aus. Er schlug vor, einen Fabrikladen zu eröffnen. Die Arbeiter könnten dort ihre Lebensmittel und andere Dinge des täglichen Bedarfs einkaufen, anstatt den ganzen Weg ins Städtchen und dann wieder nach Hause zu laufen.

Er hatte die Idee, seine Fabrikarbeiter dort einkaufen zu lassen und die Rechnung mit ihrem Lohn zu verrechnen. Es war leicht, die Arbeiter von den Vorteilen des Kaufs auf Kredit zu überzeugen. Wenn sie einen Tag ausfielen, wegen Krankheit zum Beispiel, brauchten sie sich nicht zu verschulden, sondern konnten alles kaufen, was sie brauchten, und die Summe in der nächsten Woche zurückzahlen.

Ramun schlug vor, die Produkte, die sie verkaufen würden, selbst gar nicht mit Geld zu erstehen. Er schlug vor, Zündhölzer gegen Lebensmittel zu tauschen. Läden, die knapp bei Kasse waren, wären begeistert. Sie konnten sich von Ladenhütern oder fast abgelaufenen Waren trennen und diese gegen Zündhölzer eintauschen, die sie wiederum gegen Bargeld verkaufen konnten. Die Fabrikdirektoren gaben die Waren an ihre Arbeiter weiter und sparten so deren Lohn.

Carl war mit Ramun zufrieden. Er baute einen Laden neben der Fabrik und ernannte Ramun zum Geschäftsführer.

Ramun brachte weitere gute Nachrichten mit nach Hause. Er hatte eine junge Frau kennen gelernt, Beatrix, das vierte von sechs Kindern von Niklaus Lehmann, einem Genfer Privatbankier. Niklaus Lehmann war ein hoch angesehener Bürger, Direktor mehrerer Firmen und Stadtrat in Genf. Ramun fragte seinen Vater, ob er Beatrix und ihre Eltern für ein Wochenende nach Kandermatt einladen dürfe.

Herr und Frau Lauber waren begeistert. Sie organisierten einen Ball und eine Jagd. Sie stellten zwei Dutzend zusätzliche Dienstmädchen, Köche und Lakaien ein, um Kandermatt im besten Licht erstrahlen zu lassen.

Ramun Lauber heiratete Beatrix Lehmann im Jahr 1867. Im

Jahr 1868 wurde ihr Sohn Friedrich geboren. Ramuns Eltern waren erleichtert. Ramun würde nun sesshaft werden, dachten sie.

*****

Anton fuhr mit seinem Pferdewagen bis zur Packstation der Lauber-Fabrik. Er belud den Wagen mit Kisten voller Zündholzschachteln. Dann winkte er seinen Arbeitskollegen zum Abschied und schnalzte mit den Zügeln, um sein Pferd in Bewegung zu setzen. Zunächst blieb er im Kanton Bern und den angrenzenden Gebieten. Später begann er, die Zündhölzer in der ganzen Schweiz auszuliefern und war oft wochenlang unterwegs. Er besuchte seine Abnehmer, vor allem Besitzer von Gemischtwarenläden, und tauschte, um seinen Umsatz zu steigern, manchmal Zündhölzer gegen Waren statt Bargeld.

Die Konkurrenz war lähmend. Allein in der Gegend von Weißbrügg gab es vierzehn Zündholzfabriken, und schon bald kam billige Konkurrenz aus den skandinavischen Ländern dazu, die über noch mehr Wald verfügten als die Schweiz.

Um Geld zu sparen, übernachtete er in den Scheunen befreundeter Bauern, aber es wurde immer schwieriger, genug Gewinn zu machen, um seine Schulden zurückzuzahlen. Direktor Lauber setzte ihn nicht unter Druck, er war nur zu froh, dass die Arbeiter von ihm abhängig waren. Doch dann wurde Anton krank.

Es war im Winter des Jahres 1868. Die Temperaturen waren unter den Gefrierpunkt gefallen, und egal, wie viele Schichten von Jacken Anton übereinander trug, ihm war ständig kalt. Er saß auf dem Fahrersitz seiner Kutsche, eine Decke um die Schultern, einen Schal um den Hals und den Hut tief über die Ohren gezogen. Der Wind griff ihn aus allen Richtungen an, heulte ihm um die Ohren, und je nachdem, wo er gerade unterwegs war, durchnässte ihn entweder der Regen, der durch alle seine Kleidungsschichten drang, oder es fiel Schnee auf ihn, der hängenblieb und ihn in eine Art abscheulichen Schneemann verwandelte. Auf den Straßen waren nicht viele Leute unterwegs, und die, die da waren, hielten nicht an, um zu plaudern und vielleicht etwas zu kaufen, wie sie es im Sommer taten; sie nickten ihm nur kurz zu und eilten weiter.

Die Nächte verbrachte er weiterhin mit seinem Pferd im Kuhstall, aber die Wärme, die von seinem Pferd ausging, reichte nicht aus, um seine Knochen zu wärmen. Seine Kleidung war am nächsten Morgen noch feucht, wenn er sie widerwillig anziehen musste, um dem nächsten Tag zu trotzen. Er erkrankte an Husten und hatte schreckliche Kopfschmerzen, aber er arbeitete weiter, reiste und versuchte verzweifelt, die Zündhölzer zu verkaufen.

Eines Tages, es dämmerte bereits, näherte er sich einem Bauernhof, auf dem er schon mehrmals übernachtet hatte. Er fühlte sich schwindlig, und innerlich glühte er ungewöhnlich vor Hitze. Als er vom Fahrersitz abstieg, gaben seine Knie unter ihm nach und er fiel ohnmächtig in den meterhohen Schnee auf dem Boden. Zu seinem Glück schaute die Bäuerin zufällig aus dem Fenster und hatte ihn kommen sehen. Als er im Schnee umkippte, holte sie ihren Mann, und gemeinsam trugen sie ihn ins Haus. Sie legten ihn auf den Boden neben dem Feuer und wickelten ihn in Decken. Er hatte rasendes Fieber und war im Delirium, und sie waren nicht sicher, ob er überleben würde.

Anton wurde eine ganze Woche lang immer wieder ohnmächtig. Blut und Eiter aus seinem Mund befleckten den Teppich unter seinem Kopf. Schließlich sank sein Fieber, und allmählich konnte er sich aufsetzen und etwas warme Brühe trinken. Sein unerträglicher Zahnschmerz blieb jedoch bestehen. Nach einer weiteren Woche fühlte er sich stark genug, um seine Reise fortzusetzen. Er bedankte sich bei seinen Samaritern und machte sich auf den Weg zurück nach

Bern. Da die Zahnschmerzen nicht nachließen und sein Kiefer geschwollen war, band er ein Stück Schnur um den Zahn und zog ihn heraus. Mit dem Zahn brach auch ein Teil seines Kieferknochens ab. Anton hielt ihn in der Hand, ihm stockte der Atem, er war entsetzt.

Er fragte die Leute auf der Straße, wo der nächste Arzt sei, und sie empfahlen ihm die Praxis von Dr. Weber. Dr. Weber war gerade auf Hausbesuch, aber sein Sohn, der kürzlich sein Medizinstudium abgeschlossen hatte, sagte, er würde ihn sich ansehen.

Anton setzte sich auf einen Stuhl und wartete. Als Dr. Weber Junior eintrat, fiel Anton vor Überraschung die Kinnlade herunter. Der Arzt sah sehr jung aus, etwa wie ein Fünfzehnjähriger.

"Ich glaube, das ist ein Irrtum", sagte er, "ich brauche einen Arzt. Nichts für ungut, aber ich meine einen richtigen."

"Nun, ich bin qualifiziert, ich habe am Inselspital in Bern studiert, aber Sie können auch auf meinen Vater warten, wenn Sie wollen. Ich weiß allerdings nicht, wie lange er brauchen wird."

Anton betrachtete das jugendliche Gesicht vor ihm, er brauchte sich nicht einmal zu rasieren.

"Oh", antwortete er. "Es tut mir leid, Sie sehen so jung aus." Er reichte dem Arzt seinen Zahn, an dem noch an ein kleines Stück des Kieferknochens hing. "Ich habe schreckliche Zahnschmerzen, und als ich heute Morgen versuchte, meinen Zahn zu ziehen, kam das mit heraus."

Dr. Weber streckte seine Hand aus und betrachtete den Zahn und den Knochen interessiert. Er zog eine große Petroleumlampe näher an Hermann heran und forderte ihn auf, seinen Mund weit zu öffnen. Hermann tat dies und der Arzt wich zwei Schritte zurück. Er legte den Handrücken an seinen Mund und drehte sich zu einer Schublade um. Dort öffnete er eine Dose mit stark riechender Eukalyptuscreme und rieb sie sich unter die Nase. Dann bedeckte er seine Nase und seinen Mund mit einer weißen Leinenmaske. Mit einem langen Holzspatel kehrte er zu Hermann zurück, öffnete seinen Mund und schaute erneut.

"Ihr Zahnfleisch ist rot und entzündet. Tut das weh?" Er drückte den Spatel gegen das Zahnfleisch am Unterkiefer.

"Mmmm ..." murmelte Anton, unfähig zu sprechen.

"Und das?" Der Arzt drückte gegen das obere Zahnfleisch.

"Nein..."

Der Arzt legte den Spatel hin, drehte die Öllampe herunter und wusch sich die Hände. Dann setzte er sich an seinen Schreibtisch und begann, Notizen zu machen. Schließlich wandte er seine Aufmerksamkeit Anton zu.

"Herr Schneider, Ihr Zahnfleisch ist geschwollen, vor allem im Bereich Ihres Unterkiefers. Es ist rot und entzündet und mehrere Ihrer Zähne sind locker. Sie haben faulende Geschwüre an Ihrem Kiefer. Einige davon haben sich in den Mund entleert, weshalb Sie wahrscheinlich einen bitteren Geschmack im Mund und schlechten Atem haben. Andere haben sich nach innen in Ihren Kieferknochen entleert. Ich befürchte, dass dies zu einem Verfaulen Ihres Kiefers geführt hat. Ich rate Ihnen dringend, sich im Inselspital operieren zu lassen."

"Was? Nein! Eine Operation, wegen Zahnschmerzen? Das kann ich mir nicht leisten."

"Herr Schneider, ich fürchte, ich habe mich nicht klar ausgedrückt. Ihr Zustand ist ernst. Man nennt es Phosphornekrose. Wenn Sie sie unbehandelt lassen, wird sie sich auf Ihren Oberkiefer ausbreiten und schließlich Ihr Gehirn angreifen. Es ist eine lebensbedrohliche Krankheit."

Anton sackte auf seinem Stuhl zusammen. "Sind Sie sicher? Wie kommt es, dass der erste Arzt, bei dem ich war, nichts gesagt hat?"

"Das kann ich nicht beurteilen. Vielleicht waren die Symptome nicht so schlimm, als er Sie sah. Aber wenn Sie ins Krankenhaus gehen, kann ich Ihnen versichern, dass man Sie nur operieren wird, wenn meine Diagnose richtig ist."
"Und wann muss ich gehen?"
"Wenn Sie weiter leben wollen, dann so schnell wie möglich."
"Aber wie lange müsste ich dort bleiben und könnte nicht arbeiten? Ich habe eine Familie zu ernähren und Schulden zu bezahlen, wenn ich nichts verdiene..."
"Wenn Sie sterben, verdienen Sie auch nichts."

*****

Anton fuhr zurück nach Weißbrügg. Dazu brauchte er drei Tage. Er ging direkt in die Zündholzfabrik und fand Carl Lauber in seinem Büro vor. Er erklärte ihm die Situation genau.

"Können Sie das Pferd und die Kutsche von mir zurückkaufen?", fragte er und hoffte, dass er genug Geld erhalten würde, um die Krankenhausrechnung zu bezahlen und die Zeit zu überbrücken, in der er nicht arbeiten konnte.

Carl nahm sich Zeit, kritzelte einige Zahlen auf einen Zettel und überlegte. Irritiert zwirbelte er seinen Schnurrbart zwischen Daumen und Finger. Er hatte keine Handschuhe an, und Anton bemerkte, dass seine Fingernägel fehlten. "Normalerweise machen wir so etwas nicht, wissen Sie. Im Kaufvertrag ist ausdrücklich festgehalten, dass eine Rücknahme ausgeschlossen ist. Aber ich verstehe Ihre Situation. Wenn Sie das Pferd und den Wagen zurückgeben und 100 Franken bezahlen, bin ich bereit, Ihre Schulden bei uns als ausgeglichen zu betrachten."

"Ich *Sie* bezahlen! Aber Herr Lauber, woher soll ich denn so eine große Summe Geld nehmen?"

"Sie können mein Angebot annehmen oder es lassen, aber

ich versichere Ihnen, dass ich hier sehr großzügig bin. Sie werden nirgendwo anders ein besseres Angebot bekommen."

"Aber ich bringe das Pferd und den Wagen *zurück*!"

"Nun, Herr Schneider, Sie haben das Pferd und den Wagen schon seit vielen Jahren benutzt. Sie können nicht erwarten, dass Sie das umsonst bekommen."

"Ich habe Ihnen jeden Monat Geld für meine Schulden gezahlt!"

"Und 200 Franken bleiben. Ich habe die Schulden um die Hälfte reduziert."

Anton war verärgert, aber er hatte keine andere Wahl. Er ließ das Gespann in der Fabrik stehen und ging. Draußen spuckte er vor Ekel Schleim auf den Boden. Dann machte er sich auf den Weg zu seiner Schwester.

*****

Margots anfängliche Freude, ihren jüngeren Bruder nach so vielen Monaten wiederzusehen, wich bald der Sorge, als er ihr von seiner Krankheit erzählte. Sie hatten immer gewusst, dass bei der Arbeit mit Phosphor das Risiko bestand, eine Nekrose zu bekommen, aber sie hätten nie gedacht, dass *er* tatsächlich betroffen sein könnte. Als Anton ihr von Herrn Lauber erzählte, war sie empört.

"Was für ein betrügerisches, verachtenswertes Stück Scheiße. Diese Arroganz! Kein Wunder, dass sie so reich sind! Wie können sie es wagen, sonntags in die Kirche zu gehen und so zu tun, als wären sie gute Christen. Das ist doch völlig absurd! Und wenn man bedenkt, dass der arme Utz verhaftet wurde, weil er eine Jacke trug, die er gefunden hatte. Die Polizei sollte mehr Zeit damit verbringen, die wahren Verbrecher zu verhaften. Sein Sohn taugt auch nichts. Ich könnte dir erzählen ..." Margot hielt inne, bevor sie etwas verraten konnte, was sie versprochen hatte, nicht zu sagen. Innerlich immer noch kochend, ging sie in die Speisekammer und holte eine Flasche selbstgebrannten Schnaps und zwei Gläser. Sie setzte sich an den Tisch und klopfte auf den Platz neben sich. "Setz dich, Anton. Es tut mir leid, aber solche Leute ... na ja, die machen mich so wütend!"

"Es tut mir leid, Margot, es tut mir so leid, aber ich brauche Hilfe. Schon wieder! Ich werde auch das Krankenhaus bezahlen müssen."

"Mach dir keine Sorgen, Anton. Die Hauptsache ist, dass du wieder gesund wirst. Ich spreche mit Gustl, wenn er nach Hause kommt. Wir werden sicher eine Lösung finden."

Anton ging zurück in sein Haus, um Regina seine Neuigkeiten mitzuteilen.

Margot blieb grübelnd am Tisch sitzen. Sie wusste nicht, was das Krankenhaus kostete, sie hoffte, nicht zu viel, aber sie machte sich Sorgen über die Zeit danach. Als Hans Hofstetter an einer Nekrose erkrankt war, konnte er danach ein ganzes halbes Jahr lang nicht arbeiten.

Zum Glück war Jakob jetzt selbstständig und Mina verdiente mit Spitze klöppeln genug für ihren Unterhalt. Regina hingegen erhielt in der Fabrik nur einen Hungerlohn, der nicht zum Überleben reichte. Schlimmer noch, sie wurde nicht mehr mit echtem Geld bezahlt. Wie alle Arbeiter dort erhielten sie ihren Lohn in Form von Gutscheinen, die sie im Fabrikladen einlösen konnten. Jeder wusste, dass die Waren im Laden überteuert waren und manches einfach nicht zu bekommen war. Aber es hatte keinen Sinn, sich zu beschweren. Sie würden ihren Job verlieren und schon am nächsten Tag durch jemand anderen ersetzt werden.

Margot stand auf, um ihre Ersparnisse zu zählen. Sie hatte Erfolg mit ihrer Spitze, aber als Handwerkerin konnte man nicht *reich* werden, egal wie gut man war. Es gab jede Menge billige, industriell gefertigte Spitzen, und nur wenige

Frauen waren bereit oder in der Lage, die hochwertigen, handgefertigten Spitzen zu bezahlen. Die Herstellung ihrer exquisiten Spitzen war außerdem sehr zeitaufwendig, so dass sie nicht viel verkaufen konnte. Sie beschränkte sich hauptsächlich auf Auftragsarbeiten.

Sie saß noch immer am Tisch und grübelte über ihrer Sparbüchse, als Gustl nach Hause kam.

"Was ist los, kein Abendessen? Ich bin am Verhungern", sagte er, setzte sich Margot gegenüber und nahm sich schnell ein Glas Schnaps, bevor sie die Flasche wegräumte.

Margot erzählte ihm von Anton.

"Das *ist eine* schlechte Nachricht", sagte Gustl, strich sich über das Kinn und fühlte sich berechtigt, sich ein zweites Glas Schnaps einzuschenken. "Wie viel haben wir gespart?" Er nickte zur Dose hin. "Du hast es offensichtlich gezählt."

"Nicht so viel, wie ich gehofft hatte. Wir hätten nicht das zusätzliche Zimmer ans Haus anbauen sollen."

"Ach, aber Mina hat jetzt etwas Eigenes. Jakob wird irgendwann das Haus von Anton übernehmen. Wir konnten ja nicht wissen, dass so etwas passieren würde."

"Das ist das Problem, nicht wahr? Es passiert *immer* etwas. Gerade als wir dachten, dass es uns nicht schlecht geht. Ich habe mir sogar Luxusartikel gegönnt: Zucker, Kaffee und Kakaopulver. Sogar *parfümierte* Seife! Ich weiß wirklich nicht, was ich mir dabei *gedacht* habe. Wozu braucht jemand wie ich parfümierte Seife?"

"Na, na, sei nicht so streng mit dir. Wir alle genießen den kleinen Luxus", sagte er und schenkte sich ein drittes Glas Schnaps ein. "Das ist keine Sünde, wir arbeiten hart und haben dafür bezahlt. Was ist mit dem Waldstück, das ich von Heinz gekauft habe, um ihm zu helfen? Wir könnten immer ein paar Bäume verkaufen, um Anton über die Runden zu bringen."

"Oh ja! Das hatte ich ganz vergessen. Das ist eine

ausgezeichnete Idee! Danke Gustl, du bist der beste Ehemann aller Zeiten!" Margot drückte ihm einen dicken Kuss auf die Wange. Sie spürte die stachligen Stoppeln, weil er an diesem Morgen keine Zeit zum Rasieren gehabt hatte. Dann schenkte sie ihm ein Glas Schnaps ein.

*****

Am nächsten Sonntag, gleich nach der Kirche, ging Gustl auf die Mäggisserenegg, um das besagte Waldstück zu besichtigen. Das Holz mancher Bäumen würde jetzt einiges wert sein und Peter Zähler könnte Interesse am Kauf haben. Er erinnerte sich, eine stattliche Eiche gesehen zu haben. War dort nicht auch ein Nussbaum? Je höher er kletterte und je näher er seinem hinter dem Kamm versteckten Stück Wald kam, desto aufgeregter und hoffnungsvoller wurde er. Er erreichte den Gipfel des Bergrückens und blickte hinunter auf den Wald in der tiefen Spalte unter ihm.

Er sank auf die Knie, und seine Brust drückte sich wie in einem Schraubstock zusammen. "Nein, sicher nicht!" Er hatte Mühe zu atmen und ließ sich auf den Boden plumpsen, die Hand auf der Brust. "Wir sind eine Familie! Ich habe ihm geholfen!" Ein seltsames Kribbeln durchfuhr ihn, er konnte nicht mehr Luft holen. Alles, was von seinem Waldstück übrig geblieben war, war eine hässliche Narbe, herausgefressen aus dem umliegenden Wald und völlig kahl ohne Bäume. «Das kann er doch nicht machen!", murmelte er.

Gustls Gehirn sendete ihm Warnsignale. Er versuchte, in aller Ruhe bis hundert und dann bis tausend zu zählen. Allmählich ließ der Schmerz in seiner Brust nach und sein Atem wurde weniger rasend. Er würde Heinz nicht das Vergnügen eines Herzinfarkts bereiten, dachte er. Was für ein diebischer Teufel, ein verdorbenes Stück Dreck!

Dieser Verrat eines Familienmitglieds schmerzte viel mehr als die Ungerechtigkeit, die sie durch die Reichen erlitten hatten. Gustl überlegte, was er tun sollte. Obwohl der Notar seinen Namen ins Grundbuch eingetragen hatte, hatten er und sein Schwager keinen detaillierten Vertrag aufgesetzt. Sie hatten es im Familienkreis nicht für nötig gehalten. Gustl hatte noch nie etwas von einem solchen Akt gehört. Wenn man einen Wald verkaufte, dann gehörten auch die Bäume dazu. Das verstand sich von selbst. Ohne Bäume war er wertlos. Man schlug sie nicht einfach ab und verkaufte sie danach. Sie brauchten *Hunderte* von Jahren, um zu wachsen.

Er überlegte, ob er eine Beschwerde beim Magistrat einreichen sollte. Aber selbst wenn der Richter zu seinen Gunsten entscheiden würde, hätte Heinz kein Geld zur Wiedergutmachung. Das Geld von den Bäumen hatte er sicherlich schon vor Jahren verbraucht. Und in diesem Fall müsste Gustl auch noch den Richter bezahlen.

Er ging nach Hause und überlegte, was er Margot sagen sollte. Die Wahrheit, nahm er an. Aber eines war sicher: Solange er lebte, würde er nie wieder auch nur ein einziges Wort zu Heinz oder einem Mitglied seiner Familie sagen. Sie sollten in der Hölle schmoren!

21

1860 – 68

Jakob kehrte von der Alp zurück und feierte mit den Dorfbewohnern von Weißbrügg. Es war ein Sommer ohne tödliche Verluste gewesen und das Fest war fröhlich und unbeschwert. Er war dreizehn, hatte die Schule beendet und würde sich irgendwo außerhalb des Tals eine Arbeit suchen. Er nahm etwas von seinem Ersparten aus der Dose, die noch bei Gustl war, verabschiedete sich von Tante und Onkel, seiner Schwester Mina und Berta, und hob dann seinen Rucksack auf den Rücken und ging Richtung Thun. Es war schon dunkel, das Fest hatte bis Mitternacht gedauert, aber er brauchte nur der Straße entlang der Kander zu folgen, und der Mond schien hell genug, um seinen Weg zu erleuchten.

Zwei Stunden später kam er in Spiez an, einer kleinen Stadt am Ufer des Thunersees. Als er eine offene Scheune sah, beschloss er, sich auszuruhen, bis der Bäcker öffnete. Dann würde er frühstücken und das Schloss besichtigen. Er hatte es nicht eilig und hatte schon vor langer Zeit beschlossen, gelegentlich einen Tag frei von der Arbeit zu haben, um das Leben zu genießen. Er spazierte um die Burgmauern und

Gärten herum und bewunderte den massiven quadratischen Burgfried, der in den Himmel ragte. Das würde er Berta gerne zeigen, dachte er.

Er ging weiter auf Thun zu. Von dort, wo er stand, konnte er bereits das Schloss Thun in der Ferne sehen. Es thronte hoch oben auf einem Hügel über der Stadt. Zuerst musste er den Fluss Kander überqueren, und als er von der steinernen Brücke auf das Wasser blickte, welches das Tal vom Kanderfirn-Gletscher hinunter in den See rauschte, spürte er, wie sein Magen sich zusammenzog. Das Tosen des Wassers war ohrenbetäubend, die Kraft der Wassermassen furchterregend. Er war froh, dass er jetzt, Ende September, vorbeikam wo die Wassermassen deutlich geringer waren als im Frühjahr.

Kaum eine halbe Stunde von Thun entfernt, fragte er Passanten, ob sie wüssten, wo die Schweizerische Centralbahn jetzt ihren Sitz habe. Die Leute unterbrachen ihre Arbeit gerne, um zu plaudern. Sie fragten Jakob, woher er komme und wollten Neuigkeiten hören. Es stellte sich jedoch bald heraus, dass seit die Bahn Thun erreicht hatte, niemand mehr genau wusste, wo die Gesellschaft ihre Niederlassung hatte. Ein Mann schlug ihm vor, zum Bahnhof in Thun zu gehen und dort zu fragen. Er gehöre der Firma, also müsse jemand wissen, wie man sie kontaktieren könne.

Jakob ging zum Bahnhof und fand den Bahnhofsvorsteher, der ihm mitteilte, dass die Schweizerische Centralbahngesellschaft ihren Sitz in Olten habe.

Jakob starrte ihn ausdruckslos an. "Olten? Wo ist das?"

"Sehen Sie, hier ist es." Der Bahnhofsvorsteher zeigte auf eine Stadt, die auf einer großen Karte mit den Bahnlinien eingezeichnet war.

"So weit weg?" Jakob war konsterniert. "Es ist weit im Norden, ich werde mindestens drei Tage dorthin brauchen."

Der Bahnhofsvorsteher grinste ihn an. Jakob sah, dass in

seinem Mund, mindestens die Hälfte der Zähne fehlte. "Vor ein paar Jahren ja, aber jetzt, wo wir die Eisenbahn haben, nicht mehr. Sie können in drei Stunden dort sein."

"Drei Stunden! Was kostet ein Ticket?"

"4. Klasse? Nur 5,45 Franken."

"Wirklich?" Jakob begann in seinem Kopf zu rechnen. Warum nicht? dachte er und war schon ganz aufgeregt bei dem Gedanken an ein neues Abenteuer. "Wann fährt der nächste Zug?", fragte er.

Da er zwei Stunden warten musste, kaufte er sich ein Brot und eine Flasche Bier. Er aß und versuchte, sich an alles zu erinnern, was er jemals über Dampflokomotiven erzählt bekommen hatte.

Er hatte gewusst, dass es laut sein würde, aber nichts hatte ihn darauf vorbereitet, *wie* laut es sein würde. Er stand auf dem Bahnsteig, wartete auf die Ankunft des Zuges und suchte die Strecke ab. Der Bahnhofsvorsteher forderte ihn auf, zurückzutreten. Er hörte ein schrilles Pfeifen und schaute sich übermütig noch einmal um. Schneller als er es sich je hätte träumen lassen, raste die riesige schwarze Lokomotive in den Bahnhof, der Dampf zischte und blies in alle Richtungen. Erschrocken sprang er ein paar Schritte zurück. Dann ertönte ein ohrenbetäubendes Kreischen von Metall auf Metall, als die Bremsen quietschten und die Lokomotive zum Stehen kam. Als es endlich still war, die letzten Dampfschwaden sanft aus der Lokomotive aufstiegen und die Fahrgäste aus den Waggons kletterten, atmete er aus und entspannte sich. Er ging bis zum Ende des Bahnsteigs und stieg die Stufen zum Wagen der 4. Klasse hinauf. Er setzte sich auf eine einfache Holzbank, die neben dem Fenster am Boden festgeschraubt war. Am liebsten hätte er das Fenster geöffnet und den Kopf hinausgestreckt, um besser sehen zu können, aber die Fenster ließen sich in diesem Waggon nicht öffnen, sie hatten oben nur einen kleinen Schlitz zum Lüften.

Sein Herz raste, als der Zug wieder lauter wurde und losfuhr. Es ging durch Felder und Wiesen, vorbei an Kühen und Häusern, in einem unglaublichen Tempo. Kaum hatte er ein Gebäude erblickt, schoss es auch schon vorbei. Es war das Aufregendste, was er je in seinem Leben getan hatte. Wie schade, dass Berta nicht dabei war.

Als sie in Olten ankamen, erkundigte er sich nach dem Personalchef. Ein Schild an seinem dunkelblauen Blazer wies ihn als Wilhelm Koch aus. Er hatte dicke schwarze Augenbrauen, wie zwei haarige Raupen, und einen leicht ergrauten Schnurrbart.

"Tut mir leid, Junge, wir beschäftigen hier in Olten keine Arbeiter. Nur Konstrukteure und Entwicklungsplaner. Wenn du Arbeit finden willst, musst du den Vorarbeiter auf einer der Baustellen fragen. Wo willst du denn arbeiten?"

"Das ist mir egal, eigentlich überall. Ich kenne da jemanden... Chasper Ebner und sein Bruder Buolf, ich muss aber nicht am gleichen Ort arbeiten."

"Moment mal, ich kann in unseren Unterlagen nachsehen, ob ich ihren Namen finde... Ebner, sagst du... hmm, ja, hier haben wir einen... Chasper... den Namen des Bruders kann ich allerdings nicht finden."

"Er hat ein Jahr später angefangen."

"Ah, ich verstehe. Nun, manchmal wechseln die Arbeitnehmer schnell von einem Unternehmen zum nächsten. Wo immer sie ein besseres Angebot bekommen. Hier steht, dass ein Ebner, Chasper zurzeit in Thörishaus beschäftigt ist."

"Thörishaus?"

"Südlich von Bern, schau mal hier." Herr Koch zeigte Jakob Thörishaus auf einer Wandkarte.

"Oh nein! Ich bin extra aus Thun gekommen, jetzt muss ich wieder zurück."

Herr Koch lächelte. "Das tut mir leid. Bevor du dir da

Hoffnungen machst, sollte ich dir sagen, dass wir ständig Arbeitssuchende haben. Auch wenn der Vorarbeiter in Thörisberg jemanden braucht, heißt das nicht, dass die Wahl auf dich fällt. Sie benötigen gute, starke Männer, die älter sind als du."

Jakob sah mürrisch aus. "Ich weiß nicht, was ich sonst tun kann, ich habe keine Ausbildung. Aber ich kann genauso gut zurückkehren, dann bin ich näher an zu Hause. Und ich werde Chasper erst einmal grüßen, das kann nicht schaden. Seine Schwester und seine Mutter werden froh sein, dass es ihm gut geht."

"Wie du willst. Der nächste Zug kommt erst morgen, ich werde mit dem Bahnhofsvorsteher sprechen und er lässt dich heute Nacht im Bahnhof bleiben, wenn du willst. Da ist es wärmer als draußen."

"Danke."

Wilhelm Koch hatte ein wenig Mitleid mit dem Jungen, aber er konnte nichts Weiteres tun.

Am nächsten Tag fuhr Jakob mit dem Zug nach Bern. Dort ging er an den neu verlegten Bahngleisen entlang, die noch nicht in Betrieb waren, bis er auf ein Arbeitslager stieß. Mehrere Metall- und Holzcontainer, die wie ausgediente Waggons aussahen und als Wohnräume für die Männer dienten, standen im Halbkreis um einen Platz mit einem Feuer in der Mitte und Holzscheiten zum Sitzen. Ein paar Leute waren da, und Jakob fragte nach dem Weg zum Vorarbeiter, dem er sich vorstellte.

"Tut mir leid, Junge, wir stellen im Moment keine Leute ein", antwortete der Vorarbeiter sofort.

Nach der Vorwarnung von Herrn Koch am Vortag war Jakob nicht überrascht. "Ist es in Ordnung, wenn ich auf Chasper Ebner warte?", fragte er. "Oder auf Buolf, um Hallo zu sagen, ich kenne sie von daheim."

Der Vorarbeiter sah von seinen Papieren auf. "Ja, überhaupt

kein Problem. Setz dich einfach ans Feuer, gegen Abend sind sie wieder da."

Jakob ließ sich auf einen Holzklotz am Feuer nieder. Er nahm sein einziges Buch, eine Bibel, aus seinem Rucksack und las, um sich die Zeit zu vertreiben. Als die Dämmerung hereinbrach, kehrten immer mehr Arbeiter ins Lager zurück. Schmutzig, staubig und müde setzten sie sich hin, um zu trinken und zu warten, bis der Koch mit der Zubereitung des Essens fertig war. Niemand schenkte ihm viel Aufmerksamkeit. Plötzlich tauchte Chasper auf. Er sah größer, breiter und muskulöser aus als in Jakobs Erinnerung. Chasper erkannte Jakob sofort und hielt inne.

"Jakob, was machst du denn hier? Ist etwas passiert?"

"Nein, nein, keine Sorge. Ich war eigentlich auf der Suche nach Arbeit und dachte mir, wenn ich schon mal hier bin, kann ich auch gleich Hallo sagen."

Chasper legte eine Hand auf sein Herz. "Gott sei Dank, ich habe mich ziemlichen erschreckt, als ich dich dort sitzen sah! Und hast du Arbeit gekriegt?"

"Nein, der Vorarbeiter hat gesagt, dass er im Moment niemanden sucht."

"Hast du ihm gesagt, dass du klettern kannst? Wir brauchen einen guten Kletterer."

"Nein, ich hatte keine Ahnung."

"Komm schon, ich geh mit dir."

"Hast du Höhenangst?", fragte der Vorarbeiter.

"Nein, natürlich nicht!" Jakob grinste, amüsiert bei dem Gedanken, dass dies eine "Qualifikation" sein könnte.

"Und du kannst gut klettern?"

"Ich bin jeden Sommer auf der Alp und kümmere mich um die Ziegen. Sie bleiben oft an Felsen hängen und ich muss sie retten. Also ja, ich glaube, ich kann ganz gut klettern."

"Ach, er ist zu bescheiden, das war er schon immer",

unterbrach Chasper. "Er kann so schnell wie eine Gämse an allen möglichen Felswänden auf und absteigen."

"In Ordnung, wir brauchen einen Kletterer, ich gebe dir eine Chance", antwortete der Vorarbeiter. "Nimm etwas zu essen mit. Chasper wird dir zeigen, wo du heute Nacht schlafen kannst und was du sonst noch brauchst, und morgen fangen wir an."

Die Eisenbahngesellschaft musste sich einen Weg durch den Felsen sprengen, für ebene Strecken und Vorsprünge, und um Galerien am Fuße von Hügeln um Seen herum zu bauen, und um Tunnel zu graben. Experten hatten schon vor langer Zeit geplant, wo das Dynamit für das gewünschte Ergebnis platziert werden musste. Diese Orte waren oft abgelegen und schwer zugänglich. Sie brauchten Bergsteiger, um den Sprengstoff zu platzieren.

Jakob trug einen Ledergürtel mit einem Meißel und einem Hammer sowie Dynamitstangen. Er war mit einem Seil gesichert, und zwei Männer passten auf ihn auf, während er so flink wie ein Eichhörnchen von einem Felsvorsprung zum nächsten huschte. Instinktiv fand er die richtigen Unebenheiten im Felsen für seine Hände und Füße. Er schlug Löcher in den Felsen und steckte, wie eine Spinne an ihrem Faden am Ende des Seils hängend, das Dynamit in die entsprechenden Stellen. Schnell erwarb er sich den Respekt seiner Kameraden. Er arbeitete bei jedem Wetter zügig und beklagte sich nie darüber, es wäre irgendwo zu schwierig oder zu gefährlich, um hinzugelangen.

Auch Jakob war zufrieden. Er arbeitete im Freien, bekam Essen und Unterkunft, und der Lohn war auch in Ordnung. Er brauchte nicht viel und fing an, für ein Haus zu sparen. Mit seinen Kameraden verstand er sich gut, die Bekanntschaft mit Chasper und Buolf machte es ihm leichter, und überraschenderweise schienen sie beide erwachsen und vernünftig geworden zu sein. Die Arbeit war für alle gefährlich, aber besonders für diejenigen, die wie Chasper und Buolf in den Tunneln arbeiteten. Es gab häufig Unfälle, manchmal mit tödlichem Ausgang. In Anbetracht dessen war es nicht verwunderlich, dass Chasper und Buolf sich verändert hatten, dachte Jakob. Ihre Familie würde sich freuen.

Die meisten Arbeiter gingen sonntags in die Kirche, und Jakob schloss sich ihnen an. Danach schrieb er Briefe und manchmal verabredete er sich mit Berta oder seiner Tante, seinem Onkel und Mina. Manchmal erkundete er auch einfach die Gegend.

Der Vorarbeiter war nicht erfreut, als Jakob im Sommer gehen wollte, aber er bestand darauf.

"Wenn deine Stelle weg ist, dann ist das dein Pech", drohte der Vorarbeiter.

Doch als Jakob nach einem Sommer auf der Alp im September zurückkehrte, erwartete ihn eine lange Liste von Aufträgen. Schließlich wurde akzeptiert, dass er in den Sommermonaten abwesend war.

Viele Jahre lang sah Jakob weder seinen Vater noch Regina. Sein Vater war so gut wie nie in Weißbrügg und Regina fühlte er sich nicht verbunden. Sie hatten nicht gehungert, aber Regina hatte sie nie wirklich geliebt. Sein anfänglicher Ärger über die Lehre hatte sich mit der Zeit etwas gelegt, die Kirche lehrte Vergebung, doch er konnte sich nicht dazu durchringen, den ersten Schritt zu einem Wiedersehen zu tun.

*****

Hari beendete die Schule im gleichen Jahr wie Jakob. Auch er hatte keine Qualifikation für einen Beruf, und seine Eltern konnten ihm keine Lehrstelle bezahlen. Zu diesen negativen Faktoren kam hinzu, dass er aufgrund der Verbrennungen an seinem Bein immer noch hinkte. Er konnte keine schwere körperliche Arbeit verrichten; er konnte nicht einmal den ganzen Tag auf den Beinen stehen. Er hätte Zündholzschachteln zusammenkleben können, aber er sagte seinen Eltern, dass er nicht vierzehn Stunden am Tag, sechs Tage die Woche für nur zwei Franken arbeiten wollte. Seine Eltern ließen ihn gewähren. Sie fühlten sich ein wenig schuldig, dass sie ihm keine bessere Schulbildung hatten zukommen lassen können. Irgendetwas wird sich schon finden, dachten sie, und arbeiteten weiter, um Essen auf den Tisch stellen zu können.

Sonntags gingen sie in die Kirche und bestanden darauf, dass Hari sie begleitete. Er gab nach, da er die größere Schlacht bereits gewonnen hatte. Allerdings stand er nun auf der rechten Seite der Gemeinde, neben seinem Vater, bei den Männern. Nach der Predigt wurde ein langes Lied mit vielen Strophen angestimmt, während der Opferstock durch die Reihen gereicht wurde, und Hari legte die Fünf-Rappen-Münze hinein, die ihm seine Mutter jede Woche vor dem Gottesdienst gab. Als der Korb weitergereicht wurde, schaute er nicht weg, während die Männer ihre Spenden in den Korb legten, sondern starrte auf ihre Hände, fasziniert von der Menge der Papierscheine, die im Korb verschwanden. Eine Idee schoss ihm durch den Kopf.

Hari erzählte seinen Eltern, dass er zum Konfirmandenunterricht gehen wollte. Sie waren begeistert. Sechs Monate später hatte er Konfirmation. Jeden Sonntag kleidete er sich so schick wie möglich und ging zehn Minuten früher zur Kirche. Sein Eifer wurde bemerkt, und gelegentlich wurde er gebeten, eine Lesung zu halten. Manchmal brauchte der Pfarrer Hilfe und bat ein paar Jungen, bei einer Hochzeit oder einer Beerdigung dabei zu sein. Hari war gerne dazu bereit, und was noch wichtiger war, er hatte immer Zeit.

Innerhalb weniger Monate gewann Hari den Respekt und

das Vertrauen von Pfarrer Moser. Zusammen mit Manfred Klopfenstein und Paul Zähler wurde ihm die Aufgabe übertragen, am Ende der letzten Reihe im Gang zu stehen, den Kollektenkorb vom letzten Gemeindemitglied zu nehmen und ihn in die Sakristei zu bringen. Das war die Gelegenheit, auf die er schon lange gewartet hatte. Er übertrieb sein Hinken ein wenig und schleppte sich hinterher, und als er die Sakristei betrat, waren die anderen Jungen bereits gegangen und hatten ihre Plätze wieder eingenommen. Es war ein Leichtes, eine Handvoll Geldscheine und Münzen zu entnehmen und sie tief in seine Hosentasche zu stecken, bevor er die Kollekte in den Opferstock kippte und unschuldig an seinen Platz zurückkehrte.

Zu Hause steckte er seine Beute in einen Socken und dann in eine alte Dose. Er ging nach draußen in den Schuppen und versteckte die Dose hinten in einem Regal. Hari war zufrieden mit sich. Er hatte mehr als zwanzig Schweizer Franken erbeutet. Er nahm weiterhin bei jedem Gottesdienst Geld, nie zu viel, er wollte nicht, dass der Pfarrer Verdacht schöpfte. Außerdem bekamen die Jungen bei Hochzeiten und Beerdigungen oft ein oder zwei Münzen fürs Helfen, und die Kollekte bei diesen Anlässen war reichlich. Seine Socke dehnte sich, die Dose wurde voll. Er vergrub sie unter einem Apfelbaum auf der Wiese hinter ihrem Haus und begann, eine neue Socke zu füllen. Seine Eltern erzählten allen, wie fromm er war, und selbst die Dorfbewohner waren beeindruckt, weil er jeden einzelnen Gottesdienst besuchte.

Eines Tages drückte ihm eine alte Dame in der Kirche einen Hundert-Franken-Schein in die Hand. "Das ist für dich", sagte sie. "Ich bewundere deine Frömmigkeit trotz deiner Behinderung. Ich nehme an, das Leben war nicht gut zu dir, ich dagegen bin mit einem guten Leben gesegnet. Nimm es und gönne dir etwas."

"Oh nein, so viel kann ich unmöglich annehmen." Hari

schob den Schein zurück in ihre Hand. "Nicht ohne dafür zu arbeiten." Die Frau betrachtete sein Gesicht aufmerksam, sagte aber nichts weiter.

In der folgenden Woche klopfte es an Stolls Haustür. Hari war allein zu Hause, seine Eltern waren bei der Arbeit und seine Schwester war in der Schule. Es war die alte Dame. Sie stellte sich als Frau Clara Vogel vor. Er lud sie ins Haus ein und machte ihr eine Tasse Kräutertee, während sie ihre Umgebung in Augenschein nahm.

"Frau Vogel, ich fühle mich durch Ihren Besuch geehrt. Wie Sie sehen, bin ich allein. Wollten Sie mit meinen Eltern sprechen?"

"Nicht unbedingt, ich bin gekommen, um dich zu sehen. Ich bin Witwe und lebe allein mit meiner Magd und Köchin in meinem Haus an der Straße nach Adelboden. Ich bin oft einsam und meine Augen sind nicht mehr so gut, wie sie einmal waren. Ich habe mich erkundigt und gehört, dass du wegen deiner Beinverletzung Schwierigkeiten hast, Arbeit zu finden. Ich frage mich, ob du mich gelegentlich besuchen und mir vorlesen willst? Ich würde dich natürlich dafür bezahlen."

"Frau Vogel, wie kann ich Ihnen danken? Ich würde mich freuen, einige Zeit in Ihrer Gesellschaft zu verbringen.

Sie vereinbarten, dass Hari sie am nächsten Nachmittag besuchen würde, und Frau Vogel ging. Hari stieß seine Faust in die Luft. Auch er hatte sich erkundigt, und er hatte das Gefühl, auf Gold gestoßen zu sein. Frau Vogel war die Witwe eines reichen Industriellen aus Genf. Sie hatte zwei Kinder, einen Sohn und eine Tochter, die beide in Bern lebten und sie seit über sechs Jahren nicht mehr besucht hatten. Wenn er seine Karten richtig ausspielte, würde er bald genug Geld haben, um nach Amerika zu reisen.

Innerhalb der nächsten Monate besuchte Hari Frau Vogel fast jeden Tag. Er las ihr vor und sie brachte ihm Kartenspiele bei. Er blieb oft zum Abendessen und lernte, welche Löffel und Gabeln er wann benutzen musste. Sie brachte ihm Manieren bei und welche Weine zu welchem Fleisch oder Fisch passen. Er aß Speisen, von deren Existenz er nicht einmal gewusst hatte. Hari war in der Zwischenzeit gewachsen. Eines Tages fuhren sie mit der Postkutsche nach Spiez und sie kaufte ihm einen Anzug und Hemden. Er schämte sich für seine eigene Familie und verbrachte so wenig Zeit wie möglich mit ihr.

Gelegentlich ließ Hari einen silbernen Teelöffel bei Ihr verschwinden, oder eine Brosche oder einen Ring, den Frau Vogel nie trug und nicht vermissen würde, ebenso kleine Geldsummen oder einen silbernen Salzstreuer. Er nahm die Sachen mit nach Hause und vergrub sie mit dem Rest seiner Beute in einer Dose unter dem Apfelbaum. Er glaubte nicht, dass die Sachen vermisst werden würden oder dass irgendein Verdacht auf ihn fallen würde, aber er wollte kein Risiko eingehen, nur für den Fall, dass die Polizei kam und das Haus durchsuchte.

Frau Vogel starb plötzlich und völlig unerwartet.

Ihre Kinder kamen zur Beerdigung aus Bern. Hari erhielt eine Nachricht von Frau Vogels Notar, in der er gebeten wurde, bei der Testamentseröffnung dabei zu sein. Er war so aufgeregt, dass er nicht schlafen konnte. Er beglückwünschte sich zu seiner Klugheit. Andere Leute arbeiteten hart für ihren Lebensunterhalt; er würde genug erben, um bequem zu leben, wo immer er wollte.

Er zog sich schick an und erschien pünktlich im Notariat. Die Tochter und der Sohn von Frau Vogel saßen mit dem Notar am Kopfende eines Tisches. Die Köchin, das Hausmädchen und er selbst standen am Ende des Raumes. Der Notar verlas das Testament, das alles den Kindern von Frau Vogel vermachte. Dann teilte er den Anwesenden mit, dass Frau Vogel auch einige Zuwendungen getätigt hatte. Ihre Kinder lächelten wohlwollend, als der Köchin eine kleine Brosche und dem Dienstmädchen ein Wollumhang vermacht wurde. Hari hielt den Atem an, die Spannung war unerträglich: "... und Hari Stoll, meinem lieben Gefährten, hinterlasse ich meine Bibel..." Hari verschluckte sich. Die Anwesenden nahmen an, dass er vor Dankbarkeit überwältigt war.

Die Tochter von Frau Vogel überreichte ihm eine in Leder gebundene Bibel mit vergoldeten Seiten. "Vielen Dank, dass Sie meiner Mutter ein Freund waren", sagte sie. "Sie hat in ihren Briefen sehr gut von Ihnen gesprochen. Sie sagte, sie habe noch nie jemanden getroffen, der so fromm sei wie Sie." Hari nahm die Bibel und eilte aus dem Zimmer. "Der arme Junge", sprach die Tochter. "Er ist offensichtlich sehr bestürzt über ihr Ableben."

Hari ging nach Hause und warf die Bibel auf den Küchentisch. Dann schob er den Vorhang zur Seite, der sein Bett vom Rest des Zimmers trennte, und legte sich wutentbrannt hin. Seine Mutter hob die Bibel auf. "Die ist ja wunderschön", sagte sie. "Wie nett von ihr, sie muss viel von dir gehalten haben." Hari antwortete nicht, und seine Mutter ließ ihn in Ruhe. Sie dachte, er würde trauern.

Eine Woche später, beim Abendessen, sprach Helga wieder mit Hari. "Weißt du, mein Sohn, ich bin stolz auf dich, du hast es zu etwas gebracht. Ich habe gehört, dass einige reiche Leute in den großen Städten, Witwen und alte Jungfern, oft Gesellschafterinnen oder Sekretären haben. Wenn die Tochter oder der Sohn von Frau Vogel dir vielleicht eine Referenz geben würde ... du könntest es ja mal versuchen ..."

Hari wurde hellhörig. "Wirklich? Das wusste ich gar nicht!"

"Ja, ja, ich glaube schon."

"Wie kann ich herausfinden, ob jemand einen ... Sekretär sucht?"

"Ich weiß es nicht. Vielleicht lässt dich Herr Stettler die Zeitung lesen, wenn er mit ihr fertig ist. Es wird Anzeigen geben."

"Danke Mutter, das ist eine gute Idee, ich werde ihn gleich nach dem Essen besuchen."

Helga legte ihren Löffel hin und lächelte. Das war eine angenehme Überraschung, dachte sie bei sich.

Zwei Monate später begann Hari bei Ernst Pfister in Bern zu arbeiten. Herr Pfister hatte von seinen Vorfahren ein großes Stadthaus und ein Vermögen geerbt. Dies ermöglichte ihm, seinem Hobby, der Botanik, zu frönen. Er reiste durch die Welt, um neue, unbekannte Pflanzen aufzuspüren. Er verbrachte seine Zeit damit, sie zu skizzieren, Proben ihrer Blätter und Blüten zu pressen und ihre Samen zu sammeln. Er war alleinstehend, er fühlte sich in der Gesellschaft des anderen Geschlechts nicht wohl, und nun war er von seiner vielleicht letzten Reise zurückgekehrt.

Er war sechzig, und er war müde. Er suchte jemanden, der ihm half, seine riesige Pflanzensammlung zu ordnen und seine Erkenntnisse schriftlich festzuhalten. Er hoffte, dass er, sobald seine Skizzen und Notizen sortiert waren, einen Verleger finden würde, der bereit war, alles als Buch zu drucken. Das würde sein Vermächtnis sein.

Er schaltete eine Anzeige im Berner Wochenblatt. Hari bewarb sich zusammen mit fast zwanzig anderen jungen Männern. Hari zeigte Herrn Pfister sein Arbeitszeugnis von Frau Vogels Tochter. Herr Pfister kannte den verstorbenen Ehemann von Frau Vogel und so fiel ihm die Entscheidung leicht.

Hari war glücklich. Nach mehreren Vorstellungsgesprächen, bei denen er die Stelle nicht bekommen hatte, hatte er schon fast die Hoffnung aufgegeben. Er bekam ein eigenes Zimmer im Haus und einen ganzen Tag pro Woche frei. Er speiste zusammen mit Herrn Pfister, der Gesellschaft wünschte, und mochte wie er Fleisch und hatte eine Vorliebe für Wein. Hari gewöhnte sich bald an diesen Luxus im Leben. Ihm wurde klar, dass er sich nicht mehr mit einem kleinen Haus oder Bauernhof zufrieden geben würde, mit Frau und Kindern irgendwo. Nein! Er wollte leben wie Frau Vogel oder Herr Pfister, so viele Wertsachen besitzen, dass er gar nicht merkte, wenn etwas fehlte.

Hari nutzte seine freien Tage, um die Gegenstände zu verkaufen, die er von Frau Vogel gestohlen hatte. Er tauschte alle seine kleinen Münzen in Scheine um. Wenn er nach Amerika ging, konnte er nicht zu viel Masse gebrauchen. Nach und nach erschlich er sich das Vertrauen von Herrn Pfister, und schon bald war der Wert des Geraubten doppelt so hoch wie sein Wochenlohn. Er war schlau. Er eröffnete kein Bankkonto. Er wollte nicht, dass etwas zurückverfolgt werden konnte, falls er des Diebstahls beschuldigt werden sollte. Da er keinen guten Ort fand, um sein wachsendes Vermögen zu verstecken, begann er, es in seine Kleidung einzunähen. Er kaufte zwei neue Anzüge und eine hölzerne Reisetruhe. Sein Ziel rückte rasch näher. Doch noch musste er geduldig sein. Um allein nach Amerika zu reisen, musste er sechzehn Jahre alt sein, und er brauchte eine neue Identität.

An seinem nächsten freien Tag ging Hari zum Bahnhof. Er setzte sich in ein Restaurant und beobachtete die Umgebung. Er studierte die vorbeigehenden Menschen, betrachtete zwielichtige Gestalten, die in Ecken standen, und verhielt sich unauffällig. Gegen Abend sprach er einen Mann in einem alten zerrissenen Mantel an, der seit über einer Stunde am Kiosk stand und rauchte.

Hari reichte ihm einen zusammengefalteten zwanzig Franken Schein und sagte: "Laudanum". Der Mann steckte den Schein ein und sagte: "Folge mir." Er hielt an einem Stand, der heiße, geröstete Kastanien verkaufte, und kramte in seiner Manteltasche, um Hari ein kleines Fläschchen zu geben.

"Ich gebe Ihnen den doppelten Betrag", sagte Hari, "wenn Sie mir sagen, wo ich Ausweispapiere bekomme."

Haris Vorbereitungen waren abgeschlossen. Er hatte neue Ausweispapiere, die ihn zu einem Achtzehnjährigen machten und ihm den Namen Ferdinand Bühler aus Weißbrügg gaben. Daran hatte er gedacht, als er versuchte, sich einen Namen und einen Geburtsort auszudenken. Es war besser, die Lügen auf ein Minimum zu beschränken. Ein letzter großer Coup, dachte er, und dann bin ich weg.

Er kannte die Kombination zum Safe von Herrn Pfister. Er war schon mehrmals gebeten worden, ihn zu öffnen, und seine Augen waren beim Anblick der vielen Banknoten und Goldmünzen fast aus den Höhlen gesprungen. Natürlich würde ein leerer Tresor nicht unbemerkt bleiben und der Verdacht würde auf ihn fallen, aber dann wäre er schon weg, und es würde keine Rolle mehr spielen. Es war unglaublich, wie vertrauenswürdig Herr Pfister war, er hatte es verdient, ausgeraubt zu werden!

Trotzdem wollte Hari keine Überraschungen. Jährlich am vierten Montag im November feierte Bern den Zibelemärit, ein traditionelles Volksfest. Herr Pfister gab allen seinen Hausangestellten frei, damit sie sich an den bunten Marktständen und auf dem Rummelplatz vergnügen konnten. Er sagte, er würde den Tag in seinem Club verbringen.

Hari wartete, bis alle das Haus verlassen hatten, und erzählte, er würde später zu ihnen stoßen. Dann ging er die Treppe hinunter zum Tresor. Seine Reisetasche war gepackt; er würde um 10.15 Uhr den Zug nach Amsterdam nehmen.

Er öffnete den Tresor und begann, den Inhalt in einen Teppichbeutel zu leeren.

"He! Was tust du denn da?"

Hari drehte sich erschrocken um und sah, wie Herr Pfister ihn anstarrte.

"Herr Pfister! Was machen Sie denn hier?"

"Ich habe meine Brille vergessen, zum Glück, wie es scheint!

Warum stiehlst du ..." Er begann auf Hari zuzugehen, kam aber nicht weit. Hari hatte einen langen, scharfen Brieföffner von der Schreibtischplatte geholt und stieß ihn ihm mit voller Wucht mitten ins Herz. Blut spritzte in alle Richtungen. Herr Pfisters Augen weiteten sich vor Überraschung, und dann fiel er zu Boden.

"Verdammt, verdammt, verdammt!" Hari fluchte, füllte schnell seine Reisetasche und rannte die Treppe hoch, drei Stufen auf einmal. Er wusch sich Hände und Gesicht und warf seine blutbefleckte Kleidung auf den Boden. Er zog sich einen neuen Anzug an, nahm seinen Teppichbeutel in die eine Hand und schleppte mit der anderen die Holztruhe aus der Tür. *Bitte lasst mich eine Droschke finden,* flehte er zum Himmel, *bitte!* Aber die Kutscher waren alle damit beschäftigt, Leute zum Fest zu bringen. Hari begann, seine Truhe die Straße hinunter zu schleppen. Es war viel zu sperrig und schwer. Er schaute sich um. Die Straße war leer.

"Scheiße, Scheiße, Scheiße!", fluchte er und stampfte mit seinem gesunden Fuß auf. Er überlegte gerade, ob er die Truhe tragen und seine Tasche zurücklassen sollte, als er einen Jungen mit einer leeren Schubkarre vom Markt zurückkommen sah. "Ich gebe dir zwanzig Franken, wenn du meine Truhe zum Bahnhof bringst", bot Hari an.

Die Augen des Jungen weiteten sich. Er neigte seine Mütze. "Ja, Chef, danke!"

Sie kamen gut voran, bis sie die Innenstadt erreichten. Die ganze Stadt war überfüllt mit Hunderten von Ständen, an denen alles Mögliche verkauft wurde, von geflochtenen Zwiebel- und Knoblauch-Strängen bis hin zu Keramikgefäßen und schmackhaften Lebensmitteln, die einen würzigen Duft verströmten. Junge Besucher verstreuten Konfetti in den Straßen. Es herrschte so viel Trubel, dass sie sich den Weg hindurch erkämpfen mussten.

Hari fluchte erneut. Er hatte das nicht richtig durchdacht. Er versprach sich selbst, dass er nie wieder so einen dummen Fehler machen würde, wenn er es schaffen sollte, den Zug zu erreichen. Die Minuten verstrichen wie im Flug. Hari schaute sich in alle Richtungen um, weil er befürchtete, dass ihn Polizisten verfolgten.

"Ich gebe dir zehn Franken extra, wenn du bis zehn Uhr am Bahnhof bist", sagte er zu dem Jungen. Der Junge schob und drängelte, wand und schlängelte sich durch die Menschenmassen. Hari blieb dicht an ihm dran und schob von hinten. Die Berner Hausfrauen in ihren besten Kleidern beschimpften sie heftig, aber sie bohrten sich durch die Menschenmassen wie Würmer, die sich durch Holz fraßen. Um zehn nach zehn erreichten sie den Bahnhof. Hari schnipste mit den Fingern nach einem Gepäckträger, drückte ihm zwei Geldscheine in die Hand und rannte dann zum Bahnsteig. Er kletterte in ein Abteil der ersten Klasse und setzte sich auf eine mit rotem Samt gepolsterte Bank. Der Zug fuhr kurz darauf.

Langsam atmete er aus und begann sich zu beruhigen. Das war knapp, dachte er und bestellte beim Kellner einen Café Americano. Aber jetzt war er in Sicherheit. In vierzehn Stunden würde der Zug in Amsterdam ankommen, wo morgen ein Segelschiff nach Amerika auslaufen würde, und niemand würde nach Ferdinand Bühler suchen.

Am nächsten Morgen ging Hari an Bord eines stolzen Dreimasters, der bereit war, die Segel nach New York zu setzen. Ein dampfbetriebener Schlepper zog sie aus dem Hafen hinaus auf die offene See. Ein leichter Wind kam auf, und der Kapitän gab den Befehl, die Segel zu hissen. Das Segelschiff nahm Fahrt auf und der Schlepper kehrte in den Hafen zurück. Hari ging an Deck und atmete tief die salzige Luft ein. Frei, dachte er, ich habe es geschafft!

Die Passagiere schliefen, als gegen Mitternacht ein von

der englischen Küste kommendes Dampfschiff mit der linken Seite des Dreimasters kollidierte und dabei den oberen Teil der Takelage und etwa dreißig Fuß der Schiffsverkleidung abriss. Der Aufprall verursachte einen gewaltigen Ruck, durch den sowohl die Besatzung als auch die Passagiere erwachten. Die Besatzung raste hin und her, ein Kommando folgte dem nächsten, die männlichen Passagiere wurden an Deck beordert, um bei der Reparatur des Mastes zu helfen, so gut sie es konnten. Frauen, Kinder und sogar Männer schrien und brüllten. Mit großer Anstrengung gelang es ihnen schließlich, den Mast zu reparieren und das Leck an der Wasserlinie abzudichten. Der Lärm verstummte, zumal die Rückkehr in den Hafen eingeleitet wurde. Die Notflagge wurde gehisst, aber es half nichts, bis um ein Uhr am nächsten Tag der Schlepper, der sie aufs Meer hinausgezogen hatte, zum Schiff kam, um es sicher in den Hafen zurückzubringen.

Hari befürchtete das Schlimmste, und tatsächlich wimmelte es im Hafen von Polizisten. Die Schweizer Behörden hatten die französische, belgische und niederländische Polizei um Hilfe gebeten, um die europäischen Häfen nach dem Mörder von Herrn Pfister zu durchsuchen. Als die Passagiere von Bord gingen, wurden die allein reisenden jungen Männer aussortiert und ihre Papiere überprüft. Haris Herz schlug bis zum Hals, er sah keinen anderen Ausweg, als zu versuchen, sich aus der Situation heraus zu bluffen. Doch dieses Mal half ihm nichts. In seinen Papieren stand, dass er Ferdinand Bühler hieß, und aus Weißbrügg kam. Das allein und sein Alter genügten, um ihn abzuführen und für weitere Ermittlungen in ein Gefängnis in Amsterdam zu stecken.

*****

Bertas Vater, ein ehemaliger Schiefergrubenarbeiter, war an Silikose erkrankt, einer Lungenkrankheit, die durch das

Einatmen von Staub im Steinbruch verursacht wurde. Er war viele Jahre lang krank, und die Krankheit schritt voran, bis er bettlägerig wurde. Berta hatte ein Jahr vor Jakob die Schule beendet, aber solange ihre Mutter Hilfe bei der Pflege ihres Vaters brauchte, konnte sie das Tal nicht verlassen. Schließlich starb ihr Vater, und Berta und ihre Mutter gewöhnten sich daran, wieder ohne Unterbrechung durchzuschlafen.

Sie brauchten nicht in der Zündholzfabrik zu arbeiten, denn nicht nur Chasper und Buolf schickten jeden Monat Geld nach Hause, sondern auch ihre älteste Schwester Anneli, die jetzt als Hausdame in einem Hotel in Thun arbeitete. Ihre beiden anderen Schwestern Trudi und Dorli, die im selben Hotel arbeiteten, trugen ebenso bei jedem Besuch zum Lebensunterhalt bei. Bertas Mutter Elsa fühlte sich sehr gesegnet, so liebevolle Kinder zu haben. 1862 beendeten auch ihre jüngsten Kinder, die Zwillinge, die Schule. Schweren Herzens beschloss Elsa, dass es Zeit war, Berta fortgehen zu lassen. Das junge Mädchen sollte etwas von der Welt sehen, bevor sie sich niederließ, um zu heiraten. Als Anneli das nächste Mal zu Besuch kam, war sie einverstanden, dass Berta sie beim Abschied begleitet. Immerhin war Thun nicht allzu weit weg und sie wusste, dass Berta sie besuchen würde.

Berta war glücklich. Sie liebte das Tal, aber sie musste für eine Weile weg. Sie bürstete ihr langes, braunes Haar ordentlich, legte es in eine kleine Rolle in ihrem Nacken und zog ihr bestes braunes Kleid mit dem Spitzenkragen an. Sie hatte nicht viele Habseligkeiten, aber sie packte eine Tasche mit ihrem zweiten Kleid, einer Bürste und einem Kamm und etwas Unterwäsche. Sie band eine Haube unter dem Kinn fest, gab ihrer Mutter einen Abschiedskuss und machte sich mit Anneli auf den Weg nach Thun.

22

1868 – 75

Der brutale Mord und der Diebstahl in Bern sorgten für Schlagzeilen. Polizisten kamen nach Weißbrügg, um nach Hari zu suchen und seine Familie zu fragen, wo er sich versteckt halten könnte. Seine Eltern beharrten auf einem Missverständnis, "ihr Sohn sei ein guter Junge und fromm, er würde keiner Fliege etwas zuleide tun". Niemand wusste irgendwas.

"Er wird in Amerika sein", meinte Jakob zu Berta, als sie sich das nächste Mal trafen.

Auch die Schweizer Polizei vermutete, dass Hari versuchen würde, aus Europa zu fliehen. Wäre der Dreimaster nicht havariert, wäre es zu spät gewesen. Sobald sie ein Telegramm der holländischen Polizei erhielten, dass sie über die Verhaftung eines Verdächtigen namens Ferdinand Bühler informierte, sprachen sie mit Ferdinands Vater und überzeugten sich, dass Ferdinand im Internat war. Drei Polizisten wurden nach Amsterdam geschickt, um Hari Stoll nach Bern zu bringen, wo er in ein Gefängnis gesteckt wurde um auf seinen Prozess zu warten.

Clara Vogels Tochter hatte ein schlechtes Gewissen, weil sie

Hari an Herrn Pfister empfohlen hatte, den er dann ermordet hatte. Sie fragte sich sogar, ob Hari etwas mit dem Tod ihrer Mutter zu tun gehabt hatte. Sie erinnerte sich an seine Reaktion, als man ihm die Bibel ihrer Mutter überließ. Vielleicht hatte sie seine Trauer falsch gedeutet und er hatte sich in Wahrheit mehr erhofft. Sie bat darum, mit dem für den Fall zuständigen Beamten zu sprechen.

Hari war in Amsterdam seiner schönen Kleider beraubt worden. Seine Mithäftlinge hatten sie zerrissen und sich um das Gold gestritten. Geld in die Kleidung zu nähen war ein alter Trick und seine Mitgefangenen hartgesottene Kriminelle. Die Zeit im Gefängnis war die Hölle gewesen. Sein Körper hatte vor Schmerzen geschrien, als er das süchtig machende Laudanum nicht mehr bekam. Er hatte kein Geld, um Bestechungsgelder zu zahlen, und seine harte äußere Schale bröckelte ab, und ließ einen unsicheren, zittrigen jungen Mann zurück.

Die drei Polizisten, die ihn nach Bern zurückbrachten, waren grob und unfreundlich. Er wurde zusammen mit zwanzig anderen gefühllosen Sträflingen in eine Zelle gesteckt und verbrachte seine Zeit zusammengekauert in einer Ecke, in der Hoffnung, nicht geschlagen zu werden.

Es war eine Erleichterung, als er zum Verhör zu einem Kriminalbeamten gebracht wurde. Er gab zu, Herrn Pfister getötet zu haben. Er sagte, er habe es nicht gewollt, aber er sei beim Stehlen erwischt worden und habe im Affekt gehandelt.

"Das ist keine Entschuldigung!", erwiderte der Inspektor zornig.

"Ja, ich weiß, ich bereue meine Tat und würde nichts lieber tun, als sie ungeschehen zu machen.

"Was ist mit Frau Vogel? Haben Sie auch im Affekt gehandelt? Was hat sie Ihnen angetan?"

"Was? Nein, nein, Sie haben das falsch verstanden. Ich habe weder Frau Vogel noch Josef ermordet! Ich mochte Frau Vogel, ich war nicht einmal da, als sie starb, und bei Josef... nun, das war ein Fehler. Ich wollte ihn nur erschrecken, ich wusste ja nicht, dass man mit ein paar Steinen eine Lawine auslösen kann!"

Der Inspektor wusste nichts von einem Josef, verriet dies aber nicht. Er schickte Hari zurück in seine Zelle und beschloss, mit Wachtmeister Strünzli zu sprechen, bevor er die Anklage gegen Hari dem Richter vorlegte.

Zurück in seiner Zelle machte sich Hari in seiner Ecke klein und dachte an Josef.

Er hatte seit Jahren alles verdrängt, aber nun erinnerte er sich wieder an jede Minute dieses schicksalhaften Tages.

Er hatte sich gelangweilt. Die Schule war für den Sommer unterbrochen worden, weil die Kinder der Bauern beim Heumachen und den restlichen Erntearbeiten helfen mussten. Chasper und Buolf waren nicht da, und selbst Utz war von seinen Eltern in den Spissen gut auf Trab gehalten worden. Er hatte gegrübelt und war unschlüssig, was er machen sollte.

Er war zu Ferdinands Haus gegangen, in der Hoffnung, dass der sich auch langweilte. Genug langweilte, um wieder mit Hari zu reden. Er war zum Haus des Bürgermeisters gelaufen und hatte den glänzenden Messingklopfer betätigt. Ein Dienstmädchen hatte geantwortet und ihn hineingelassen.

"Ich möchte mit Ferdinand sprechen", hatte er gesagt.

"Ich glaube nicht, dass er da ist, aber ich werde die Herrin fragen", hatte sie geantwortet und war den Korridor entlanggeeilt. Sie klopfte an eine Tür, trat ein und schloss die Tür hinter sich. Hari hatte Stimmen gehört, aber er hatte nicht verstanden, was sie sagten.

Als er sich umsah, hatte er Ferdinands blaue Jacke in der Garderobe hängen sehen. Er zögerte, nahm sie dann schnell und stopfte sie in seinen Rucksack.

Das Dienstmädchen kehrte zurück. "Es tut mir leid, aber Ferdinand ist nicht da. Er ist auf einem Schulausflug."

"Danke, auf Wiedersehen", hatte er gesagt, bevor er wütend ging. Schulausflug? Was hatte denn dann seine blaue Jacke da zu suchen? Typisch arrogantes Gesocks, die dachten, sie könnten ihn einfach anlügen, als wäre er ein Trottel aus der Gosse.

Er hatte wütend mit den Füßen gegen den Boden gekickt und war in Richtung Reichenbach losmarschiert. Er hatte nicht wirklich nachgedacht und auch keinen Plan im Kopf, aber er hatte die Kander überquert und war das Chienetal hinaufgelaufen. Sobald er dachte, außer Sicht zu sein, war er stehengeblieben, hatte die Jacke aus seinem Rucksack genommen und sie angezogen. Er war bis zum Tschingelsee weitergelaufen, aber selbst die große Anstrengung hatte seine Wut nicht vertreiben können. Er hatte sich gefühlt, als ob die ganze Welt gegen ihn wäre.

Er war weiter das Chienetal hinaufgestiegen, immer noch unzufrieden und grimmig. Es hatte ihn geärgert, dass Ferdinand nichts mit ihm zu tun haben wollte. Das war alles Josefs Schuld, weil er seinen Vater einen Dieb genannt hatte. Die Narbe an seinem Bein hatte angefangen zu schmerzen. Das war auch Josefs Schuld! Wenn der seinen Vater nicht als Lügner bezeichnet hätte, dann hätte er Wilhelmine nicht mit einem ‚Bölima' erschrecken wollen.

Er hatte begonnen, den zerklüfteten Berg abseits des Weges hinaufzuklettern. Er hatte gehofft, dass beim Klettern sein Bein weniger schmerzen würde. Das war nicht der Fall, aber er war schon auf halber Höhe und beschloss deshalb, dass er genauso gut den ganzen Weg hinaufsteigen könnte. Vielleicht entdeckte er ein Adlernest und konnte ein paar Eier stehlen. Die könnte er dann für eine Menge Geld verkaufen. Der Gedanke daran hatte ihn aufgemuntert.

Als er die Spitze des Bergrückens erreicht hatte, hatte er hinuntergeblickt. In der Ferne hatte er eine Gestalt gesehen, die einen Handkarren den Chienetalweg hinaufzog. Er hatte die Augen zusammengekniffen, konnte aber immer noch nicht erkennen, wer es war. Er war auf der Suche nach einem Adlernest den Bergrücken entlang gegangen, als er unter sich Ziegen meckern hörte. Er hatte hinuntergeschaut und einen Ziegenhirten gesehen. Das musste Jakob sein, hatte er gedacht, die Alp seines Onkels war dort oben. Dann war der Junge mit dem Handkarren, der den Weg entlangkam, Josef! Plötzlich hatte er eine Idee gehabt.

Er war den Grat entlang zurückgeeilt, um einen geeigneten Platz zu finden. An einer Stelle ragte ein Felsvorsprung über den Berg, direkt über dem Weg, den Josef nehmen musste. Ideal, hatte er sich gefreut. Er hatte einige schwere Felsbrocken entdeckt, einige etwa so groß wie Fußbälle, und sie an den Rand des Felsvorsprungs gerollt. Perfekt, hatte er gedacht. Er hatte gewartet, bis er Josef um die Ecke kommen sah, und dann den ersten Felsbrocken über die Kante geschoben. Er hatte gehört, wie er auf dem Weg nach unten krachte. Danach hatte er die anderen Felsbrocken in schneller Folge hinübergekugelt, einen nach dem anderen.

Plötzlich hatte der Berg unter ihm geknarrt, gebrummt, und dann war der Hang ins Rutschen geraten. Er hatte sich erschrocken und war so schnell er konnte zurückgerannt, kurz bevor der ganze Felsvorsprung, auf dem er gestanden hatte, nachgab und in die Tiefe stürzte. Er war weiter weggelaufen, als der Bergkamm grollend vor seinen Augen auseinanderbrach. Er war gerannt, ohne anzuhalten, so schnell ihn seine Beine trugen, vor Schreck stolpernd und davonhastend.

Er war den ganzen Weg zurück zum Tschingelsee gesprintet. Dort hatte er zitternd und voller Schreck hingesetzt. Wie versteinert war er sitzen geblieben, bevor er realisierte, was er getan hatte. Schließlich war sein Selbsterhaltungstrieb zurückgekehrt. Er hatte sich gebückt, um zu trinken, und sein Spiegelbild in der Oberfläche des Sees gesehen. Aber er hatte kein

Vergnügen daran gefunden. Nicht die Jacke war begehrenswert, sondern die Position, die sie repräsentierte. Ein Schüler am Berchtold-Haller-Gymnasium in Bern. Er hatte sich die Jacke vom Leib gerissen, war ein Stück in den See gewatet, hatte sie unter Wasser gedrückt und sie mit Steinen bedeckt. Niemand würde sie dort finden. Er hätte die Jacke ohnehin nie öffentlich tragen können. Alle hätten gewusst, dass er sie gestohlen hatte und ihn mit seinem Vater in einen Topf geworfen.

War Josef tot? Sicherlich, denn einen solch gigantischen Felsabgang hatte er nicht überleben können. Ihm war klar, dass er unentdeckt nach Hause kommen musste. Wenn ihn jemand sah, würde man sofort vermuten, dass er etwas mit der Lawine zu tun hatte.

Aber es war nicht seine Schuld gewesen! Wie hätte er wissen können, dass ein paar Steine eine Lawine auslösen würden. Vielleicht war Josef gar nicht gestorben. Vielleicht war er rechtzeitig zur Seite gesprungen. Es wäre jedoch das Beste, kein Risiko einzugehen. Bald würden Leute zur Hilfe kommen. Sie würden den Chienetalweg auf der rechten Seite des Flusses hinauflaufen. Er hatte den anderen Weg genommen, die unwegsamen Pfade auf der linken Seite. Hätte er jemanden gesehen, hätte er sich versteckt.

Der Inspektor sprach mit Wachtmeister Strünzli und erfuhr von Josefs Tod durch die Lawine. Kein Richter würde das als Mord bezeichnen, höchstens als Totschlag. Er berichtete dem Wachtmeister, was Hari zugegeben hatte, und überließ es ihm, ob er die Eltern von Josef informieren wollte oder nicht. Der Inspektor beendete seine Ermittlungen gegen Hari wegen des Mordes an Herrn Pfister. Es kam zu einer Gerichtsverhandlung und Hari bekannte sich schuldig. Aufgrund seines Alters und seiner Reue entschied der Richter, dass er statt der Todesstrafe eine lebenslange Freiheitsstrafe erhalten sollte. Hari hätte ersteres vorgezogen.

*****

Anton wurde am 23. Mai 1868 im Inselspital in Bern operiert. Dabei wurde ihm die Hälfte des Unterkiefers entfernt. Er verbrachte zwei Wochen im Spital und kehrte dann nach Hause zurück. Sein Kopf war völlig bandagiert: von unter dem Kinn über den Scheitel und von einem Ohr zum anderen, mit einem schmalen Schlitz für den Mund und unter der Nase. Regina pürierte sein Essen und er aß mit einem Löffel. Er versuchte zu sprechen, aber niemand konnte sein Nuscheln verstehen.

In der ersten Juniwoche kehrte Jakob nach Weißbrügg zurück. Er hatte gehört, dass sein Vater krank war, und wusste, die Zeit war gekommen, die Vergangenheit zu begraben. Er ging nach Hause und fand seinen Vater halb schlafend in einem Sessel. Er nahm das einzige Buch, das sie besaßen, die Bibel, in die Hand und begann, ihm vorzulesen.

"Ist es in Ordnung, wenn ich ein paar Tage hier bleibe, bevor ich auf die Alp gehe?", fragte er Regina.

"Natürlich, es wäre schön, dich hier zu haben."

Regina hatte ihn bei seiner Rückkehr weder umarmt noch geküsst. Aber sie hatte seinen Lieblingskuchen gebacken und eine Kerze auf den Tisch gestellt. Jakob wusste das zu schätzen.

Als die Nacht hereinbrach, kletterte er zum Stall hinauf und machte es sich auf dem Dachboden bequem. Er fiel sofort in einen tiefen Schlaf, wurde aber einige Stunden später geweckt. Er hörte Stimmen, Schmerzensschreie und Regina, die unten herumlief.

Am nächsten Morgen übernahm er einige Aufgaben, holte Wasser aus dem Brunnen, entzündete das Feuer und melkte die Kühe.

"Danke", sagte Regina, als sie zum Frühstück kam.

"Ich habe Vater in der Nacht gehört. Wacht er oft auf?"

"Ja, jede Nacht. Er hat Schmerzen."

"Hat der Arzt etwas verschrieben?"

"Ja, Laudanum", sagte sie und zeigte ihm die Flasche auf

dem Tisch. "Aber der Arzt hat gesagt, ich soll ihm nicht mehr als fünf Tropfen geben, dreimal täglich."

"Ist es teuer? Brauchst du Geld? Ich meine...", fügte er etwas verlegen hinzu, "du kannst nicht arbeiten, wenn du dich um Papa kümmerst."

"Wenn du etwas entbehren könntest, dann ja bitte. Wir haben auch Schulden. Wir müssen für die Spitalkosten aufkommen, und Herr Lauber verlangt hundert Franken für die Rücknahme von Pferd und Wagen. Aber das ist schon bezahlt. Gustl hilft uns und Mina auch, so gut sie kann."

"Ich habe ein paar Ersparnisse, genug, um euch über die Runden zu bringen. Hoffen wir, dass er sich bald erholt."

"Wenn ich Armenunterstützung beantrage, muss ich den Hof verpfänden."

"Nein, keine Sorge, ich habe genug."

"Wenn... falls dein Vater stirbt... er hat versprochen, dass ich immer hier wohnen kann."

"Ja, natürlich, der Hof gehört dir genauso wie Mina und mir."

"Kann ich mein Zimmer behalten?"

"Ich wüsste nicht, warum nicht." Jakob war nun leicht irritiert. "Aber Papa lebt noch und wird hoffentlich bald wieder gesund."

Der Sommer verging und Jakob kehrte von der Alp zurück. Seinem Vater ging es nicht besser. Sein Kiefer war entstellt, er konnte nicht kauen und seine Sprache war unverständlich. Er litt unter unerträglichen Schmerzen. Jakob brachte ihn zu Dr. Tobler nach Mülenen.

"Die Nekrose hat sich ausgebreitet", sagte Dr. Tobler, "die andere Hälfte seines Kiefers muss entfernt werden."

Jakob kehrte im Herbst nicht mehr zur Eisenbahngesellschaft zurück. Er blieb in Weißbrügg und half bei der Pflege seines Vaters. Er übernahm die landwirtschaftliche Arbeit und tätigte mit seinen Ersparnissen einige Reparaturen. Als ein Feld zum Verkauf stand, erwarb er es. Er kaufte ein Pferd, einen Wagen und einen Pflug.

Antons Zustand verschlechterte sich. Im Jahr 1869 starb er und wurde auf dem St. Martinsfriedhof begraben. Nach dem Begräbnis überlegte Jakob, ob er in Weißbrügg bleiben oder zur Eisenbahngesellschaft zurückkehren sollte. Es hing von einer Person ab.

Jakob schrieb Berta und verabredete sich mit ihr an ihrem nächsten freien Tag in Weißbrügg. Er badete und kleidete sich in seine schwarze, traditionelle Wildlederjacke. Dann packte er einen Picknickkorb mit gebratenem Huhn, frisch gebackenem Brot und Erdbeeren, Sahne und einer Flasche Sekt. Er deckte alles mit einer weichen Decke zu und überlegte, ob er etwas vergessen hatte. Er klopfte auf seine Tasche, um sich zu vergewissern, dass die kleine Schachtel, für die er extra nach Thun gefahren war, noch da war. In seinen anderen Taschen befanden sich Kerzen und eine Schachtel Zündhölzer.

Auf dem Weg zum Haus von Bertas Mutter pflückte Jakob einen Strauß Wildblumen, dann klopfte er mit vor Nervosität pochendem Herzen an die Tür. Berta öffnete. Ihr Anblick raubte ihm den Atem, und fast hätte er alle seine Pläne über den Haufen geworfen, indem er ihr auf der Stelle einen Heiratsantrag machte. Ihr braunes Haar glänzte wie Rosskastanien, ihre Augen funkelten und sie duftete wie eine Sommerwiese. Auch sie trug ihr traditionelles Kleid und hatte ein Tuch über dem Arm.

Jakob und Berta schritten in den Sonnenschein hinaus, die frische Alpenluft umwehte sie. "Wohin gehen wir?", fragte Berta.

"Es ist ein Geheimnis, aber du wirst es sicher bald herausfinden."

"Die Tellerburg?"

"Nein."

"Bin ich angemessen gekleidet?"
"Ja. Du bist wunderschön", fügte er hinzu und drehte sich zu ihr um, um ihr in die Augen zu sehen.
"Vielleicht die Wasserfälle?"
"Wenn ich es dir verrate, ist es keine Überraschung mehr."
Berta schmollte spielerisch. "Kannst du mir wenigstens sagen, wie weit wir noch gehen?"
"Jetzt ist es nicht mehr weit. Soll ich dich tragen?"
Berta quietschte und lief voraus. "Das würde dir gefallen, oder?"
"Ja."
Berta lief weiter voran, gerade außerhalb seiner Reichweite. "Keine Chance!", lachte sie.

Sie wanderten stundenlang bergauf, bis sie zu einem Wald kamen, den Berta noch nie erkundet hatte. Ein Pfad führte in den Wald. Er schlängelte sich über weiche Erde, über Baumwurzeln und lose Steine, um stolze Tannen- und Laubbäume und mächtige Felsbrocken herum. Sie hielten sich an den Händen und gingen schweigend den Weg entlang, lauschten dem Gesang der Vögel, Tiere und Insekten. Die Sonnenstrahlen fielen durch die Äste über ihnen und wärmten ihre Glieder.

Der Weg führte abrupt bergab. Er war schmal und von einem Tier oder mehreren im Gänsemarsch ausgetreten. Er wand sich um riesige Felsbrocken, teilweise oder ganz mit Moos bedeckt, die an groteske Ungeheuer erinnerten. Berta stolperte über einen umgestürzten Baum und scheuchte ein rotes Eichhörnchen auf. Es rannte senkrecht den Stamm einer hohen Kiefer hinauf und saß dann regungslos auf einem Ast, um sie zu beobachten. Der Weg schlängelte sich stetig bergab, manchmal so steil, dass Jakob seine Hand ausstreckte, um Berta zu helfen. Dann plötzlich sah sie es: Etwas weiter rechts, versteckt im Tannenwald, lag ein kleiner See.

Verzaubert trat sie zum Ufer des Sees und blickte in das

schimmernde Wasser. Es war kristallklar, jeder Fisch und jeder einzelne Stein auf dem Grund des Sees war leicht zu erkennen. Sie schrie vor Freude auf. "Wie hast du das gefunden?", flüsterte sie Jakob zu, um die Ruhe nicht zu stören.

"Das ist mein Geheimnis, es soll unser besonderer Ort sein." Er legte seine Wolldecke auf den Boden und stellte den Picknickkorb darauf. Berta zog ihre Strümpfe und Schuhe aus, um zum See zu gehen.

"Warte hier!" Sagte er. "Es dauert nur eine Minute."

Berta tauchte ihre Füße in die winzigen Wellen am Rande des Wassers. Sand und kleine Kieselsteine tanzten zwischen ihren Zehen und kitzelten ihre Fußsohlen. Sie hob Wasser mit ihren Händen auf und trank das reine, eiskalte Wasser. Berta hatte nie an ihrer Zukunft gezweifelt. Sie hatte es genossen, etwas anderes zu erleben als das Tal, und sie hatte auch Freude daran gehabt, andere Menschen kennenzulernen. Aber sie liebte Jakob. Zuerst als Bruder, doch sobald die Pubertät einsetzte, hatte sie ganz anders von ihm geträumt. Er behandelte sie immer mit Respekt und hörte sich ihre Gedanken und Ideen an. Sie hoffte, dass heute der Tag sein würde, an dem er um ihre Hand anhielt. Sie würde es nicht bereuen, Thun den Rücken zu kehren. Das Städtchen war malerisch, aber das war Weißbrügg auch, und die Arbeit auf dem Bauernhof war dem Ausleeren von Nachttöpfen eindeutig vorzuziehen. Jakob lief schnell denselben Weg zurück, den sie gekommen waren, zu einer kleinen Lichtung. Die Tannen, die den Platz umgaben, waren dicht, so dass nur ein wenig trübes Sonnenlicht durch ihre Nadeln auf den Boden drang. Er drückte die Kerzen in die weiche Erde, zündete sie an und lief wieder zu Berta. "Mach die Augen zu", sagte er und nahm ihre Hand, "und folge mir! Nicht gucken!" Er führte sie auf die Lichtung. "Gut, du kannst sie jetzt öffnen." Berta öffnete ihre Augen und schnappte nach

Luft. Aus den brennenden Kerzen geschrieben stand ‚ICH LIEBE DICH'.

Jakob fiel auf ein Knie, holte den Ring aus seiner Tasche und hielt ihn Berta hin und fragte: "Willst du mich heiraten?"

Berta schlug die Hände vor der Brust zusammen "Ja!", antwortete sie und beugte sich vor, um ihn zu küssen.

Jakob strahlte. Sie waren nun schon ein paar Jahre zusammen, ein richtiges Paar und nicht nur Freunde, aber er war sich ihrer Antwort immer noch nicht sicher gewesen. Sie hatte das Leben in der Stadt mit all seinen Reizen kennengelernt und viele gut gekleidete, gepflegte junge Männer getroffen. Viele mit viel besseren Aussichten als er selbst hatte.

Sie kamen überein, mit der Heirat zu warten, bis ein Jahr nach Antons Tod vergangen war. Das war respektvoll, und außerdem hatten sie so viele Pläne. Jakob wollte den Hof um ein zusätzliches Schlafzimmer für sich und Berta erweitern. Er wollte sein Eheleben nicht auf dem Boden in der Stube oder auf dem Dachboden beginnen, und so konnte Regina ihr Zimmer behalten. Sie wollten auch Reginas Käserei vergrößern und verbessern. Er war inzwischen selbst ein ausgezeichneter Käser und hatte viele Ideen, wie man Gourmetkäse für teure Restaurants in Bern und Genf herstellen konnte.

Jakob und Berta heirateten im Frühjahr 1870. Die Hochzeit fand in der St. Martins Kirche statt, gefolgt von einem rauschenden Fest auf dem Dorfplatz. Dieser war mit Blumen geschmückt. Lange Tische wurden aufgestellt. Auf drei Spießen drehten sich gebratene Ferkel, aus drei großen Fässern wurde Bier gezapft und Musikanten spielten auf. In der Mitte stand eine hölzerne Plattform zum Tanzen. Es wurde ein Fest, an das man sich noch Jahre später erinnern würde.

Ein Jahr später brachte Berta ein kleines Mädchen zur Welt. Sie nannten sie Lena, nach Jakobs Mutter. Achtzehn Monate später kam ein zweites kleines Mädchen zur Welt. Sie hatte blaue Augen und blonde Haare. Sie nannten sie Gretl.

Zwei Jahre nach Gretls Geburt begann Regina sich unwohl zu fühlen. Manchmal konnte sie wochenlang ihrer Arbeit nachgehen, ohne zu murren, aber diese Zeiträume wurden immer kürzer. Sie weigerte sich, einen Arzt aufzusuchen.

"Meinst du nicht, dass es besser wäre?", fragte Berta zaghaft. "Die Schmerzen kommen immer öfter, vielleicht kann ein Arzt helfen."

"Eher mein Geld stehlen! Sieh dir an, wie viel Geld wir ihnen für Anton gezahlt haben, und er ist trotzdem gestorben, oder?", erwiderte Regina.

Es war schwierig darüber zu diskutieren. "Es ist ihre eigene Entscheidung", sagte Jakob zu Berta. "Wenn sie von etwas überzeugt ist, wird nichts ihre Meinung ändern. Sie misstraut allen Ärzten, vielleicht ist etwas passiert, als sie jünger war."

Schließlich wurden die Schmerzen 1875 so schlimm und so häufig, dass Regina Jakob erlaubte, sie zu Dr. Köfeli zu bringen. Dieser untersuchte sie und stellte einen Tumor in ihrem Unterleib fest. "Ich fürchte, er ist ziemlich groß", sagte er Regina offen. "Da kann man nichts mehr machen. Für eine Operation ist es zu spät, aber ich kann Ihnen wenigstens Laudanum gegen die Schmerzen verschreiben."

"Ich habe dir doch gesagt, dass Ärzte nutzlos sind!", beschwerte sich Regina bei Jakob, als sie zur Apotheke gingen.

Jakob hatte eine solche Diagnose fast erwartet, aber er war dennoch voller Sorge und Kummer. "Ich hoffe, das Laudanum wird deine Schmerzen lindern", sagte er.

Regina antwortete mit einem Brummen.

23

1875

Lena, jetzt vier Jahre alt, spielte mit Gretl, die zweieinhalb Jahre alt war. Sie hatten eine kleine Stoffpuppe, die Berta für sie gebastelt hatte. Sie saßen auf dem Boden und spielten ganz zufrieden Mutter, Vater, Kind. Der sechs Monate alte Bruder Albert, schlief in seinem Bettchen. Es war Samstagabend und die Eltern bereiteten das wöchentliche Bad vor. Sie hatten eine große Metallwanne ins Haus getragen und sie vor den Kamin gestellt. Sie war zur Hälfte mit kochend heißem Wasser gefüllt.

"Kannst du auf die Kinder aufpassen, während ich noch etwas Wasser aus dem Brunnen hole?", fragte Berta.

Jakob blickte von seiner Zeitung auf und betrachtete die friedliche Szene vor ihm. "Natürlich", antwortete er, "oder soll ich das Wasser holen?"

"Nein, das ist in Ordnung", sagte Berta. "Ich muss sowieso zum Klo." Sie ging aus dem Haus.

In diesem Moment rief Regina aus ihrem Zimmer. "Jakob! Jakob, komm schnell!"

"Kann es warten? Ich passe auf die Kinder auf", rief Jakob zurück.

"Nein! Komm schnell ... es läuft ... aagh ... schnell, es ist dringend, ich kann es nicht halten!"
Jakob stand seufzend auf. Die Kinder spielten noch immer friedlich. Er ging in Reginas Zimmer. Sie saß verzweifelt im Bett. "Ich konnte es nicht mehr halten", sagte sie kläglich.
"Das macht nichts", tröstete Jakob sie und half ihr auf eine hölzerne Kommode neben ihrem Bett. Er zog ihr das Nachthemd aus und half ihr, ein sauberes anzuziehen. Die ganze Zeit über blubberte und plätscherte ihr Stuhlgang in die Schüssel unter der Kommode. Jakob versuchte, seine Nase nicht zu rümpfen, denn der Geruch war schlimmer als der des Plumpsklos an einem heißen Sommertag. Er schnappte sich ein Handtuch nach dem anderen und versuchte, das Schlimmste wegzuwischen.

Plötzlich ertönte ein ohrenbetäubender Schrei aus dem Wohnzimmer. Er hörte einen Eisenkübel klappernd zu Boden fallen und eilte nach nebenan, weil er befürchtete, dass Berta etwas Schreckliches zugestoßen war. Sie hatte sich auf die Knie geworfen und er sah, wie sie Gretl aus der Wanne mit dem heißen Wasser zog. Sein schönes kleines Mädchen lag leblos auf dem Boden. Mit zwei Schritten war er bei ihr und drückte auf ihre Brust, noch einmal ... noch einmal ... nun komm schon! Gretl spuckte, er drehte ihren Kopf auf die Seite, so dass sie sich übergeben konnte, und trug sie dann vorsichtig zum Sofa. "Mein armer kleiner Schatz", sprach er. "Tut's irgendwo weh?" Gretl schaute ihn und Berta fassungslos an. Sie begann zu weinen. Berta zog sie aus und schmierte ihr etwas Ringelblumensalbe auf die rote Haut. "Das wird deine Wunden lindern", sagte sie zu Gretl. "Möchtest du etwas warme Milch?" Gretl reagierte nicht. "Ich auch", jammerte Lena. "Ja, du auch", sprach Berta tröstend. Sie brachte zwei Tassen mit warmer Milch zum Sofa und die Mädchen setzten sich nebeneinander und tranken.

Jakob und Berta beobachteten Gretl in den nächsten Tagen sorgfältig. Sie bekam kein Fieber und die Verbrühungen waren zum Glück nur leicht. Aber sie schien die ganze Zeit zu träumen und reagierte manchmal nicht, wenn sie mit ihr sprachen. Berta war besorgt, irgendetwas schien nicht zu stimmen.

"Hast du gesehen, wie Gretl ins Wasser gefallen ist?", fragte sie Lena. "War ihr Kopf lange unter Wasser?"

Lena wusste, dass sie unartig gewesen waren und begann zu weinen. "Wir wollten Titteli baden", erklärte sie. Titteli war der Name der Stoffpuppe. "Aber das Wasser war heiß und ich habe sie fallen lassen. Gretl wollte sie herauszuholen und plumpste rein. Ich habe Papa gerufen, aber er ist nicht gekommen, also habe ich versucht, sie selbst herauszuziehen, aber sie war zu schwer."

Jakob schlug sich die Hände vors Gesicht. "Oh mein Gott, ich habe sie nicht gehört! Regina hatte Durchfall. Ich hätte das Zimmer nicht verlassen dürfen ... aber sie haben friedlich gespielt und Regina hat geschrien!"

"Ich denke, wir sollten sie zum Arzt bringen", sagte Berta. "Irgendetwas stimmt nicht."

Sie gingen zu Dr. Rössel nach Reichenbach, um nicht von Helga Stoll, die immer noch bei Dr. Köfelis aushalf, verhört zu werden. Sie wussten nicht, was mit Gretl los war, aber was auch immer es war, sie mussten es selbst in den Griff bekommen, bevor ganz Weißbrügg durch diese böse Frau informiert wurde.

Dr. Rössel untersuchte Gretl sorgfältig und stellte ihr Fragen. Er schaute in ihre Ohren. "Ich kann kein körperliches Problem finden", sagte er den besorgten Eltern. "Aber sehen Sie sich das an." Er legte seine Hände in die Nähe von Gretls rechtem Ohr und klatschte sie laut zusammen. Gretl zeigte keine Reaktion, sie zuckte nicht einmal leicht. Der Arzt wiederholte das Experiment auf der linken Seite mit dem gleichen Ergebnis.

"Ich befürchte, dass Gretl hochgradig taub ist. Das kann

durch den Schock bei dem Unfall verursacht worden sein. Vielleicht bekommt sie ihr Gehör in einem Monat oder einem Jahr zurück. Vielleicht aber auch gar nicht."

Berta und Jakob sahen sich an. "Was können wir tun?", fragte Berta Dr. Rössel.

"Solange sie Sie nicht hören kann, sollten Sie ihr immer ins Gesicht sehen, wenn Sie mit ihr sprechen. Versuchen Sie, Wörter langsam auszusprechen, damit sie von Ihren Lippen ablesen kann, und machen Sie Zeichen für bestimmte, häufig wiederkehrende Dinge. Zeigen Sie zum Beispiel auf ihr Bett, wenn es Zeit ist, ins Bett zu gehen, oder auf eine Schüssel mit Wasser, um sich die Hände zu waschen. Mit der Zeit werden Sie selbst auf Ideen kommen."

Berta und Jakob verließen mit Gretl die Arztpraxis und machten sich zu Fuß auf den Heimweg nach Weißbrügg. Zuerst waren sie beide sehr still, in ihrer Trauer versunken.

"Es war mein Fehler!" Die Worte platzten aus Jakobs Mund. Die Schuld lastete seit dem Unfall schwer auf ihm, obwohl Berta ihn nicht angeklagt hatte.

"Ich wäre ebenfalls zu Regina gegangen, wenn du das Wasser geholt hättest", sagte Berta ihm ehrlich. "Wir müssen jetzt an Gretl denken. Es ist passiert und jemanden zu beschuldigen, hilft nicht."

"Warum muss immer alles auf einmal passieren?", stöhnte Jakob.

Berta begann, Löwenzahn zu pflücken, und Gretl machte es ihr nach. "LÖ-WEN-ZAHN", sprach Berta und sah Gretl an.

"LÖ-BEN-ZAHN." Gretl gab sich Mühe, das Wort zu wiederholen.

"Es wird schon gut gehen." Berta lächelte Jakob an. "Du hast ihr das Leben gerettet. Sie lebt und den Rest werden wir schon schaffen."

Jakob ergriff Bertas Hand und blickte in ihre Augen, voll

tiefer Liebe. Er dachte, sein Herz würde bersten. Gretl sah, wie sie sich an den Händen hielten, quetschte sich zwischen die beiden, ergriff von jedem eine Hand und begann zu schaukeln und zu lachen. Auch ihre Eltern lachten.

"Ja, das schaffen wir schon", stimmte Jakob zu.

24

1875-1877

Gretls Gehör kehrte nicht zurück. Sie lernte, von den Lippen zu lesen und verstand das meiste, wenn man mit ihr vorsichtig und langsam sprach und die Silben übertrieben mit dem Mund formte. Wenn sie selbst redete, kamen die Worte undeutlich heraus, manchmal zu laut und manchmal fast lautlos. Immer mit einer kleinen Pause zwischen den Silben. Berta und Jakob behandelten sie genauso wie ihre anderen Kinder. Nach Albert bekamen sie noch zwei weitere Jungen, Martin und Oswald. Alle Kinder arbeiteten auf dem Bauernhof mit, aber keines von ihnen in einer Fabrik. Jakob und Berta waren stolz darauf.

Als Wachtmeister Strünzli von Haris Rolle bei der tödlichen Lawine erfahren hatte, war Anton Schneider krank gewesen. Er hatte beschlossen, Regina und Jakob erst ein halbes Jahr nach der Beerdigung zu informieren, aber dann hatte er von der bevorstehenden Hochzeit gehört und wollte sie nicht verderben. Gretls Unfall und Reginas Tod hatten seinen Bericht weiter hinausgeschoben. Schließlich sah er keinen Grund mehr, noch länger zu warten. An einem Sonntagnachmittag besuchte er Jakob und Berta und wiederholte Haris Geständnis und Reue.

"Ich hatte also recht!", sagte Jakob. "Obwohl ich nie auf die Idee gekommen wäre, dass Hari die Jacke gestohlen haben könnte. Und Ferdinand?"

"Er war wirklich auf einem Schulausflug; er trug robustere Kleidung. Am nächsten Morgen bemerkten sie, dass die Jacke fehlte und vermuteten sogar, dass Hari sie gestohlen hatte. Aber sie wollten kein Aufsehen erregen, nachdem Josef gestorben war, und sie hatten auch keine Beweise."

"Es hätte nichts geändert", mutmaßte Jakob, "Josef war schon tot ... weil er Haris Vater einen Dieb genannt hat, was uns allen bekannt war!"

Berta ergriff Jakobs Hand: "Wenigstens weißt du jetzt, was passiert ist, mein Schatz, das wird dir helfen, damit abzuschließen. Danke, Herr Wachtmeister, dass Sie uns das mitgeteilt haben."

Die entsetzlichen Zustände in den Zündholzfabriken hatten schließlich die Aufmerksamkeit der Regierung auf sich gezogen. Ende 1865 war es verboten worden, Kinder unter sieben Jahren zu beschäftigen. Es wurde angeordnet, dass um den Eimer, der als Toilette diente, ein Vorhang gezogen wurde, damit vor allem die Frauen eine gewisse Privatsphäre hatten. Außerdem entschied die Regierung, dass es Waschgelegenheiten und eine bessere Belüftung geben sollte. In Wirklichkeit änderte sich nicht viel. Die jüngeren Kinder arbeiteten zu Hause und klebten Zündholzschachteln zusammen, was immerhin besser war, als den ganzen Tag in der Fabrik zu hocken. Aber trotz der einmal im Jahr stattfindenden Inspektionen fehlte es immer noch an Waschgelegenheiten, und es änderte sich nichts zur Verbesserung der verschmutzten Luft.

Als Gretl sechs Jahre alt war, ging sie wie alle anderen Kinder in die Dorfschule. Sie lernte sogar lesen und schreiben. Obwohl sie ihr Bestes gab, konnte sie nicht mit den anderen Kindern mithalten, die ein normales Gehör hatten. In ihrer Klasse gab es einen Jungen, der als Kleinkind eine Hirnhautentzündung gehabt hatte. Er hatte wochenlang hohes Fieber gehabt und ebenfalls sein Gehör verloren. Herr Stettler setzte Gretl und den Jungen zusammen und gab ihnen andere Übungen als seinen restlichen Schülern.

Gretl arbeitete genauso hart wie alle und war in der Lage, einfache Aufgaben zu erledigen. Sie war hübsch, hatte blaue Augen und langes blondes Haar, das sie zu zwei Zöpfen mit einer großen Schleife am Ende band, aber sie hatte Schwierigkeiten, sich mit anderen Mädchen ihres Alters anzufreunden.

*****

Im Jahr 1875 starb Carl Lauber unerwartet. Eines Abends auf dem Heimweg von der Fabrik, war er plötzlich tot umgekippt. Der Arzt sagte, es sei sein Herz gewesen. Er wurde beerdigt, und der fünfunddreißigjährige Ramun übernahm den Posten seines Vaters als Direktor der Zündholzfabrik.

Ramun baute für seine Mutter einen separaten Flügel an die Villa seines Vaters an. Er zog mit seiner Frau Beatrix und seinem Sohn Friedrich in das Haupthaus. Friedrich war bereits sieben Jahre alt, aber nach seiner Geburt waren keine weiteren Kinder mehr gekommen. Friedrichs Geburt war schwierig gewesen, und der Arzt hatte gesagt, dass Beatrix' Gesundheit angeschlagen war und sie ein Jahr warten sollten, bevor sie weitere Kinder bekamen. Beatrix unternahm lange Besuche in ihrem Elternhaus in Genf und suchte fachkundige Ärzte auf, die sich auf Frauenleiden spezialisiert hatten. Sie besuchte Kurbäder und trank Heilwasser, aber sie blieb blass und von zarter Gesundheit.

Ramun war kein geduldiger Mensch. Er suchte nach anderen Möglichkeiten, seinen Sexualtrieb zu befriedigen, und er hatte weder die Zeit noch die Geduld, diskret zu sein. Er nahm sich

Der Zündhölzli Bub

immer, was er wollte, ohne Rücksicht auf die Gefühle der anderen. Auch Klatsch und Tratsch waren ihm egal. Er war so arrogant, dass er glaubte, niemand würde das Wort eines Arbeitermädchens über sein eigenes stellen. In der Villa gab es Personal, die Kammerjungfer seiner Frau, eine Köchin, ein Küchenmädchen und ein weiteres Mädchen zum Putzen. Das Küchenmädchen war ein wenig ungepflegt, aber sie war jung und hatte eine gute Figur. Wie war ihr Name? Alice? Ja, so hieß sie.

Eines Tages lauerte er ihr im Pferdestall auf und begann, ihr zu schmeicheln. Er beschwerte sich über seine Frau und bot ihr fünf Franken an, wenn sie ihn zufriedenstellte.

Fünf Franken waren mehr als ein Monatslohn für das Mädchen und sie stimmte zu. "Nicht mit dem Mund, nur mit der Hand", bestimmte sie und er war einverstanden. Nach dem ersten Mal wurde es zu einer regelmäßigen Angelegenheit, zwei- oder dreimal pro Woche. Er bot ihr mehr Geld, wenn sie ihm erlaubte, ihre Brüste zu sehen. Bald begannen sie eine Affäre.

Die Köchin beschwerte sich. "Wo warst du so lange, Alice Hofstetter? Ich hoffe, du hast nicht mit dem Kutscher geschäkert. Du wirst fürs Arbeiten bezahlt, und nicht, um im Stall herumzutollen." Das Heu im Haar des Mädchens hatte sie verraten.

"Nein, der Herr hat mich gebraucht. Wenn es dir nicht gefällt, kannst du dich bei ihm beschweren."

Die Köchin bekundete ihr Missfallen. "Pass bloß auf, Mädchen. Das Letzte, was du willst, ist sein Braten in deiner Röhre. Er wird dir nicht helfen, er hat einen Ruf, genau wie sein alter Herr, so ist er."

"Er wird sich um mich kümmern", erwiderte das Dienstmädchen und machte sich aus dem Staub. Sie war bereits durch sein Geld und andere großzügige Geschenke verdorben. Die

Affäre dauerte so lange, bis sie ihm sagte, sie erwarte ein Kind von ihm. Er gab ihr hundert Franken und die Adresse einer Frau in Bern.

"Sie wird dein Problem lösen", sagte er.

"Das ist nicht *mein* Problem", antwortete Alice weinend.

Doch kein noch so großes Weinen oder Flehen rührte Ramun. Das Mädchen verließ die Villa und die Köchin machte sich auf die Suche nach einer neuen Küchenmagd. Viele junge Mädchen begehrten die Stelle. Sie wählte ein Mädchen von den Spissen. Sie hatte ein schlichtes Gesicht und lange Zähne. Wenn der Herr versuchte, sie zu belästigen, dann würde er wenigstens die Krätze bekommen, dachte die Köchin mit Vergnügen.

Wenn sie es nicht schon geahnt hatten, erfuhren die anderen Haushaltsmitglieder bald, warum Alice so plötzlich gegangen war. "Ich würde meine Tochter nicht hier arbeiten lassen", sagte der Butler. "Wie alt war das Mädchen, achtzehn oder zwanzig? Sie hätte fast seine Tochter sein können."

Ein oder zwei Monate lang war alles ruhig. Beatrix kehrte von ihrer Reise zurück und in der Villa kehrte Frieden ein.

Eines Tages fuhr Beatrix mit der Kutsche zu einem Einkaufsbummel nach Thun. Agatha, ihre Kammerjungfer, saß in Beatrix' Boudoir und nähte Spitzen an eines ihrer Kleider.

"Ah, da bist du ja!"

Agatha blickte erschrocken auf, als Ramun den Raum betrat. Er legte seine Jacke ab und begann, sein Hemd auszuziehen. Agatha stand schnell auf, um den Raum zu verlassen. Er hielt sie zurück und sagte: "Nein, nein. An meinem Hemd muss nur ein Knopf wieder angenäht werden."

"Oh." Agathas Herzschlag beruhigte sich. "Natürlich." Sie streckte ihre Hand nach seinem Hemd aus. Da ergriff er ihre Hand, fiel auf die Knie und presste sie gegen seinen Schritt. Agatha stieß einen kleinen Schrei aus und stach mit ihrer Nadel zu. Sie sprang auf und versuchte, an ihm vorbei aus dem Zimmer zu gelangen.

"Bitte", sagte er und hielt sich an ihrem Rock fest, um sie zurückzuhalten. "Ich bezahle dich."

"Lassen Sie mich sofort los, oder ich schreie den ganzen Haushalt zusammen und sage es Ihrer Frau", drohte Agatha. "So eine bin ich nicht!"

Ramun ließ ihren Rock los und eilte aus dem Zimmer. In Zukunft würde sie in der Küche nähen, wenn die Herrin nicht da war. Es war eine gute Arbeitsstelle, sie wollte sie nicht verlieren. Als sie in die Küche kam, raste ihr Herz noch immer von dem Schock. Die Köchin hob beim Anblick von Agatha die Augenbrauen. Normalerweise war sie ruhig und zurückhaltend, aber jetzt war sie rot im Gesicht, ihr Haar in Unordnung und sie schwang ihren Rock hin und her wie ein Torero, der sich auf einen Angriff vorbereitet.

"Was hat dich denn gebissen? Du siehst aus, als ob du gerade den Stollenwurm getroffen hättest."

Agatha schnaufte. "Die verdammte Frechheit von diesem Mann!", platzte es aus ihr heraus. "Er hat mir Geld angeboten, damit ich ihn vögele! Mir! Wie einer Hure!"

"Was! Einfach so?"

"Ja. Ich habe ihm meine Meinung gesagt. Sagte, ich würde den ganzen Haushalt zusammenschreien und es seiner Frau erzählen."

"Das ist ja unglaublich! Warte, ich hole dir einen Schnaps."

Die Köchin trug eine Trittleiter in die Speisekammer, so dass sie an die Rückseite des obersten Regals gelangen konnte, wo sie den *guten* Schnaps versteckt hatte. Sie schenkte sich und Agatha ein Glas ein und dann ein zweites, bis das Mädchen sich wieder beruhigt hatte.

"Es ist ein guter Job, ich will ihn nicht verlieren", jammerte sie kläglich. "Seine arme Frau tut mir leid, kein Wunder, dass sie immer so blass ist."

"Glaubst du, sie weiß von seinen Affären?"

"Ganz bestimmt, er ist nicht gerade diskret."

Ein paar Wochen später war Agatha bei Beatrix in ihrem Boudoir. Beatrix bat Agatha, sich einen Moment zu setzen.

"Verzeih mir die Frage, meine Liebe, aber mir sind gewisse Gerüchte zu Ohren gekommen, und ich weiß wirklich nicht, wen ich sonst fragen soll. Meine ‚so genannten' Freunde tuscheln hinter meinem Rücken, sprechen aber nicht direkt mit mir. Es geht um meinen Mann, verstehst du? Hast du das Gerücht gehört, er sei mir untreu?"

Agatha konnte sich nicht überwinden, ihr die Wahrheit zu sagen.

"Der Herr? Nein, Herrin, ich habe nichts gehört."

Beatrix seufzte vor Erleichterung. "Danke, meine Liebe. Du wirst doch niemandem von unserer kleinen Unterhaltung erzählen, oder?"

"Nein, Herrin, natürlich nicht."

25

1877-1887

Im Jahr 1877 verbot das Schweizer Fabrikgesetz die Beschäftigung von Kindern unter vierzehn Jahren. Das Gesetz war sehr unpopulär. Nicht nur bei den Fabrikbesitzern, die auf die billigen Arbeitskräfte verzichten mussten, sondern auch bei den Ärmsten der verarmten Region. Wie sollten sie ohne dieses Einkommen überleben? Die Herstellung von Zündholzschachteln zu Hause war eine Möglichkeit, aber lukrativer war es, die Kinder illegal in die Fabriken zu schicken. So wurde manchem Zehnjährigen eingebläut, zu behaupten, er sei vierzehn, und die Fabrikdirektoren kontrollierten nicht.

Die örtlichen Behörden fanden dies bald heraus und wiesen den Dorfpolizisten an, unangekündigte Kontrollen durchzuführen.

Im Mai 1878 betrat Wachtmeister Strünzli ohne Vorwarnung die Zündholzfabrik Lauber in Kandermatt. Er sah zwei junge Burschen bei der Packstation. Er trat zu ihnen und dachte, er hätte sie auf frischer Tat ertappt; diesmal würden sie sich nicht herausreden können. Die beiden Jungen spürten jemanden kommen, sahen sich um und erblickten ‚Wursti'. Sofort ließen sie ihre Arbeit fallen und rasten wie die Verrückten durch die Fabrik. Sie flüchteten links am Büro des Direktors vorbei und rannten durch eine Hintertür ins Freie. Wachtmeister Strünzli zog die Schultern hoch, senkte den Kopf und sauste hinter ihnen her wie eine Amsel, die einen Wurm erspäht hat. Er stürmte den Korridor hinunter, stolperte über etwas auf dem Boden und stürzte. Mitten im Flug streckte er die Arme aus und landete mit einem furchtbaren Knacken auf dem harten Boden.

Die Arbeiter in der Fabrik verstummten vor Schreck. Dann wurden alle auf einmal aktiv. Der Wachtmeister war sehr beliebt. Sechs Männer trugen ihn auf einer Trage nach Hause, zwei weitere holten Dr. Köfeli. Der Wachtmeister hatte sich das Bein an zwei Stellen gebrochen. Der Arzt legte ihm eine Schiene an und verordnete strenge Bettruhe für zwei Monate. Strünzli erholte sich nicht vollständig von diesem Sturz. Er konnte zwar ein kurzes Stück mit Krücken gehen, aber sein Bein blieb steif und ließ sich im Knie nicht beugen. Die lokalen Behörden, bei denen er angestellt war, erkannten, dass er nicht in der Lage war, seinen Dienst weiterhin zu verrichten. Er erhielt eine Invalidenrente und sein Sohn August wurde an seiner Stelle zum Wachtmeister ernannt.

August tat es leid für seinen Vater, aber er freute sich für sich selbst. Mit der Stelle erhielt er ein kleines Haus mit Garten und würde genug verdienen, um eine Frau und eine Familie zu ernähren. Seit vier Jahren war er nun mit Sylvia verlobt. Er war schon verzweifelt, weil er dachte, dass er nie genug verdienen würde, um zu heiraten. Nun waren alle Hindernisse aus dem Weg geräumt.

Sylvia war seit der Schulzeit Minas beste Freundin. Sie war die Tochter von Franziska und Linus Gehring, den direkten Nachbarn von Anton Schneider und seiner Familie. Sylvia und Mina teilten all ihre Geheimnisse miteinander. Mina hatte ihr anvertraut, dass sie in Sylvias älteren Bruder Franz verschossen war, der ihre Gefühle leider nicht erwiderte. Sylvia hatte Mina erzählt, wie sehr sie August liebte.

Sie war bereits mit ihm verlobt, als Ramun ihr eines Tages begegnete, als sie allein auf den mittelhohen Wiesen spazieren ging. Bis dahin war das ein harmloser, ungefährlicher Zeitvertreib gewesen. Er hatte sie angegriffen, sie ins Gras gestoßen, ihren Rock und ihre Bluse zerrissen, so dass ihre Brüste frei lagen. Dann hatte er sie vergewaltigt. Nach zehn Minuten war es vorbei. Er war aufgestanden, hatte seine Hose zugemacht und ihr gesagt, sie solle es niemandem erzählen, denn niemand würde ihr Wort über seins stellen.

Sylvia war auf der Wiese geblieben. Sie schluchzte vor Kummer und wartete, bis es dunkel geworden war. Dann war sie zu Pillers Haus zurückgeschlichen, wo Mina wohnte. Dort weinte sie sich die Seele aus dem Leib. Sie schrubbte sich sauber, während Mina ihre Kleider flickte. Sie nahm Mina das Versprechen ab, niemandem etwas zu sagen, und ging dann nach Hause zu ihren Eltern, die sich bereits fragten, wo sie sei.

"Es tut mir leid", entschuldigte sie sich. "Ich habe mich mit Mina unterhalten und die Zeit vergessen."

Von diesem Tag an ging Sylvia nie mehr als zwei Schritte allein von zu Hause weg. Sie versuchte, sich einzureden, dass die Vergewaltigung nie stattgefunden hatte. Als ihre monatliche Blutung kam, ging sie zu Mina und sie feierten mit einem Glas Schnaps.

Sylvia war mit ihrer langen Verlobungszeit recht zufrieden gewesen. Aber jetzt hatte August plötzlich ein Haus und sie konnten heiraten. August war überglücklich. Sylvia wollte Minas Rat einholen.

"Was soll ich nur tun?", jammerte sie. "Er wird ... er wird merken, dass er nicht der Erste ist! Jedenfalls war es schrecklich, ich will es nicht noch einmal tun!" Sie sank zu Boden und brach in Tränen aus.

"Du solltest es August sagen", schlug Mina vor. "Er ist so nett und gutmütig, es war nicht deine Schuld."

"Nein!", kreischte Sylvia. "Er wird Ramun töten, ich weiß es. Dann wird auch sein Leben ruiniert sein, nicht nur meines. Sie würden ihn hängen. Das Leben ist einfach nicht gerecht!"

"Du kannst ihn nicht vor dem Altar stehen lassen oder die Hochzeit absagen, du würdest ihm das Herz brechen."

Sylvia schluchzte sich weiter die Seele aus dem Leib. Mina kniete neben ihr nieder und streichelte ihr Haar.

"Tante Margot und Onkel Gustl lieben sich die ganze Zeit, ich kann sie hören. So schlimm kann es nicht sein, ich glaube, sie genießen es."

Sylvia wurde hellhörig. "Wirklich?"

"Ja, wirklich", beruhigte Mina sie. "Bist du sicher, dass August merken wird, dass er nicht der Erste ist? Wie soll er das merken?"

"Ich weiß es nicht", antwortete Sylvia, jetzt unsicher, "aber ich glaube, ich habe gehört, wie jemand das gesagt hat."

"Wenn er etwas sagt oder dich fragt, dann verneine es einfach."

"Lügen?"

"Nein, sag, dass du noch nie jemanden vor ihm geliebt hast, das ist die Wahrheit."

Sylvia trocknete ihre Tränen. "Ich nehme an, das ist wirklich der einzige Weg." Sie schniefte. "Und du bist sicher, dass es deiner Tante und deinem Onkel gefällt?"

26

GRETL, 1887 – 1888

Gretl, jetzt fünfzehn, erblühte zu einem hübschen jungen Mädchen. Sie nahm sich immer die Zeit, einen Teil ihres langen honigblonden Haares zu einer Krone zu flechten und den Rest am Hinterkopf zu einem Dutt aufzustecken. Sie achtete darauf, dass ihr Gesicht sauber war, und putzte sich die Zähne mit den Fingern. Sie hatte eine gerade Nase und Grübchen, wenn sie lächelte. Ihre Lippen waren voll und sie wusste auf sie zu beißen, um sie rot und attraktiv zu machen. Ihre Schwester Lena hatte ihr das gezeigt.

Sie wusch ihr Arbeitskleid wöchentlich und ihre Schürze jeden Tag. Sie hatte zwei Schürzen. Die eine hatte sie selbst aus einem Stoff genäht, den ihr Tante Mina zu Weihnachten geschenkt hatte. Sie besaß ein gutes Kleid. Es war eine traditionelle Berner Tracht mit blauem Rock und Mieder und weißer Bluse. Es war schon ein paar Mal vererbt worden, aber es sah immer noch gut aus, weil es nicht oft getragen worden war, denn es gab nicht viele Gelegenheiten dazu.

Samstags durften sie und Lena in der Wanne baden, bevor ihre Brüder an der Reihe waren. Da sie weibliche Formen entwickelten, hängte ihre Mutter ein Laken von der Decke vor der Wanne, damit ihre Brüder, die für die Dauer des Bades ohnehin aus dem Haus verbannt waren, nicht hineinspähen und unhöfliche Bemerkungen machen konnten. Die beiden teilten sich die Kammer ihrer verstorbenen Großmutter. Gleich nach dem Baden eilten sie in ihr Zimmer, um sich in ihrem gemeinsamen Bett aufzuwärmen.

Gretl hatte vor einem Jahr die Schule verlassen und blieb daheim, um ihren Eltern bei der Arbeit auf dem Hof zu helfen. Seit sie zehn Jahre alt war, hatte sie die Sommer immer auf der Alp bei Onkel Gustl und Lena verbracht. Sie liebte es, die Ziegen zu hüten und zu pflegen. Sie hatte sie sogar gemolken, aber die Käseherstellung interessierte sie nicht. Lena hingegen liebte das Käsen. Sie war die erste weibliche Ziegenhirtin auf der Alp und saugte alle Informationen auf, die sie von ihrem Onkel bekommen konnte. Er war eigentlich ihr Großonkel, aber er hatte die Mädchen gebeten, das "groß" wegzulassen. "Da fühle ich mich alt", hatte er gelacht. Er zeigte Lena die essbaren Kräuter, nannte ihr die beste Zeit zum Pflücken, und zeigte ihr, wie man sie zubereitete. Oft gesellte sich auch Jakob zu ihnen. Er hatte das Recht erworben, seine Kühe auf einer Alp in der Nähe von Spiggegrund, nur wenige Meilen entfernt, weiden zu lassen. Nach getaner Arbeit besuchte er sie manchmal.

Der Sommer neigte sich dem Ende zu. Die Kühe wurden mit Wildblumen-Girlanden geschmückt und Onkel Gustl, Lena und Gretl machten sich bereit für die Rückkehr ins Tal. Sie passierten die plätschernden Bergbäche und warfen einen letzten Blick auf das atemberaubende Panorama. Gretl dachte an den langen Winter vor ihnen und wurde ein wenig traurig.

Zurück daheim stürzte sich Lena in die Arbeit in der Käserei. Ihr Vater führte ein gutes Geschäft, und ihr machte es Spaß, für ihn zu arbeiten. Gretl hingegen gefiel es immer weniger zu

Hause. Die Arbeit auf dem Bauernhof war zwar in Ordnung, aber sie wurde auch langweilig. Ihre drei jüngeren Brüder waren noch in der Schule, ihr Vater und Lena verbrachten den ganzen Tag in der Käserei, und sie hatte das Gefühl, dass ihre Mutter manchmal Arbeiten für sie erfand, die sie erledigen musste. Sie ließ sie jedenfalls nie aus den Augen.

Eines Tages sagte sie beim Abendessen zu ihren Eltern: "Ich – will – wo – an – ders – ar – bei – ten."

Jakob sah Berta überrascht an. "Was? Wusstest du davon?"

Berta schüttelte den Kopf.

"Nein. Wo willst du denn arbeiten?", fragte sie Gretl.

"Ich – weiß – es – nicht. Ir – gend – wo – an – ders", antwortete sie ein wenig mürrisch.

"Was willst du tun?", versuchte Berta es erneut.

Gretl zuckte mit den Schultern.

"Du bist zu jung, um von zu Hause wegzugehen. Du musst in Weißbrügg oder in der Nähe Arbeit finden."

Gretl horchte auf. "Du – er – laubst – es?"

"Ja." Berta ignorierte Jakobs Stirnrunzeln.

"Dank – dir!" Gretl sprang auf und gab Berta einen Kuss. "Hast – du – ge – hört – Le – na? Ich – darf – ar – bei – ten."

Als sie an diesem Abend in ihrem Zimmer waren, fragte Jakob Berta: "Meinst du nicht, dass sie zu jung ist, um woanders zu arbeiten? Sie ist noch verletzlich und wir wissen nicht, wie Fremde auf ihren Sprachfehler und ... äh ... reagieren werden. Ich meine ... ach, du weißt schon, was ich meine!", beendete er etwas frustriert. Keiner von ihnen gab offen zu, was sie beide wussten. Gretl war behindert. Nicht schwer, aber sie arbeitete in Zeitlupe und begriff neue Aufgaben nicht besonders schnell.

"Vielleicht wird es ihr guttun, wegzukommen und neue Leute kennenzulernen. Erwachsene sind nicht so unfreundlich wie Kinder. Es könnte ihr Selbstvertrauen stärken. Es könnte auch schlecht ausgehen, aber dann sind wir wenigstens da,

um ihr zu helfen. Wir können sie nicht ewig in Watte packen. Irgendwann werden wir nicht mehr da sein."
"Aber was könnte sie *tun*?", beharrte Jakob.
"Das ist wahrscheinlich das größere Problem. Sie kann eigentlich nur in einer Fabrik arbeiten, als ungelernte Kraft."
"Oh nein, bitte schlag nicht die Zündholzfabrik vor."
"Es gibt auch andere Fabriken, und das neue Gesetz hat den grässlichen Arbeitszeiten ein Ende gesetzt. Es sind jetzt höchstens elf Stunden pro Tag, samstags zehn."
"Ich hoffe fast, dass sie keine Arbeit findet, jedenfalls noch nicht."

*****

Die Uhrenfabrik suchte jemanden, der Kleinteile zusammensetzen konnte, aber Gretls Koordinationsfähigkeit reichte für diese Aufgabe nicht aus. Sie hatte auch nicht die Fingerfertigkeit, um in der Spitzenfabrik zu arbeiten. Die Schachtelfirma Edelweiß meinte, Gretl sei zu langsam und schlug ihr vor, in der Kirchenschachtelfabrik bei der Tellerburg zu arbeiten. Dort kam es oft zu Unfällen, schweren Unfällen. Ihre Eltern hielten das für zu gefährlich.

Ramun Lauber bot ihr bereitwillig eine Stelle in der Packstation seiner Zündholzfabrik an. Ihre Familienmitglieder waren immer gute und zuverlässige Arbeiter gewesen, und die Angestellten wurden nach Leistung bezahlt, so dass es nichts ausmachte, wenn Gretl anfangs etwas langsamer arbeitete. Ihre Eltern waren nicht glücklich darüber, aber sie hatten bereits ihr Veto gegen die Stelle in Tellerburg eingelegt.

"Ich denke, wir müssen ihr das erlauben. Sie wird Ramun in der Packstation nicht oft sehen, und wir können ihr nicht ständig eine Stelle verweigern. Sie hat keine große Wahl." Berta versuchte, sich selbst zu überzeugen.

"Das gefällt mir nicht", antwortete Jakob. "Ich traue dem Mann nicht. Er geht natürlich auf die fünfzig zu; Gretl würde ihn sicher nicht in Versuchung führen. Können wir es erlauben, wenn sie nach der Arbeit sofort nach Hause kommt?"
"Ja, das könnte gehen. In der Fabrik kann er nichts tun. Ich bezweifle, dass er sie überhaupt bemerkt, und selbst wenn... vielleicht ist ihre Behinderung in diesem Fall ein Vorteil."
"Ich hoffe, dass sie nach einem Monat die Nase voll hat und bei uns zu Hause bleibt, das wäre die beste Lösung."
Trotz eines leichten Unbehagens erlaubten Jakob und Berta Gretl, die Stelle als Packerin in der Zündholzfabrik Lauber anzunehmen. Dort gab es viele andere junge Mädchen und Jungen in ihrem Alter. Vielleicht würde sie dort Freunde finden.

*****

Gretl wischte sich den Schmutz aus dem Gesicht und drehte ihr Haar zu einem ordentlichen Dutt.
"Du bist zu früh", sagte Berta, "du hast noch eine halbe Stunde Zeit."
"Nein, bes – ser", antwortete Gretl.
Berta seufzte. Es stimmte schon, wenn man irgendeine Art von Behinderung hatte, egal ob schwerwiegend oder nicht, achteten die Leute immer auf Fehler, so dass man am Ende härter arbeitete als alle anderen. Sie ließ Gretl gehen; sie musste lernen, selbst damit umzugehen.
Am Zahltag nahm Gretl statt Geld Gutscheine entgegen. Diese Praxis war zwar gesetzlich verboten, aber die Arbeiter beschwerten sich nicht und so konnten die Behörden dies nicht verhindern. Gretl erstand im Fabrikladen ein Brot, das Herr Lauber beim Bäcker zu einem Sonderpreis gekauft hatte, und trug es dann nach Hause, vorbei an eben jenem Bäcker, bei dem sie es hätte billiger bekommen können.

Es wurde notiert, welche Arbeiter im Fabrikladen einkauften und was. Wenn ein Arbeiter nicht genug Geld im Fabrikladen ausgab, bekam er eine Markierung neben seinem Namen im Lohnbuch. Bei Arbeitsflaute mussten diese Arbeiter zu Hause bleiben, während diejenigen, die mehr ausgaben, weiterarbeiten durften.

*****

Jeden Morgen, wenn Ramun zur Fabrik kam, um die Türen aufzuschließen, sah er Gretl dort allein warten. Zunächst beglückwünschte er sich selbst, dass er ein offensichtlich fleißiges und arbeitswilliges Mädchen eingestellt hatte. Er nickte ihr einen Gruß zu und ging dann in sein Büro, während Gretl zur Packstation lief. Gretl fühlte sich geschmeichelt, dass Direktor Lauber sie grüßte. Nach einer Woche fing er sogar an, seinen Hut zu ziehen. Sie begann ihn genauer anzuschauen.

Er war wahrscheinlich so alt wie ihr Vater, vielleicht sogar ein bisschen älter, aber er roch besser. Er strich sich das Haar mit Makassaröl zurück, das stark nach Kokosnuss und Ylang-Ylang-Blüten duftete. Sein Haar war immer noch größtenteils schwarz mit nur wenigen grauen Stellen, und er hatte Koteletten und einen Schnurrbart, den er ordentlich gestutzt hielt. Er hatte dunkle Augen und war immer tadellos in einem dreiteiligen Anzug gekleidet. Er sah ziemlich gut aus, dachte sie.

Als Gretl immer früher kam, begann auch Ramun, sie genauer zu betrachten. Sie war wirklich sehr hübsch. Schade um ihren Sprachfehler, aber ... nun, eigentlich war das egal. Er konnte sich nicht entscheiden, ob er versuchen sollte, sie zu verführen oder nicht, aber er fing an, sie jedes Mal anzulächeln, wenn er sie sah, und besuchte manchmal extra zu diesem Zweck die Packstation.

Seine Frau hatte keine Freude an seinen Bemühungen, seine ehelichen Pflichten und seine Rechte als Ehemann zu erfüllen, und schließlich hatte er im Laufe der Jahre aufgegeben. In Bern und Genf, in ihren gesellschaftlichen Kreisen, spielte er den liebenden Ehemann und ließ seinen Blick nie abschweifen. Zurück in Weißbrügg hingegen war er ständig auf der Suche nach Frauen.

Im Juni 1888 teilte Gretl ihren Eltern mit, dass sie dieses Jahr nicht auf die Alp gehen wollte, sondern im Tal bleiben und weiter in der Fabrik arbeiten mochte. Jakob gab Albert ihren Platz. Es war kein Problem, Berta würde ohnehin mit den beiden jüngsten Buben im Tal bleiben.

Es war ein milder Morgen Anfang Juni, als Ramun in der Fabrik ankam und wie immer Gretl warten sah. Das Gras war noch nass vom Tau und die Vögel zwitscherten fröhlich. Er fasste schnell einen Entschluss.

"Guten Morgen Gretl, die Erste mal wieder, wie ich sehe. Komm in mein Büro."

"Gu – ten – Mor – gen – Herr – Di – rek – tor. Ja – Herr."

Gretl eilte hinter Ramun her und betrat sein Büro. Ramun ließ die Jalousien über den Glasscheiben herunter und schloss die Tür ab. Gretl schaute ein wenig besorgt aus.

"Nimm deine Haube ab, Gretl", sagte Ramun. "Hier, soll ich dir helfen?" Er löste die Bänder und legte die Haube auf seinen Schreibtisch. "So, das ist besser. Es gibt keinen Grund, dein hübsches Gesicht zu verstecken."

Gretl errötete und lächelte ihn unsicher an.

"Du bist so schön, Gretl." Ramun strich ihr über die Wange. "Darf ich dich küssen?"

Gretl war aufgewühlt. Sie wusste nicht, was sie sagen sollte. Sie dachte an die Gute-Nacht- oder Abschiedsküsse, die ihr Vater ihr manchmal auf die Wange drückte. Das konnte doch nicht schaden, dachte sie. Sie nickte.

Ramun packte ihre Arme fest und schob ihr seine Zunge in den Mund. Das gefiel ihr nicht. Sie bekam Angst. Sie versuchte, ihn wegzuschieben. "NEIN!", schaffte sie zu schreien.

Ramun drückte sie noch fester an sich. Er drehte sie herum und stieß sie gewaltsam über seinen Schreibtisch. Er schob ihren Rock hoch, ihre Unterhose herunter und öffnete seine Hose.

"NEIN!" Gretl schrie wieder. "STOPP!"

Ramun zwang seinen Penis in ihre Vagina. "AU! ES TUT WEH! HÖR AUF!" Gretl schluchzte jetzt.

Ramun hörte nicht auf. Gretl wehrte sich, aber er hielt sie fest wie in einem Schraubstock, an den Tisch gepresst. Als er seinen Orgasmus kommen spürte, zog er seinen Penis schnell zurück. Er wollte nicht, dass irgendwelche *Unfälle* passierten. Er ließ Gretl los und schloss seine Hose. Er blickte in einen kleinen Spiegel und ordnete seine Haare mit einem Kamm. Gretl lag immer noch quer über dem Tisch und weinte.

Ramun griff in seine Tasche und holte eine fünf Franken Silbermünze heraus. Als Gretl sich nach wie vor nicht rührte, tadelte er sie. Widerwillig zog er ihr die Unterhose hoch und das Kleid herunter. "Komm jetzt, es ist vorbei", sagte er.

"Es – tat – weh!" Gretl wimmerte.

Ramun gab ihr die glänzende Münze. "Es tut nur beim ersten Mal weh", sagte er ihr. "Das nächste Mal wird es besser sein. Das ist für dich. Danke, du hast mir gefallen." Er rümpfte die Nase über den unangenehmen Rotz, der ihr herunterlief. Er reichte ihr sein Taschentuch. "Komm schon, trockne deine Tränen." Er bereute es fast, sie genommen zu haben, aber die Art und Weise, wie sie protestiert hatte, hatte ihn erregt und ihm die beste Befriedigung seit langem verschafft. Ja, er fühlte sich gut.

Gretl schnäuzte sich ein paar Mal und trocknete sich die Augen. Sie betrachtete die Münze verständnislos. Es war mehr als das Doppelte ihres Wochenlohns. Sie steckte es in ihre Tasche und glättete ihr Kleid. Dann verließ sie sein Büro, um an ihren Arbeitsplatz zu gehen. Es kam ihr vor, als wären schon

Stunden vergangen, aber noch immer waren keine anderen Arbeiter gekommen.

Am Abend lief Gretl nach Hause und gab ihrer Mutter die Münze. Berta sah es sich an. "Woher hast du das?", fragte sie.

"Di – rek – tor Lau – ber. G – ute – Arbeit."

Berta war erstaunt. Der Direktor war nicht für seine Großzügigkeit bekannt. Auf seine alten Tage muss er freundlich werden, dachte sie.

*****

Ramun überfiel Gretl im Laufe des Sommers mehrmals. Sie mochte es nicht und begann, später zur Arbeit zu kommen, um ihm aus dem Weg zu gehen. Aber er fand oft eine Ausrede, um sie in sein Büro zu holen. Sie wusste nicht, wie sie sich wehren sollte. Manchmal gab er ihr einen Franken, manchmal zwei für ihre Kooperation. Gretl gab das Geld ihrer Mutter. Es war nicht viel, und Berta dachte sich nichts dabei.

Gretl verstand nicht ganz, was geschah; sie nahm an, dass es *"normal" war*. Ihre Augen verloren ihren Glanz und sie schleppte sich zur Arbeit. Berta dachte, dass Gretl sich in der Fabrik langweilte und bald fragen würde, ob sie zu Hause bleiben könnte.

Ende August stand Gretl eines Morgens auf, fühlte sich furchtbar übel und übergab sich in ihren Nachttopf. Berta dachte, dass Gretl krank sei und sagte ihr, sie solle zu Hause bleiben. Doch als die Übelkeit täglich wiederkehrte und bis zum Mittag immer abklang, beschlich sie ein schrecklicher Verdacht. Sie dachte zurück und stellte fest, dass Gretl schon seit Wochen nicht mehr ihre monatliche Blutung gehabt hatte. Erschrocken ließ sie sich auf einen Stuhl plumpsen.

Wie konnte Gretl ein Kind bekommen? Sie traf sich mit

niemandem. Sie hatte keine Zeit, sich mit jemandem zu treffen, und sie kam immer pünktlich nach der Arbeit nach Hause.

Sie setzte sich neben Gretl. "Gretl, bist du schwanger? Wer hat dir das angetan?", fragte sie freundlich.

"Di – rek – tor – Lau – ber."

"Was! Nein! Bist du sicher?" Berta konnte es nicht fassen.

"Ja – Lau – ber – macht – was – mit – mir – mag – nicht – tut – weh." Gretl fing an zu weinen.

Ihre Mutter legte ihre Arme um sie und schaukelte sie hin und her. "Psst... es ist jetzt vorbei, es wird alles gut, keine Sorge."

27

1888

Berta konnte die ganze Nacht nicht schlafen. Sie überlegte, was sie tun sollte. Sie war hin- und hergerissen: Sollte sie zur Lauber-Villa marschieren und diesem *Monster*, wie sie ihn jetzt nannte, ein Küchenmesser in den Leib rammen, oder am Sonntag auf die Kanzel in der Kirche klettern, und ihn vor der ganzen Gemeinde anprangern? Der schiere Hass, der durch ihr Blut strömte, war erschreckend.

Gerne würde sie das machen, und sie zweifelte auch nicht daran, dass sie dazu in der Lage wäre – sie hatte schon oft ein Schwein geschlachtet –. Trotzdem verwarf sie den ersten Gedanken. Sie würde im Gefängnis landen oder gehängt werden, und wer würde Gretl dann helfen? Auch die zweite Idee ließ sich nicht durchführen. Pfarrer Moser würde es nicht gutheißen, dass sie das Haus Gottes für ihre Rache benutzte. Ramun würde es zweifellos abstreiten und sagen, dass sie, Berta, in ein Irrenhaus eingewiesen werden sollte.

Der Sommer war fast vorbei. In fünf Tagen würde Jakob von der Alp zurückkehren. Sie musste etwas tun, bevor er nach Hause kam und Ramun selbst umbrachte.

Berta zerbrach sich den Kopf über alle möglichen Lösungen, um sie dann wieder zu verwerfen, eine nach der anderen. Dann dachte sie an Vreni. Vreni Stein, die Frau von Willi, die nette Nachbarin, hatte seit der Eröffnung der Zündholzfabrik immer wieder in dieser gearbeitet. Es gab bestimmt nicht viel, was dort vor sich ging, von dem sie nicht wusste. Ja, sie würde mit Vreni sprechen – sie war diskret, keine Tratschtante wie die meisten Leute hier – und sie fragen, was sie wusste. Berta glaubte Gretl, aber eine zweite Meinung konnte nicht schaden.

Berta stand auf, erledigte die frühmorgendliche Hausarbeit, legte sich einen Schal um die Schultern und eilte zu Steins Haus, in der Hoffnung, Vreni zu sehen, bevor sie zur Arbeit ging. Sie erwischte sie, als sie sich gerade auf den Weg machen wollte, und fragte, ob sie sie ein Stück des Weges begleiten könne.

"Es geht um Gretl", erklärt sie. "Weißt du, ob sie sich mit jemandem in der Fabrik trifft? Vielleicht mit einem der jungen Burschen?"

"Gretl? Nein, für so etwas hat sie keine Zeit", antwortete Vreni. "Sie hat den Kopf in der Arbeit vergraben und konzentriert sich darauf, mit den anderen mitzuhalten. Warum? Ich meine, sie ist sechzehn, wenn sie jemanden finden würde, wäre das doch schön, oder? Aber es ist niemand aus der Fabrik; ich bemerke immer das kleine Lächeln, das sich die jungen Leute gegenseitig schenken. Es gibt nicht viel, was dort lang geheim bleibt, wo wir doch alle aufeinander hocken."

Berta schaute erschrocken. "Danke, Vreni. Ich weiß, dass du niemandem von diesem Gespräch erzählen wirst, aber siehst du, Gretl ist schwanger und sie sagt, es war der Direktor!"

Vreni, die bis jetzt schnell ausgeschritten war, blieb abrupt stehen. "Was? Was hast du gesagt? Habe ich dich richtig verstanden? Jetzt *reicht's* aber! Komm mit", sagte sie, legte ihren Arm um Berta und drehte sich auf dem Absatz um. "Das ist einfach *zu* viel. All die Jahre habe ich seine Verbrechen hingenommen und nie etwas gesagt, um seine Opfer nicht in Verruf zu bringen. Ha! Hör mir zu! Natürlich ist *er* derjenige, der verachtet werden sollte, doch die Frauen haben mich angefleht, nichts zu sagen. Aber Gretl? Wie konnte *irgendjemand* das arme Dingelchen nur ausnutzen? Hat sie überhaupt kapiert, was passiert ist?"

"Ich bin mir nicht sicher. Sie sagte, es tut weh", antwortete Berta schluchzend.

"Es gibt keine Worte für dieses Schwein! Oh heilige Maria und Josef, Jakob wird Lauber die Eingeweide aus dem Leib prügeln, wenn er von der Alp zurückkommt. Komm jetzt mit mir nach Hause, wir müssen einen Plan ausarbeiten, wie wir Jakob davon abhalten, das Schwein zu schlachten. Wir wollen doch nicht, dass der Falsche gehängt wird. Mein Gott, macht der mich krank!"

Berta war erleichtert. Gut, dass sie Vreni vertraut hatte. Sie musste nicht viel erklären; Vreni verstand, dass es wichtiger war, Jakob von einem Verbrechen abzuhalten, als den Direktor vor Gericht zu stellen.

"Die einzige Möglichkeit, Jakob daran zu hindern, etwas Dummes zu tun, besteht darin, ihn entweder mit roher Gewalt zurückzuhalten oder einen sehr überzeugenden Plan zu haben, der Lauber vorzugsweise mehr Schmerzen und mehr Schaden zufügen würde als der bloße Tod", sagte Vreni.

"Aber wir brauchen Willi, um ihn festzuhalten, wenn wir es ihm sagen", antwortete Berta ganz ernst.

"Man kann nicht beweisen, dass er Gretl vergewaltigt hat, es steht ihr Wort gegen seins. Aber wenn wir genügend Frauen überzeugen können, vor Gericht gegen Lauber auszusagen, dann wird der Richter vielleicht ihrem Wort glauben."

"Ach, Vreni, selbst bei einer überwältigenden Zahl von Frauen ... glaubst du, wir können sie wirklich *bitten*, ihr Schweigen zu brechen? Du kennst die Leute hier, der Ruf der

Frauen wäre ruiniert ... aber selbst wenn sie reden *würden*, Ramun Lauber ist ein mächtiger Mann mit wichtigen Freunden in Bern und Genf. Männer in hohen Positionen. Allein der Gedanke, vor Gericht zu gehen oder von Gretl zu verlangen, dort auszusagen, macht mir Angst. Die werden aus uns beiden Hackfleisch machen."

Vreni dachte über die Worte von Berta nach. Beide Frauen saßen schweigend da und hingen ihren eigenen Gedanken nach.

"Vergessen wir Jakob für einen Moment", sprach Vreni. "Was wollt *ihr* erreichen?"

"Ich will das Beste für Gretl. Im Idealfall würde Lauber die Vergewaltigung zugeben und Unterhalt für das Kind zahlen."

"Wärst du bereit, die Dinge zu vertuschen? Ungeachtet dessen, was die Klatschbasen hinter Gretls und Ihrem Rücken tuscheln werden?"

"Die Klatschtanten werden tratschen, egal was wir tun oder nicht tun. Sie sind mir nicht wichtig."

"Nun, in diesem Fall müssen wir nur noch Jakob dazu bringen, Lauber friedlich zu konfrontieren. Ein toter Mann kann keine Alimente zahlen."

*****

Jeden Montagabend trafen sich die Herren aus dem Kandertal um acht Uhr in einem privaten Raum im "Wilden Mann" in Frutigen. Sie nannten sich "Der Liberale Central Club" und trafen sich auf ein Getränk, eine Zigarette, politische Diskussionen oder einfach auf eine Runde Domino. Karl Stettler hatte die Idee, dass Jakob Ramun Lauber hier mit der Angelegenheit konfrontieren sollte, hier vor dem Gasthaus, nach dem Clubtreffen. Als Mitglied würde er dafür sorgen, dass Ramun Lauber weder zu früh ging, noch in seine wartende Kutsche stieg, bevor Jakob ihn ansprechen konnte.

Berta hatte mit seiner Frau Magdalena gesprochen. Ihre Ehe mit Lehrer Karl Stettler war kinderlos geblieben. Nach eingehenden Untersuchungen im Berner Inselspital hatten Spezialisten schwere Vernarbungen in ihrem Unterleib festgestellt, die eine Schwangerschaft verhinderten. Die Vernarbung war eine Folge der brutalen Vergewaltigung durch Lauber in ihrer Jugendzeit. Die Unfähigkeit, Kinder zu bekommen, hatte den beiden unendlichen Schmerz und Kummer bereitet.

Es war zu spät, um eine Klage gegen Herrn Lauber selbst einzureichen. Als Magdalena ihrem Mann von Gretl erzählte, einem Kind, das er acht Jahre lang in der Schule unterrichtet hatte und für das er sich in gewisser Weise verantwortlich fühlte, war er so empört, dass er nach oben ging und sich alle Haare und den Bart abrasierte. Als er wieder ins Wohnzimmer kam, zog Magdalena die Augenbrauen hoch.

"Ich musste *etwas* tun", erklärte er. "Sollte mich jemand fragen, warum. Ich werde ihnen sagen, dass ich diesen Mann zutiefst verabscheue."

Magdalena ergriff seine Hüften und zog ihn näher zu sich heran. Sie stellte sich auf die Zehenspitzen und küsste ihn zärtlich. Danach besprachen sie die Angelegenheit miteinander, wohl wissend, welche Folgen es für sie haben würde, wenn sie – wie Berta wollte – etwas sagen würde.

"Es ist deine Entscheidung, Liebes", sagte Karl zu seiner Frau. "Wie auch immer du dich entscheidest, ich werde dich unterstützen."

Magdalena setzte sich auf einen Stuhl und dachte nach. "Ich kann ihn nicht damit davonkommen lassen", sagte sie. "Nicht noch einmal, nicht dieses Mal. Das arme Mädchen! Und wer wird die Nächste sein? Es tut mir leid, Schatz, man muss ihn aufhalten."

"Ich bin stolz auf dich, mein Liebling. Wir werden nicht auf die Klatschbasen hören und keine Zeitungen mehr lesen, aber wir werden nachts gut schlafen."

Karl Stettler war nicht der einzige anwesende Außenstehende. Wilhelmine hatte mit Sylvia gesprochen. Sylvia hatte zunächst gezögert, dann aber August die ganze Vergewaltigungsgeschichte gebeichtet. Nachdem sie alles erzählt hatte, fühlte sie sich viel leichter ums Herz. August hatte Verständnis dafür gezeigt, warum sie es ihm nicht früher gesagt hatte. "Ich habe mich so geschämt, aber ich habe dich so sehr geliebt, ich konnte nicht einfach weggehen und dich vor dem Altar stehen lassen."

"Dafür danke ich dem Herrn", antwortete August. "Und für unsere beiden wunderbaren Töchter, die nicht hier wären, wenn du mich dort stehen gelassen hättest. Aber jetzt hat Lauber das junge Schneider-Mädchen missbraucht, sagst du? Und ihre Tante will, dass du aussagst, falls nötig? Nun, du kennst meine Meinung dazu, der Gerechtigkeit muss Genüge getan werden."

"Aber dann erfährt es die ganze Stadt und oh, ich würde es nie überleben, so peinlich ist das!"

"Wie würdest du dich fühlen, wenn er damit durchkäme und sich in ein paar Jahren an einem unserer Mädchen vergreifen würde?"

Sylvia wurde blass und schnappte nach Luft. "Oh Jesus, Maria und Josef. So habe ich das noch nie gesehen. Ja, natürlich werde ich aussagen, wenn es sein muss. Aber bevor ihr es jemandem erzählt, muss ich erst mit meinen Eltern sprechen. Die wissen auch nichts davon."

Sylvias Eltern waren Franziska und Linus Gehring, die unmittelbaren Nachbarn von Jakob und Berta. Sie waren bereits von den Steins in den Plan hineingezogen worden – Willi hatte gedacht, er könnte Hilfe brauchen, um Jakob zurückzuhalten, wenn die *friedliche Diskussion* aus dem Ruder lief – und sie wussten von Magdalena. Als Sylvia erfuhr, dass sie nicht das einzige Opfer war, fühlte sie sich wohler bei dem Gedanken, notfalls auszusagen. Sie besuchte Magdalena und beide Frauen fanden Trost im Gespräch miteinander.

"Wenn ich vorher gewusst hätte, dass Lauber noch mehr Frauen überfallen hat, hätte ich vielleicht den Mut gehabt, etwas zu sagen", meinte Sylvia. Beide hofften immer noch, dass die Angelegenheit nicht vor Gericht landen würde, aber da sie Lauber persönlich erlebt hatten, glaubten sie nicht, dass er die Vergewaltigung einfach zugeben und Unterhalt zahlen würde. Sein gesellschaftlicher Status wäre ruiniert.

Am Montagabend, dem 29. September 1888, warteten Jakob, Linus Gehring und Willi Stein gegen zehn Uhr vor dem "Wilden Mann" darauf, dass Ramun Lauber das Lokal verließ. Wachtmeister August Strünzli lehnte lässig am Stamm einer Rosskastanie und rauchte eine Zigarette. Jakob hatte ihn nicht um seine Anwesenheit gebeten, aber er freute sich über die Unterstützung des Wachtmeisters.

Jakob stampfte mit den Füßen gegen die Kälte an. Die gelegentlichen Böen eines bittern Windes wehten Blätter von den Bäumen zu Boden und er blickte in Richtung der Alpen. "Ich rieche Schnee in der Luft", sagte er zu seinen Begleitern, um das Schweigen zu brechen. Willi nickte zustimmend und zog sich die Wollmütze tiefer über die Ohren. Pferdehufe ertönten deutlich in der Stille, als Marty Fuchs, Laubers Knecht, die Kutsche um die Ecke lenkte und die Pferde vor dem Gasthaus zum Stehen brachte. Er zündete sich eine Zigarette an, während die Kirchenglocke zehn schlug.

"Dauert nicht mehr lange", sagte Linus, und dann "Aua!", als eine Rosskastanie vom Baum über ihm auf seinen hutlosen Kopf fiel. "So ein Mist!", fluchte er und rieb sich die Kopfhaut. "Daran ist der auch schuld!" Er hielt inne, als Willi ihn anstupste und leise sagte: "Da ist er, er kommt."

Ramun Lauber trabte munter die wenigen Stufen vom

Wilden Mann hinunter und ging auf seine Kutsche zu. Da trat Jakob vor ihn und versperrte ihm den Weg.

"Könnte ich Sie kurz sprechen?", fragte Jakob höflich, nahm seine Mütze ab und hielt sie in den Händen vor sich.

"Was hat das alles zu bedeuten?", fragte Lauber und schaute sich um. Karl Stettler stand hinter ihm auf den Stufen des Gasthauses. Wachtmeister Strünzli hielt die Zügel der Pferdekutsche und Willi Stein und Linus Gehring waren dicht hinter Jakob.

"Es geht um meine Tochter, Gretl ..." Jakob begann und hielt inne, um dem Direktor die Möglichkeit zu sprechen zu geben.

"Ja?", schnauzte Herr Lauber ungeduldig.

"Sie kennen sie; sie arbeitet in Ihrer Zündholzfabrik."

"Ich kann nicht jeden kennen, der für mich arbeitet, es gibt dort hundert Arbeiter".

"Sie ist schwanger und sagt, *Sie* sind der Vater!"

"Was? Das ist doch absurd, was will ich denn von einem schwachsinnigen kleinen Kind?"

"Sie kennen sie also doch", antwortete Jakob ruhig.

"Wenn Sie das unbeholfene Kind meinen, das immer zu früh zur Arbeit kommt, dann gebe ich zu, dass sie mir aufgefallen ist." Ramun Lauber reagierte nicht wütend, wie man es von einem Unschuldigen erwarten könnte. Er sprach ruhig und sachlich weiter, überzeugt davon, dass ihm niemand etwas nachweisen konnte. "Aber ich habe sie nie angefasst, auch keine andere meiner Mitarbeiterinnen. Ich bin doch Stadtrat in Reichenbach und führe ein vorbildliches Familienleben!"

Jakob ballte die Fäuste angesichts der Arroganz des Mannes. *War der aus Stein?* "Ich habe persönlich das Gegenteil erlebt und schriftliche Zeugenaussagen von anderen, die dasselbe aussagen", erwiderte Jakob ebenso gelassen. "Stimmt es nicht, dass Sie mehrere Frauen gegen ihren Willen missbraucht und zudem noch andere Verbrechen begangen haben? Ich habe gesehen, wie Sie die Fabrik von Rambert angezündet haben."

"Fein, ich gebe zu, dass ich als kleines Kind einmal mit Zündhölzern gespielt und dabei vielleicht versehentlich ein kleines Feuer verursacht habe. Aber ich war ein Kind, ich habe es nicht absichtlich getan, und das Verbrechen ist verjährt. Sie behaupten, mich mit einer Frau gesehen zu haben, doch wenn dem so ist, dann war das vor meiner Ehe und in gegenseitigem Einverständnis."

Jakob hatte nicht die Absicht, über Ramuns zahlreiche Verbrechen zu streiten. Hier und jetzt war er anwesend, um Gerechtigkeit für seine Tochter zu erlangen, die nicht stark genug war, für sich selbst zu kämpfen.

"Ich bin wegen Gretl hier. Ich kenne meine Tochter; sie würde bei etwas so Wichtigem nicht lügen."

"Das ist absolut lächerlich. Ich würde mich eher erschießen als zu gestehen, Ihre Tochter geschwängert zu haben. Meine Frau würde durchdrehen!"

"Gretl besteht darauf, dass Sie sie angegriffen und verletzt haben."

"Ich bin ihr vielleicht ein wenig zu nahe gekommen und sie hat vielleicht etwas falsch interpretiert, aber ich war nicht intim mit ihr."

"Wir haben Gretl wieder und wieder gefragt. Sie bleibt dabei. Sie erzählt immer wieder, wie Sie sie in Ihrem Büro an den Schreibtisch gepresst und sich ihr aufgedrängt haben."

Ramun schlug die Hände vors Gesicht. "Wenn sich das herumspricht, bin ich ruiniert. Wie viel wollen Sie, um diese Sache aus der Welt zu schaffen?"

"Ich will nur Unterhalt für das Kind und eine kleine Entschädigung für Gretl. Die übliche Summe dafür wäre 18.000 Franken."

Ramun keuchte laut auf. "Das ist lächerlich! Sind Sie

wahnsinnig? Gehen Sie vor Gericht, niemand wird dem Wort Ihrer schwachsinnigen Tochter über meinem glauben! Aber lassen Sie mich Sie warnen: Weder Sie noch ein Mitglied Ihrer Familie werden jemals wieder in meiner Fabrik oder einer anderen Zündholzfabrik Arbeit finden. Dafür werde ich sorgen!" Ramun stieg in seine Kutsche und fuhr davon.

Jakobs Freunde umgaben ihn.

"Puh, gut, dass du die Ruhe bewahrt hast", gratulierte ihm Karl Stettler. "Ich wäre selbst fast über ihn hergefallen, als er von *gegenseitigem Einverständnis* sprach."

"Berta gab mir vorher Baldriantee. Das war's dann. Ich habe Berta versprochen, dass ich versuchen werde, die Sache in Ruhe zu lösen, damit Gretl nicht vor Gericht aussagen muss. Es wird für das arme Mädchen schrecklich werden, aber ich habe mein Bestes getan. Wenn es nicht um Gretl ginge, würde ich diese Option ohnehin vorziehen. Wir können nicht zulassen, dass Lauber immer wieder mit seinen Verbrechen davonkommt. Die ganze Welt muss von diesem abscheulichen Despoten erfahren. Er wird sich für seine Taten verantworten müssen und sein Ruf wird ruiniert werden, so wie er das Leben so vieler anderer ruiniert hat."

"Er wird im ‚Liberalen Central Club' nicht mehr willkommen sein", erklärte Stettler.

"Auch nicht im ‚Wilden Mann'", fügte der Gastwirt, der sich zu ihnen gesellt hatte, hinzu.

28

1888

Strafgerichtshof in Frutigen gegen Schneider

Am nächsten Morgen war das ganze Tal erfüllt von Klatsch und Tratsch, der die Flüsse entlang wallte, von Dunst, der in die Häuser drang, von den Bergen widerhallte und hin und her hüpfte. Jeder kannte jemanden, der damit zu tun hatte, jeder hatte eine Meinung und so manche alte Hexe rührte in ihrem Topf voll böser Lügen. Einige arme Seelen zitterten, weil sie befürchteten, ihre eigenen Geheimnisse könnten aufgedeckt werden. Und eine Person begann, an einer Verteidigung zu arbeiten, falls die Sache weitergehen sollte.

Ramun Lauber hatte einen Termin bei seinem Anwalt Heinrich Studer in Thun. Als Marty Fuchs die Kutsche zum Büro des Anwalts fuhr, schaute Ramun ihn an und bekam eine Idee. Marty, ein über Sechzigjähriger mit einem lahmen Bein, hatte die Stelle von einem jungen Burschen, Lutz Bieri, übernommen. Lutz war ein Charmeur bei den Frauen gewesen. Die Hausmädchen flirteten ganz offen mit ihm. Vor etwa einem Monat hatte er gekündigt und war nach Amerika ausgewandert. Niemand konnte ihm ein Verhältnis mit Gretl nachweisen, also konnte er vielleicht sagen, dass er Lutz mit ihr gesehen hatte. Der Junge war nicht hier, um die Tatsache zu abzustreiten. Ja, die Idee gefiel ihm.

Er betrat das Büro seines Anwalts, und ein Lehrling brachte seinen Zylinder und seinen Spazierstock in die Garderobe. Er setzte sich in einen bequemen Sessel und Herr Studer schenkte beiden einen kleinen Sherry ein.

"Nun sag mir, was dich beunruhigt, Ramun", forderte der Anwalt ihn auf.

Beide Männer bewegten sich in denselben gesellschaftlichen Kreisen und kannten sich gut. Der Vater von Herrn Studer war auch der Anwalt von Gustav Lauber gewesen. Ramun erzählte Heinrich Studer von der Konfrontation in der Woche zuvor. Natürlich beteuerte er seine Unschuld.

Herrn Studer war es völlig egal, ob Ramun schuldig war oder nicht.

"Und er verlangte 18.000 Franken vor Zeugen?"

"Ja, eine absurde Summe! Ich hätte vielleicht 500 Franken bezahlt, aber das war viel zu viel. Diese Leute denken, wir scheißen das Geld!"

"Wir haben es hier eindeutig mit krimineller Erpressung zu tun. Wiederhole niemals, was du mir gerade gesagt hast nämlich, dass du bereit wärst, eine geringere Summe zu zahlen. Die Leute würden fragen, warum, wenn du doch unschuldig bist. Nein, ich kenne einen der Magistraten in Frutigen, Ulrich Reinhard. Überlass das mir, ich werde mich mit ihm in Verbindung setzen, und er wird dafür sorgen, dass Jakob Schneider verhaftet wird. Das wird ihn zum Schweigen bringen. Und nun sag mir, wie geht es deiner charmanten Frau?"

*****

Ramun verließ das Büro seines Anwalts in glänzender Laune. Erpressung, schmunzelte er vor sich hin. Warum war ihm das

nicht eingefallen? Genial! Das würde einfacher werden, als er dachte. Er nahm seine silberne Taschenuhr aus der Weste und sah nach, wie spät es war. Nicht zu früh für das Mittagessen.
"Bring mich zum Hotel Krone", sagte er zu Marty.

Während die Räder über das Kopfsteinpflaster im Stadtzentrum ratterten, konnte er nicht wissen, dass Anneli, Bertas ältere Schwester und ehemaliges Opfer einer versuchten Vergewaltigung durch seinen Vater, zwanzig Jahre zuvor eine ausgezeichnete Ehe mit dem aufstrebenden Gastronomen Philippe Leconte eingegangen war. Sie hatten beide hart gearbeitet und vor fünf Jahren das Hotel und Restaurant "Krone" übernommen. Jetzt war es schwierig, einen Tisch in dem renommierten Restaurant, gerade in Mode, zu bekommen, wenn man nicht weniger als einen Monat im Voraus reserviert hatte.

Anneli hörte einen Tumult am Eingang zum Speisesaal. Ihr Oberkellner versuchte höflich, einen Herrn davon zu überzeugen, dass alle Tische belegt seien. Das Gespräch wurde hitzig und andere Gäste begannen aufzuschauen. Sie beeilte sich, ihrem Oberkellner zu Hilfe zu kommen.

"Herr Lauber", fragte sie. Sie hatte ihn sofort erkannt. "Kann ich Ihnen helfen?"

Ramun musterte Anneli von oben bis unten.

"Kenne ich Sie?"

"Das bezweifle ich, aber ich kenne Sie. Ich komme ursprünglich aus Weißbrügg."

"Ah", antwortete Ramun, geschmeichelt, dass ihn diese hübsche Frau kannte. "Ja, das mag sein. Ich hätte gerne einen Tisch."

Anneli war es gewohnt, mit schwierigen Situationen umzugehen. Prominente Gäste, die einen Aufstand machten, waren nie gut fürs Geschäft. Der Gedanke, Lauber einen Tisch zu verweigern, war jedoch so köstlich verlockend, dass sie nur schwer widerstehen konnte. Sie zögerte, kämpfte mit ihrem Gewissen und ihrer Loyalität gegenüber dem guten Namen und dem Ruf ihres Mannes. Mit Bedauern entschied sie sich, professionell zu handeln. "Ich bin mir sicher, unser Oberkellner hat Ihnen erklärt, dass wir heute Mittag leider ausgebucht sind, aber wenn Sie es in Betracht ziehen würden, unser Gast an meinem persönlichen Tisch zu sein ...?"

Ramun akzeptierte. Hätte Anneli damals von Gretl gewusst, hätte sie ihn sofort rausgeschmissen, sagte sie später. Aber dies tat sie nicht. Ramun setzte sich an den Tisch und bestellte eine Flasche des teuersten Champagners auf der Weinkarte. Der Weinkellner brachte einen silbernen Eiskübel mit der Flasche Champagner. Anneli stand auf. "Ich übernehme das", sagte sie zu ihrem Angestellten. Geschickt ließ sie den Korken knallen, ergriff Ramuns Glas und beugte sich leicht vor, um es zu füllen. Ramun ließ seinen Blick auf ihr Dekolleté fallen. Er zog seine weißen Handschuhe aus, nahm sein Glas in die eine Hand, um einen Toast auszusprechen, und kniff mit der anderen Hand an Annelis Hintern. Anneli schrie auf. Kein anderer Gast in einem so seriösen Restaurant berührte eine der Kellnerinnen, geschweige denn die Wirtin, auf so unangebrachte Weise, wie eine billige Hure! Plötzlich bemerkte sie Ramuns fehlende Fingernägel. Die versuchte Vergewaltigung durch seinen Vater blitzte wieder auf und ein roter Schleier zog vor ihre Augen. Sie hielt die Flasche immer noch in einer Hand und schüttete den Inhalt über Ramuns Schritt.

Mit einem Schrei sprang Ramun von seinem Sitz auf. "Oh, das tut mir so leid", spottete Anneli, schnappte sich eine Serviette und schlug sie ihm in die Eier. "Was für eine Verschwendung von gutem Champagner." Ramun krümmte sich doppelt vor Schmerz. Sein Gesicht verfärbte sich rötlich. Die Gäste im Restaurant hörten auf zu essen, um das Spektakel zu beobachten; es würde mindestens eine Woche lang für Gesprächsstoff in den edelsten Boudoirs sorgen. Ramun zeigte mit dem Finger auf Anneli und drohte ihr lautstark. "Das ist noch nicht das letzte Wort, du Schlampe! Warte nur, du wirst noch von meinem Anwalt hören!" Schnell verließ er das Lokal und befahl Marty, nach Weißbrügg zurückzukehren. Anneli beruhigte sich und ging zu jedem Tisch, entschuldigte sich für die Störung und bot Getränke auf Kosten des Hauses an. Sie war nicht umsonst seit zwanzig Jahren in diesem Geschäft.

*****

Ulrich Reinhard, Richter am Bezirksgericht Frutigen, war sich mit seinem Freund Rechtsanwalt Heinrich Studer einig, dass genügend Gründe vorlagen, um Jakob Schneider wegen Erpressung anzuklagen, und ließ ihn verhaften. Herr Reinhard sprach mit seinen beiden Kollegen O. Abraham und H. Braunbarth. Herr Abraham sagte, er wolle Gretl Schneider bei der Verhandlung persönlich befragen.

"Frau Schneider, können Sie uns bitte sagen, wer der Vater Ihres Kindes ist?"

Gretl stand vor den drei Männern und zitterte. Ihre furchterregende Präsenz direkt vor ihr, ernst und streng, machte ihr Angst. Dennoch nahm sie ihren Mut zusammen. "Herr – Lau – ber." Sie sprach viel zu laut.

Die drei Männer waren schockiert. Fräulein Schneider hatte für sie ganz normal ausgesehen und gewirkt, aber diese beiden Worte allein reichten aus, um sie vom Gegenteil zu überzeugen. Sie flüsterten sich etwas zu und dann winkte Herr Reinhard Gretls Vater mit dem Finger an ihren Tisch.

"Ist Ihre Tochter behindert?", fragte er.

"Gretl hatte einen Unfall, als sie zwei Jahre alt war, und seitdem ist sie völlig taub", antwortete Jakob sachlich.

Die drei Richter atmeten leicht angewidert ein. Niemand hatte ihnen das gesagt; das gab dem Fall eine andere Wendung.

Kein Wunder, dass der Vater versucht hatte, für seine Tochter Unterhalt zu bekommen. Herr Abraham sprach nun freundlich zu Gretl.

"Mein liebes Mädchen, erinnerst du dich, wann das Zusammensein stattgefunden hat?"

"Ja. Mon – tag – sechs – ter – Juni – in – sei – nem – Bü – ro", antwortete sie entschlossen.

Die Richter sahen sich gegenseitig überrascht an. "Das Mädchen erinnert sich genau an das Datum, das ist ein klarer Hinweis darauf, dass sie die Wahrheit sagt", sagte Herr Abraham.

"Es sei denn, ihr Vater hat sie angewiesen", antwortete Herr Reinhard.

"Wir sollten jetzt den Vater anhören", schaltete sich Herr Braunbarth ein. "Er ist hier der Beschuldigte."

"Herr Jakob Schneider, stimmt es, dass Sie am Montagabend, 29. September 1888, vor Herrn Lauber standen und von ihm die Summe von 18.000 Franken forderten?"

"Ja, Herr Richter, aber nicht zu Beginn unseres Gesprächs, wie er behauptet, sondern am Ende und erst, nachdem er mich gefragt hat, wie viel es kosten würde, die Sache *nicht* vor Gericht zu bringen."

Ein Gemurmel ging durch den Gerichtssaal. Laubers Verteidiger sprang auf.

"Waren das seine genauen Worte? Ich erinnere Sie daran, dass Sie unter Eid stehen!"

Jakob überlegte. "Ich glaube, seine genauen Worte waren: 'um die Sache aus der Welt zu schaffen', aber es gab Zeugen des Gesprächs, die heute hier im Gericht anwesend sind und die Sie fragen können."

Die Richter verbrachten den ganzen Tag damit, Zeugen zu hören und Herrn Lauber anzuhören. Um sieben Uhr abends wurde Herr Schneider freigesprochen, und Herr Lauber wurde dazu verurteilt, die Gerichtskosten und die Kosten für die Rechtsvertretung von Herrn Schneider zu tragen.

29

1890

Obergericht in Bern, Schneider gegen Lauber

Am 5. März 1889 brachte Gretl einen gesunden Jungen zur Welt. Sie nannte ihn Walter. Alles war gut, außer dass seine Daumen und großen Zehen keine Nägel hatten, ein kleines Problem.

Im Frühling und Sommer bereitete sich Jakob intensiv auf den Vaterschaftsprozess gegen Ramun Lauber vor. Er sollte im Herbst vor dem Obergericht in Bern stattfinden. Bei den meisten Einwohnerinnen und Einwohnern von Weißbrügg fand er überwältigende Unterstützung. Zusammen mit seinem Anwalt, Herrn Simon Steffen aus Thun, und unterstützt von Herrn Albrecht Bertelsmann, einem Beauftragten für die Armenfürsorge, arbeitete er an der Beweisführung, dass Herr Lauber der Vater von Walter war, und daran, den Richter davon zu überzeugen, Herrn Lauber zur Zahlung von Alimenten für das Kind zu verurteilen.

Jakob war sich bewusst, dass es sich um einen Indizien-Prozess handeln würde. Er wusste, dass Ramun Lauber in Bern hoch angesehen war und viele einflussreiche Freunde hatte. Es würde sein Wort gegen das von Lauber stehen, und er zweifelte nicht daran, in welche Richtung die Glaubwürdigkeit tendieren würde. Er sprach zuerst mit seinem Nachbarn Linus und bat ihn, ein Leumundszeugnis zu schreiben.

In der nächsten Gemeinderatssitzung bat er formell um ein Führungszeugnis für sich, Berta und Gretl. Gretls Arbeitsstelle konnte er nicht um ein Zeugnis bitten, aber Karl Stettler war gerne bereit, ein Leumundszeugnis für sie zu schreiben.

Das Gericht in Bern selbst, das nun über die Umstände Bescheid wusste, beauftragte einen Psychiater, Dr. Gutmann, Gretl umfassend zu untersuchen und ihren Geisteszustand zu beurteilen. Sie baten auch das Bezirksgericht Frutigen, das mit den örtlichen Gegebenheiten vertraut war, um ein Leumundszeugnis für die Eheleute Schneider.

Nicht nur die lokalen Zeitungen und Skandalblätter, sondern auch die überregionalen Zeitungen verfolgten den Fall und jede noch so kleine Entwicklung im Detail, bevor die Klage überhaupt vor Gericht kam. Der Fall des tauben Mädchens erregte die Gemüter der gesamten Bevölkerung der Schweiz.

Ramun Lauber hatte nur ein einziges Treffen mit Rechtsanwalt Studer in Thun. "Niemand war Zeuge dieses *vermeintlichen Übergriffs*", sagte Studer zu Lauber. "Es handelt sich um ein Indizienverfahren; eigentlich bin ich überrascht, dass es so weit gekommen ist. Aber keine Sorge, wir werden diese Bauerntrampel wieder zurück in die Jauchegrube schicken, aus der sie gekommen sind. Niemand wird ihnen glauben."

Der Tag der Gerichtsverhandlung in Bern kam. Jakob war nervös. Er ging in Gedanken immer wieder durch, ob er an alles gedacht hatte. Gretl konnte sich nicht verteidigen, es lag an ihm, ihr Recht zu verschaffen.

Der Angeklagte Ramun Lauber, vertreten durch seinen Anwalt Herrn Studer, wurde aufgefordert, sein Eingangsplädoyer zu halten. Herr Studer stand auf und tat sein Bestes, um Gretl und ihre Familie zu diskreditieren. "Gretl ist ein unattraktives, bösartiges und unehrliches Geschöpf. Aus reiner Habgier hat sie falsche Anschuldigungen erhoben. Zweifellos hatte sie eine unerlaubte Affäre mit einem armen Burschen, und als sie Herrn Lauber bei der Arbeit sah, beschloss sie aus Habgier, ihn dieses lächerlichen Verbrechens zu beschuldigen, ohne jegliche Beweise. Ich frage Sie", er sah die Richter an, "was will ein angesehener, glücklich verheirateter Herr wie mein Mandant Herr Lauber mit einem schwachsinnigen, schmutzigen Kind wie Gretl?"

Jakob hatte Mühe, Ruhe zu bewahren. Berta, die neben ihm saß, drückte seine Hand, und von hinten legte Karl Stettler ihm eine Hand auf die Schulter.

Jakob wurde in den Zeugenstand gebeten. Er nahm seine Mütze ab, legte seine Hand auf die Bibel und schwor, die Wahrheit zu sagen, die ganze Wahrheit und nichts als die Wahrheit. Mit klopfendem Herzen erzählte er dem Gericht, wie er erfahren hatte, dass Gretl schwanger war. Er wiederholte, dass seine Tochter, obwohl er sie mehrmals befragt hatte, immer ausgesagt hatte, der Vater sei Herr Lauber. Er blieb äußerlich ruhig, selbst als Herr Studer ihn ins Kreuzverhör nahm und ihm unterstellte, Gretl sei eine Lügnerin. "Nein!", Jakob widersprach ihm. Sein Herz raste wie eine Dampflokomotive. "Gretl flunkert vielleicht bei Kleinigkeiten, wenn sie mehr Kuchen will oder so, aber bei so etwas Ernstem würde sie nie und nimmer lügen. Sie hat sogar das Datum gewusst, als es passiert ist."

Berta war die Nächste im Zeugenstand. Ihre Stimme stockte, als sie berichtete, wie Gretl ihr gesagt hatte, *es hätte wehgetan*. Obwohl sie äußerlich ruhig wirkte, liefen ihr leise Tränen über die Wangen. Im Gerichtssaal herrschte Stille und mehrere Frauen tupften sich mit einem Taschentuch die Augen ab.

Alice Hofstetter wurde in den Zeugenstand gerufen.

Obwohl Ramun für ihre Dienste bezahlt hatte, wollte Herr Steffen ihre Aussage, um zu beweisen, dass Ramun Lauber gar nicht so ehrenhaft war, und dass er sogar für Sex in seinem eigenen Haus bezahlte, wo seine Frau und sein Sohn lebten. Herr Studer hatte davon nichts gewusst und verzichtete auf sein Recht, sie zu befragen.

Magdalena Stettler sagte im Zeugenstand aus, Ramun Lauber habe sie vergewaltigt und ihre Unfruchtbarkeit verursacht. Das Gericht war schockiert über diese bis dahin gut verheimlichte Information. Als Herr Studer sie ins Kreuzverhör nahm, hielt sie den Kopf hoch und blieb bei ihrer Geschichte. "Stimmt es nicht, dass das Zusammenleben vor der Ehe von Herrn Lauber stattfand und dass es einvernehmlich war?"

"Es war vor meiner Ehe", räumte Magdalena ein, "sonst hätte er mich nicht zu einem Picknick überreden können. Aber der Akt war *nicht* einvernehmlich und es gibt Zeugen, die gehört haben, wie ich NEIN geschrien habe".

"Wer sind die Zeugen?"

Magdalena bemerkte ihren Fehler. "Jakob und Berta Schneider", murmelte sie.

"Entschuldigung, ich habe Sie nicht richtig verstanden, können Sie die Namen bitte lauter wiederholen."

"Jakob und Berta Schneider, aber da waren sie noch nicht verheiratet."

Herr Studer bat die Richter, Magdalenas Aussage nicht zu berücksichtigen, da die Zeugen dieser angeblichen "Vergewaltigung" offensichtlich befangen seien. Ohne Zeugin sei es möglich, ja sogar wahrscheinlich, dass Frau Stettler dem Zusammenleben zugestimmt und diese lächerliche Anschuldigung erst im Nachhinein erhoben habe, um ihrem Mann zu erklären, warum sie unfruchtbar sei.

"Nein, das ist nicht wahr!", weinte Magdalena. Der Richter bat sie zu schweigen, solange sie nicht angesprochen wurde, und sie wurde aus dem Zeugenstand entlassen. Verzweifelt verließ sie den Gerichtssaal und Karl eilte ihr hinterher.

Sylvia war die Nächste im Zeugenstand. Sie erzählte ihre Geschichte leise, den Kopf vor Scham hängen lassend.

Herr Studer befragte sie. "Gab es Zeugen für diese angebliche 'Vergewaltigung'?"

"Nein."

"Lauter bitte!"

"Nein."

"Wenn dieser Akt also überhaupt stattgefunden hat, dann könnte er einvernehmlich gewesen sein. Es steht das Wort von Sylvia Künzli gegen dasjenige von Herrn Ramun Lauber. Stimmt es, dass Sie mit Fräulein Wilhelmine Schneider, der Tante von Gretl, gut befreundet sind?"

"Ja."

Herr Studer war noch nicht fertig. "Die Zeugen der Klägerin sind ausnahmslos unglaubwürdig und nicht vertrauenswürdig. Ob als nahe oder entfernte Verwandte der Familie Schneider oder aus anderen egoistischen Gründen oder Ressentiments, sie haben nicht den Willen, die Wahrheit zu sagen."

Herr Steffen, Jakobs Anwalt, erhob sich und wies die Vorwürfe des Angeklagten gelassen zurück. "Das Amtsgericht bezeichnet die Familie Schneider als hoch angesehen. Das von der Stadtverwaltung ausgestellte Führungszeugnis geht über die übliche Formulierung hinaus und bescheinigt sowohl Herrn als auch Frau Schneider sehr guten Leumund. Der Zeuge Linus Gehring, der einen glaubwürdigen und positiven Eindruck macht, bezeugt, dass Herr Schneider fleißig und sparsam ist und sich stets bemüht, seinen Verpflichtungen nachzukommen. Der Anwalt des Angeklagten hat keinen einzigen Beweis dafür, dass Gretl in einer Beziehung mit jemand anderem ist oder war. Ein Zustand, der in einem kleinen Dorf sicher auffallen würde. Die Zeuginnen Frau Magdalena Stettler und Frau Sylvia

Künzli waren sehr mutig, sich zu melden und ihr Geheimnis preiszugeben. Sie sind beide hoch angesehene Frauen in der Gemeinde, Ehefrauen des Lehrers und des Polizeibeamten. Sie hatten keinen Grund zu lügen und hätten sicherlich nicht ihren Ruf aufs Spiel gesetzt, wenn die Sache nicht wahr wäre."

Das Gericht stellte fest, dass die Aussagen von Herrn Schneider ruhig und präzise und keineswegs von Hass erfüllt waren. Auch Frau Schneider erweckte durch ihren Tonfall und den Inhalt ihrer Aussagen den Eindruck, dass sie nicht versuchte, die Tatsachen absichtlich zu verdrehen.

Ein wichtiges Indiz war, dass Gretl Schneider bereits am 5. November 1888 angegeben hatte, der Überfall habe am 6. Juni 1888 stattgefunden. Das war vier Monate vor der Geburt gewesen, und es war absolut unmöglich, dass Fräulein Schneider zu diesem Zeitpunkt das Geburtsdatum voraussehen und ihre Aussage entsprechend hätte tätigen können, wie es nach der Entbindung möglich gewesen wäre. Die natürliche Erklärung dafür war, dass sich dieses Datum tief und unauslöschlich in das noch nicht ganz ausgereifte Gedächtnis des Mädchens eingeprägt hatte.

Der Richter entschied über den Antrag:

a. "Der Angeklagte wird als außerehelicher Vater von Walter Schneider festgestellt, geboren am 5. März 1889.

b. Der Angeklagte wird verurteilt, der Mutter Gretl Schneider einen vom Gericht festgesetzten Geldbetrag für die Kosten der Geburt, den Lohnausfall für mindestens 4 Wochen vor bis 4 Wochen nach der Geburt und eine angemessene Entschädigung gemäß Art. 318 Z.G.B.[*] zu zahlen

---

[*] *Art. 318 Z.G.B. widerrechtlicher Geschlechtsverkehr mit einer Frau gegen ihren Willen.*

c. Der Angeklagte wird verurteilt, dem Kind Walter Schneider bis zur Vollendung seines 18. Lebensjahres Unterhalt nach Maßgabe der gerichtlichen Entscheidung zu zahlen.

Der Antrag des Angeklagten wird zurückgewiesen. Der Angeklagte wird verurteilt, die Gerichtskosten und die Anwaltskosten der Klägerin zu tragen.

Bei der Feststellung wurden alle Schilderungen in Betracht gezogen. Wie immer in ähnlichen Fällen ist die Tatsache, dass die Mutter das Datum des Übergriffs kannte und dieses Datum genau neun Monate vor der Geburt lag, ein sehr wichtiger Umstand für den Wahrheitsgehalt der gesamten Schilderung der Klägerin."

Jakob und Berta umarmten sich gegenseitig. Sie standen auf, schüttelten Herrn Steffen die Hand und gingen dann von einer großen Last befreit nach Hause. "Ich hätte mir gewünscht, dass Gretl eines Tages einen netten jungen Mann findet und ein glückliches Leben führt", vertraute Jakob Berta an, "so wie du und ich."

"Wenigstens ist jetzt Gerechtigkeit gesprochen worden und sie werden nicht verhungern. Und hoffentlich wird Ramun jetzt aufhören, Frauen zu vergewaltigen. Vreni sagte, dass viele Arbeiterinnen im Laufe der Jahre von ihm geschändet wurden."

"Ja, hoffentlich hört er jetzt auf. Sein Ruf ist zumindest ruiniert."

*****

Das Urteil löste eine Welle von Gerüchten im Kandertal aus. Es hatte meterhoch geschneit, selbst in den Niederungen, was das Reisen fast unmöglich machte. Doch die Zeitungen, die mit mehrtägiger Verspätung eintrafen, wurden nach Informationen durchforstet, und dort, wo es keinen schriftlichen Bericht gab, verbreiteten sich Skandale und Meinungen von Haus zu Haus und von Dorf zu Dorf und flossen unaufhaltsam wie die Lava eines Vulkans.

Familie Schneider, die Stettlers und Familie Künzli blieben daheim, offiziell wegen ansteckenden Erkältungen, was ihnen ersparte, das Haus zu verlassen oder Besuch zu empfangen. Sie wollten sich nicht mit den Klatschbasen des Dorfes unterhalten. Sie sprachen nur mit engen Familienmitgliedern und Freunden, denen sie vertrauen konnten.

Sie hofften, dass die Angelegenheit nun erledigt wäre, aber Herr Steffen hatte sie gewarnt, dass Herr Lauber eine Revision verlangen könnte. Jakob lebte in einem Zustand zwischen Hoffnung und Verzweiflung und wartete darauf, was passieren würde.

Ramun Lauber erlitt einen schweren Schlag gegen seine Arroganz. Seine Frau und sein Sohn, die sich zu dieser Zeit bei ihren Eltern in Genf aufhielten, flohen nach Rom, um der Schande und dem Getuschel hinter ihrem Rücken zu entgehen. In den Berner Salons und im Theater waren sie nicht mehr willkommen, man schaute weg und kehrte ihnen den Rücken zu. Die ganze Familie wurde gemieden. Ihr Vater riet ihr, eine Villa in Rom zu mieten und dort zu bleiben, bis die Ausbildung seines Enkels abgeschlossen sei. Er versprach, sie finanziell zu unterstützen, damit sie dort bequem leben konnte, aber nur unter der Bedingung, dass sie sich von ihrem Mann scheiden ließ. Beatrix willigte ein, und ihr Vater versicherte ihr, er würde dafür sorgen, dass Ramun ihr und ihrem Sohn Friedrich keine weiteren Probleme bereitete. Ramun sprach noch einmal mit seinem Anwalt. Er war wütend über dessen schlechten Rat und entschlossen, seinen Ruf wiederherzustellen.

"Es ist mir egal, wie du es machst", wetterte Ramun. "Das Urteil ist inakzeptabel. Ich will in Berufung gehen und dieses Mal werde ich *gewinnen*!"

30

1891

Bern, 12. November, 1890
Zum Fall Schneider gegen Lauber, Vaterschaftsklage.

*Sehr geehrter Herr Präsident,
Euer Ehren,
während des Verfahrens vor dem Obergericht vermied es der Angeklagte absichtlich, dem Beispiel der Klägerin zu folgen und diverse unzuverlässigen Zeugen zu konsultieren. Eine bis dato angesehene Familie wurde durch das Urteil des Obergerichts moralisch ruiniert. Der Angeklagte, nun entschlossen, seine Unschuld zu beweisen, hat auf eigene Faust Nachforschungen angestellt und Fakten entdeckt, die für die Klärung des Falles entscheidend sind.
Der Angeklagte, der von seiner Unschuld überzeugt ist, hatte sich bis heute nicht dazu durchringen können, seine kranke Frau vor Gericht aussagen zu lassen. Seit der Verurteilung ihres Mannes durch das Obergericht lehnt*

Frau Lauber jedoch jede Rücksichtnahme auf ihre eigene Person ab. Wir beantragen daher, dass das Gericht Frau Lauber vorlädt und sie persönlich befragt, ob sie in ihrer langen Ehe jemals den geringsten Grund gehabt hat, an der Treue ihres Mannes zu zweifeln.

Ferner möchten wir Zeugnisse des guten Charakters des Angeklagten von Herrn Niklaus Lehmann, dem Schwiegervater des Angeklagten, Bankier in Genf, und Herrn Simon Lehmann, dem Schwager des Angeklagten, Bankier in Genf, beifügen. Beide erklären ausdrücklich, dass der Charakter des Angeklagten vorbildlich ist und sie, solange er ihnen bekannt ist, nie Anlass hatten, an seiner moralischen Rechtschaffenheit zu zweifeln.

Der Angeklagte wurde auf eine neue Bluttestmethode aufmerksam gemacht, die in ähnlichen Fällen bei der Frage der Vaterschaft in Amerika getestet wurde. Ebenso eine Fingerabdruckmethode. Er bittet das Gericht, diese Methoden zu berücksichtigen.

Schließlich ist dem Angeklagten bekannt geworden, dass der Zeuge Hans Hofstetter ein unverbesserlicher Fälscher und Betrüger ist. Er hat die Resultate des Schützenfestes im Kanton Luzern 1884 gefälscht, indem er den Stempel auf einzelnen Noten verändert hat. Wir beantragen deshalb, seine Aussage aus dem Verfahren zu entfernen.

Mit freundlichen Grüßen,
H. Studer.

Das Gericht las den Brief und schrieb selbst einen Brief an Prof. Dr. Stampfli in Bern, den renommierten und angesehenen Chefarzt des Inselspitals, und stellte eine Reihe von Fragen.

Prof. Stampfli antwortete:

Sehr geehrte Damen und Herren,
nach Erhalt Ihres Schreibens vom 19. Dez. 1890 habe ich die gesamte bis heute verfügbare Literatur studiert, um eine Grundlage zu gewinnen, um zu Ihren mir vorliegenden, außergewöhnlichen Fragen Stellung zu nehmen.
Ich bin heute zu der Überzeugung gelangt, dass weder eine spezielle Art von Bluttest, noch die Fingerabdruckmethode, noch die Identifizierung eines bestimmten Typs des gemeinsamen Daumennagelfehlers zwischen dem Kind und dem in Frage kommenden Vater nach dem heutigen Stand der Wissenschaft zu einem verlässlichen Ergebnis führen können, um die Vaterschaft festzustellen oder auszuschließen. Keine der drei Methoden reicht weder einzeln noch in Kombination aus, um zu einem befriedigenden Ergebnis zu kommen.
Ich schrieb an Prof. Dr. Zuckermann in Zürich, Direktor des Forensischen Instituts, um sein kompetentes Urteil einzuholen. Er antwortete mir, dass seiner Meinung nach 1. Die Bluttestmethode noch nicht ausreichend erforscht sei, um ein zuverlässiges Ergebnis zu liefern, 2. Die Beurteilung von Fingerabdrücken keine entscheidenden Faktoren vermitteln könne. 3. Erbliche Fehlbildungen: Im vorliegenden Fall lassen die fehlenden Daumennägel des fraglichen Vaters und des Kindes keine sicheren Rückschlüsse zu. Selbst wenn die Fehlbildung tatsächlich erblich bedingt wäre, könnte dies nur zu einer friedlichen Lösung der Angelegenheit führen.
Ich bedauere; Ihnen nicht weiterhelfen zu können.
Mit freundlichen Grüßen,
Prof. Dr. Stampfli

Das Gericht setzte den Termin für die Berufungsinstanz auf den 22. März 1891 fest. In der Zwischenzeit war Walter zwei Jahre alt geworden. Gretl hatte nur Gelegenheitsjobs finden können, indem sie die Häuser anderer Leute putzte oder bei der Ernte half. Für eine von Anfang an arme Familie forderte der lange Gerichtsprozess seinen Tribut. Alle Reserven waren aufgebraucht. Die gezahlten Gerichtskosten wurden von Herrn Lauber nicht zurückerstattet, der immer noch für ein endgültiges Urteil zu seinen Gunsten kämpfte.

Ramun Lauber und sein Anwalt wussten dies und versuchten, das Verfahren weiter zu verzögern, indem sie beim Gericht eine Verschiebung des Gerichtstermins beantragten. Sie argumentierten, dass sich Frau Lauber in Rom befinde und derzeit zu krank sei, um zu reisen, dass sie aber im Mai reisen könne. Das Gericht wies den Antrag mit der Begründung ab, dass Frau Lauber eine schriftliche Erklärung abgeben könne.

Berufungsgericht 22. März 1891
in der Vaterschaftsklage von
Ramun Lauber, Fabrikant in Kandermatt bei
Frutigen, Prozessbevollmächtigter: Advokat H. Studer,
Thun, Angeklagter, Berufungskläger
gegen
Gretl Schneider, Fabrikarbeiterin, Weißbrügg bei
Frutigen
Walter Schneider, Sohn von Gretl, geboren 1889,
vertreten durch Advokat S. Steffen, Thun, und Herrn
A. Bertelsmann, Gemeinderat von Frutigen, Klägerin,
Berufungsbeklagte

Die Klägerin arbeitete in der Packstation der Fabrik des Angeklagten. Im Sommer 1888 wurde bei ihr eine Schwangerschaft festgestellt. Sie nannte den Angeklagten als

Der Zündhölzli Bub

Vater des Kindes. Sie behauptete, der Angeklagte habe im Juni 1888 mehrmals gegen ihren Willen Geschlechtsverkehr mit ihr gehabt. Am 5. März 1889 habe sie außerehelich einen Jungen zur Welt gebracht, der unter dem Namen Walter Schneider beim Standesamt eingetragen worden sei. Sie verlangt, dass der Angeklagte verurteilt wird und den gesetzlichen Unterhalt und eine Entschädigung zu zahlen hat.

Der Angeklagte bestreitet, jemals Geschlechtsverkehr mit der Klägerin gehabt zu haben, und fordert die Abweisung der Klage.

Der Angeklagte legt den Hauptschwerpunkt seiner Verteidigung auf das Dementieren, mit der Klägerin Geschlechtsverkehr gehabt zu haben. Es stellt sich die Frage, ob im Rahmen der Beweisaufnahme, da ein direkter Beweis für eine solche Beziehung nicht vorliegt, genügend Indizien geliefert werden können, um nach der Feststellungspraxis der Vermutung des Art. 314 al. 1 Z.G.B. eine hinreichend hohe Wahrscheinlichkeit zu begründen.

Die Klägerin hat ihre Aussage nicht geändert. Sie zeigt keine Anzeichen eines unnatürlichen Sexualtriebs, den der Angeklagte ihr vorwirft. Es liegt auf der Hand, dass der Angeklagte, falls er intime Beziehungen zu seinen weiblichen Angestellten wünschte, Vorkehrungen zur Sicherstellung treffen konnte, weder bei seinen Annäherungsversuchen noch beim Geschlechtsverkehr selbst gestört zu werden, weder von seiner Familie noch von einer anderen dritten Person. Dass die Herstellung solcher Situationen für den Direktor der Fabrik möglich war, kann kaum bestritten werden.

Der Angeklagte hat die Klägerin und ihre Familie als unzuverlässig und habgierig dargestellt. Seine Sichtweise hat das Berufungsgericht ebenso wenig überzeugt wie das Obergericht.

Die Klägerin kann jedoch nach der Beweislage und

insbesondere dem Gutachten von Dr. Gutmann als leicht behindert angesehen werden. Infolge ihres Hör- und Sprachverlustes haftet ihrem Aussehen eine gewisse Hilflosigkeit an. Ihre Behinderung geht jedoch nicht so weit, dass sie nicht mehr in der Lage wäre, Erinnerungen korrekt abzurufen. Dies wird ihr von ihrem Lehrer Herrn Stettler, ihrem Nachbarn Herrn Gehring, der sie seit ihrer Kindheit kennt, und von Dr. Gutmann bescheinigt. Wir bitten nun Dr. Gutmann, dem Gericht die Ergebnisse seiner Untersuchung der Klägerin Gretl Schneider mitzuteilen.

Der Psychiater Dr. Gutmann stand auf und blickte Gretl aus wohlwollenden Augen an, bevor er sich dem Gericht zuwandte.

Gretl saß verwirrt im Gerichtssaal. Sie wusste, dass alle sie anstarrten, und das war ihr unangenehm. Sie wollte nach Hause gehen und bei Walter sein. Sie sah Dr. Gutmann zu, der sehr nett zu ihr gewesen war, und fragte sich, was er jetzt sagen würde.

Nach den Vorbemerkungen zu seinem Namen und Status fragte der Anwalt des Angeklagten: "Herr Dr. Gutmann, wie würden Sie den Geisteszustand der Klägerin beschreiben?"

"Zunächst einmal muss ich betonen, dass es schwierig war, mit der Patientin zu kommunizieren. Ihre Schwachsinnigkeit ist jedoch nur mäßig und hindert sie nicht daran, Aufgaben wie zum Beispiel im Haushalt korrekt auszuführen."

"Ist sie Ihrer Meinung nach fähig zu lügen?"

"Nein, die Klägerin ist aufrichtig."

"Können Sie sich da sicher sein? Sie haben sie nur ... wie, ein paar Stunden lang untersucht? Ich muss Sie daran erinnern, dass Sie hier unter Eid stehen und der Ruf eines Mannes auf dem Spiel steht."

"Wie auch der Ruf einer Frau. Lassen Sie mich Ihnen erklären, wie wir Psychiater arbeiten, um möglichst genaue Antworten zu erhalten. Ich habe die Klägerin einem Trick unterzogen, bei dem sie mich anlügen musste. Sie hat gelogen, ist dabei aber sehr rot geworden, weil sie die Lüge nicht verbergen konnte. Gretl Schneider hat keinen unehrlichen Charakter. Sie hat nicht gelogen, weil es ihr Spaß gemacht hat, sondern aus Verlegenheit."

Jakob und Berta hatten den Atem angehalten, da dies die wichtigste Verteidigungslinie des Angeklagten war. Jetzt atmeten sie langsam wieder aus. Obwohl sie sicher waren, dass Gretl die Wahrheit sagte, hatten sie bis zu dieser Minute nicht gewusst, wie der Psychiater sie beurteilen würde. Oder gar, ob er in Laubers Tasche steckte. Das war offensichtlich nicht der Fall, und die monatelange Anspannung begann sich zu lösen.

Herr Studer setzte seine Befragung fort. "Ist es Ihrer Meinung nach möglich, dass die Klägerin von ihren Eltern beeinflusst wurde, den Angeklagten als Vater zu benennen?"

"Ich habe versucht, diese Frage zu beantworten, indem ich mehrere Suggestivfragen gestellt habe. Alles ohne Erfolg. Gretl Schneider hielt immer an ihrer ursprünglichen Darstellung fest, wie der Direktor sie überfallen hatte. Ich konnte keinen Hinweis auf eine Beeinflussung finden. Ich fasse zusammen: Die Klägerin sagt entweder die Wahrheit oder sie steht unter so starker Manipulation, dass sie glaubt, die Wahrheit zu sagen."

Das Gericht, das aus drei Richtern bestand, beriet sich kurz und entschied einstimmig. Der Sprecher begründete sein Urteil.

"Es ist entschieden worden, dass kein Wille zur Lüge seitens der Klägerin vorlag. Dass die Eltern Schneider ein erhebliches Interesse am Ausgang dieses Vaterschaftsprozesses haben, ist nicht zu bestreiten. Dementsprechend wurden ihre Aussagen gewertet. Die Frage war, ob darüber hinaus ihre Charaktereigenschaften, wie von dem Angeklagten behauptet, nicht vertrauenswürdig wären. Dies ist nicht der Fall, wie das Obergericht bereits bestätigt hat.

Da die Familie stark vom Angeklagten abhängig ist, würden

sie es kaum wagen, eine Klage einzureichen, wenn sie nicht völlig davon überzeugt wären, im Recht zu sein.

Eine Reihe von Indizien deutet darauf hin, dass die Aussage der Klägerin wahr ist.

1. Ihre Eltern sagen, dass sie oft kleine Geldbeträge mit nach Hause brachte, die sie von Lauber erhalten haben will. Zusammen mit den Aussagen zahlreicher Zeuginnen, die ebenfalls vom Angeklagten Geld für sexuelle Intimitäten erhalten oder angeboten bekommen haben, und unter Berücksichtigung der Tatsache, dass Gretl Schneider keine Spitzenarbeiterin war, kann davon ausgegangen werden, dass dieses Geld für bestimmte sexuelle Gefälligkeiten und nicht als Prämie für Arbeitsleistungen gedacht war.

2. Gretl Schneider gab am 5. November 1888 vor dem Strafgericht in Frutigen in Sachen Erpressung an, der Überfall habe am 6. Juni 1888 stattgefunden. Das war vier Monate vor der Geburt.

3. Es ist wichtig, darauf hinzuweisen, dass aufgrund der Beweislage weder die Mittel zur unbemerkten Durchführung des Geschlechtsverkehrs noch die Beurteilung des Charakters des Angeklagten es ausschließen, dass der Angeklagte in der Lage war, die ihm vorgeworfene Straftat auszuführen.

Der Angeklagte weist alle Aussagen zurück, die nicht zu seinen Gunsten ausfallen, weil die Zeugen entweder mit der Familie Schneider verwandt oder ihm sonst wie feindlich gesinnt sind. Selbst wenn das Gericht die Aussagen der engsten Verwandten der Familie Schneider und ihres Anwalts Herrn Bertelsmann außer Acht lässt, obwohl dieser in keiner Weise befangen zu sein schien, gibt es genügend andere Zeugen, um zu verstehen, warum das Gericht glaubt, dass Lauber sich ausgiebige Ausschweifungen mit seinen weiblichen Angestellten erlaubt hat. Unter den Zeugen, die mit der Familie in Verbindung stehen, gibt es ein paar, die man nicht ignorieren kann.

Alice Hofstetter ist eine sehr entfernte Verwandte. Sie mag unrechtmäßig gehandelt haben, indem sie Geld von Herrn Lauber annahm, aber allein die Tatsache, dass sie es zugegeben und sich selbst dadurch in ein schlechtes Licht gerückt hat, unterstreicht die Wahrheit der Sache. Die Art und Weise ihrer Aussage, die bewiesene Aussage der Köchin, die Bestätigung ihrer Aussage durch ihren Sohn Hofstetter lassen keinen Zweifel daran, dass der Angeklagte sein Glück bei weiblichen Bediensteten versucht hat. Ob Herr Hofstetter Schießergebnisse gefälscht hat oder nicht, ändert daran nichts.

Die Aussage von Frau Lauber, obwohl menschlich sympathisch in ihrer Solidarität mit dem beschuldigten Ehemann, ändert nichts. Man könnte sagen, dass Frau Lauber sich gelegentlich in ihrem Gedächtnis getäuscht hat, wenn sie behauptet, sie habe im Juni 1888, als der Geschlechtsverkehr stattfand, den Jungkutscher und Knecht Lutz Bieri gesehen, der Gretl Schneider auf einer Lieferung mitnahm. Der Oberkutscher Zumbrunn schreibt alle Lieferungen und Transporte auf und schwört, dass Lutz Bieri seine letzte Lieferung im Mai 1888 durchführte. Sein Notizbuch liegt hier als Beweismittel in diesem Fall. Lutz Bieri ist inzwischen nach Amerika ausgewandert und kann nicht selbst befragt werden. Es gibt jedoch keine anderen Zeugen für diese angebliche Lieferung, und es haben sich auch keine Zeugen gemeldet, die Gretl Schneider jemals bei einer Lieferung oder im Gespräch mit Bieri gesehen haben.

Darüber hinaus gibt Frau Lauber an, dass sie nie einen Grund hatte, an der Treue ihres Mannes zu zweifeln. Dies widerspricht der Aussage von Agatha Stübler, die ausdrücklich aussagt, dass Frau Lauber sie 1877 in ihrem Boudoir persönlich befragt habe, ob sie von einem ungebührlichen Verhalten ihres Mannes wisse. Frau Stübler hatte dies verneint, um den Familienfrieden nicht zu stören.

Die Argumente des Angeklagten, dass die Zeugen unzuverlässig seien, können das Gewicht so vieler belastender Aussagen nicht aufwiegen. Es ist nicht bewiesen, dass Gretl in der kritischen Zeit ein intimes Verhältnis mit einem anderen Mann hatte.

Das Gericht entscheidet:

Der Beschwerde wird stattgegeben und der Angeklagte, Vater des am 5. März 1889 außerehelich geborenen Jungen Walter Schneider, zur Zahlung verurteilt:

1. an die Klägerin Gretl Schneider:

   a. für die Kosten der Entbindung 80 Franken

   b. für den Lohnausfall für 4 Wochen vor bis 4 Wochen nach der Geburt 224 Franken

   c. eine Entschädigung von 500 Franken

2. an das Kind Walter Schneider:

   a. einen monatlichen Unterhalt ab der Geburt bis zum vollendeten sechsten Lebensjahr von 60 Franken

   b. einen monatlichen Unterhalt vom siebten Lebensjahr bis zum vollendeten zwölften Lebensjahr von 80 Franken

   c. einen monatlichen Unterhalt vom dreizehnten Lebensjahr bis zum vollendeten achtzehnten Lebensjahr von 100 Franken.

Der Antrag des Angeklagten wird zurückgewiesen. Der Angeklagte wird verurteilt, die Gerichtskosten und die

Anwaltskosten des Klägers zu bezahlen. Ferner wird der Angeklagte vom Gerichtssaal aus für die Dauer von drei Jahren in das Stadtgefängnis von Bern eingesperrt.

Bern, 6. Mai 1891."

*****

Herr Simon Steffen, Rechtsanwalt in Thun, schrieb an Jakob Schneider. Er teilte mit, dass er das Verfahren nun als endgültig abgeschlossen betrachte, da eine Beschwerde an das Bundesgericht kaum Erfolg haben werde. Die wichtigste Aussage beträfe, die Frage ob der Angeklagte in der kritischen Zeit mit Gretl Geschlechtsverkehr hatte. Dies wäre eine Sachfrage, die das Berufungsgericht bejaht habe. Das Bundesgericht sei an die Erkenntnisse auf kantonaler Ebene gebunden.

Herr Steffen irrte sich. Ramun Lauber legte beim Schweizerischen Bundesgericht in Lausanne Beschwerde ein.

31

1891

Das Schweizerische Bundesgericht, Lausanne

Das hatte es noch nie gegeben. Niemand aus dem Kandertal war jemals zuvor vor dem Bundesgericht erschienen. Journalisten reisten nach Weißbrügg und versuchten, die Familie Schneider oder andere beteiligte Zeugen zu befragen. Keiner der Hauptzeugen war bereit, sich zu äußern, aber die Zeitungen waren voll mit Geschichten der Skandalmacher im Dorf. Diese Geschichten hatten nichts mit dem Fall zu tun, doch eine Unzahl von halbwahren, oder größtenteils erfundenen Geschichten tauchte in der Presse auf und sorgte im Dorf teils für Verwirrung, teils für Belustigung.

"Was? Davon habe ich nichts gewusst!", rief Jakob am Abend aus, als er in der Zeitung blätterte. Berta und Lena kamen, um zu hören, was er entdeckt hatte.

"Erinnerst du dich an den Jungen, der in der Schule neben Gretl saß?", fragte Jakob.

"Der hochgradig Taube?", fragte Berta.

"Wir nannten ihn den jungen Hänsel", fügte Lena hinzu. "Ich kenne ihn, er sieht eigentlich ganz gut aus, er achtete immer auf die Mädchen und macht ihnen Komplimente."

"Nun, anscheinend war er in die Witwe Ruth verschossen, du kennst sie, sie wohnt oben auf der Horlauenen."
"Ja, natürlich. Sie könnte doch seine Mutter sein! Lies weiter, lass uns nicht im Ungewissen."
"Laut diesem Artikel besuchte er sie jeden Abend, stellte eine Leiter an ihr Fenster und klopfte, um ihr einen Blumenstrauß oder ein Stück Kuchen zu schenken." Jakob gluckste, bevor er fortfuhr. "Sie sagte ihm immer wieder, er solle verschwinden, sie sei nicht interessiert. Aber er war hartnäckig und wurde lästig, weckte sie jede Nacht auf. Also tat sie eines Abends so, als würde sie mit ihm mitgehen und sagte ihm, er solle in der Scheune auf sie warten. Dann kam sie die Treppe hinunter und sperrte ihn die ganze Nacht bis zum Mittagessen am nächsten Tag in der Scheune ein."

Sie lachten alle, als sie sich das vorstellten.

"Und? Hat er sie danach in Ruhe gelassen?"

"Ja, er war wütend und schlug die ganze Nacht ans Scheunentor. Als sie ihn rausließ, erzählte er ihr, dass auf den Wiesen noch viele andere Mädel erblühten, und sie sagte ihm, das sei in Ordnung für sie und er solle sich verpissen."

"Oh je", sagte Berta kichernd. "Danke dafür, das hat mich für eine Sekunde von Lausanne abgelenkt."

"Herr Steffen sagt, dass Lauber nicht gewinnen kann."

"Ich hoffe nicht, aber trotzdem zerrt dieses Hinauszögern an meinen Nerven und an unserem Geldbeutel. Walter wird bald drei Jahre alt, und selbst wenn Lauber uns das Geld am Ende zurückzahlen muss, müssen wir trotzdem alle Kosten vorstrecken."

"Es wird sich lohnen. Es wird ein Zeichen setzen für all die anderen arroganten Industriellen da draußen, dass wir nicht so hilflos sind, wie wir scheinen. Es hat sich schon in der ganzen Schweiz herumgesprochen, und vielleicht kann Walter eine Lehrstelle bekommen. Stell dir vor, unser Enkel bricht hier aus der Armut aus."

"Wir sind zwar arm, aber wenigstens bin ich glücklich. Mit Frau Lauber würde ich nicht tauschen wollen."
"Nein, ich auch nicht."

*****

Ramun Lauber sagte seinem Kutscher, er solle die Kutsche am nächsten Morgen um sechs Uhr bereithalten, in der Hoffnung, dass so früh niemand zu sehen sei. Er wollte Alice Hofstetter besuchen, die auf einem kleinen Bauernhof weitab von allen anderen Siedlungen lebte. Er hatte einen Beutel voller Geld dabei. Er klopfte an die Tür und ging ins Haus.

Bert Fechtig lebte am Rande der Existenz. Seit er seine Stelle in der Zündholzfabrik verloren hatte, konnte er sich und seine Familie nur noch mit Gelegenheitsjobs über Wasser halten, und das eher schlecht als recht. Zusätzlich zu all seinen anderen Problemen hatte er Hämorrhoiden, die ihn ständig quälten. Dank der Sekretärin des Arztes wusste das ganze Dorf davon, was ihn zu einer ständigen Quelle des Spottes machte. Nur Alice Hofstetter hatte Verständnis und schenkte ihm einen Topf mit selbstgemachter Ringelblumensalbe. Sie verlangte keine Gegenleistung und hatte gesagt, er könne so oft kommen, wie er wolle, um den Topf nachzufüllen. Also half er gelegentlich auf dem Hof mit. Heute war er früh dort, um sich die beruhigende Creme auffüllen zu lassen, bevor sie das Haus verließ, und den Tag über arbeitete.

Er sah Marty Fuchs neben einer Kutsche warten, zählte zwei und zwei zusammen und fragte sich, was Herr Lauber in Alices Haus machte. Er versteckte sich unter der hinteren Veranda und lauschte. Er war erschüttert über das, was er hörte, aber er wusste nicht, was er tun sollte.

*****

Der Zündhölzli Bub

Der Sommer zog sich in die Länge und der Herbst kam. Die Nerven waren angespannt, als am 28. Oktober 1891 das Schweizerische Bundesgericht unter dem Vorsitz von Bundesrichter Rössel und den ihm assistierenden Richtern Soldati, Jäger, Lauch und Spiller in Lausanne tagte, um ein endgültiges Urteil in der Sache Schneider gegen Lauber zu fällen.

Die Presse hatte sich einen Platz im Gerichtssaal erkämpft, und in der ersten Reihe saßen Künstler mit ihren Blöcken und Stiften und skizzierten eifrig die Szene.

Herr Studer, der Lauber vertrat, erhob sich fast entschuldigend vor dem hohen Richter. Er wusste, dass die Chancen auf einen Sieg gleich Null waren, aber er konnte Lauber diese letzte Chance nicht verwehren. Er begann mit der Enthüllung, dass Frau Anneli Leconte die Schwester von Frau Schneider sei und beantragte, ihre Aussage zu ignorieren.

Oberrichter Rössel blickte mit seiner langen Nase über seine Brille hinweg streng auf Studer herab.

"Herr Anwalt Studer, ich hoffe sehr, dass Sie bessere Argumente haben, die Sie vor dieses Gericht bringen können. Ich halte es nicht für weise, die Zeit des Gerichts zu verschwenden."

"Ja, Euer Ehren, ich bitte um Entschuldigung. Ich möchte die Zeugin Frau Alice Hofstetter aufrufen."

Alice nahm ihren Platz im Zeugenstand ein und schwor auf die Bibel, die Wahrheit zu sagen, die ganze Wahrheit und nichts als die Wahrheit. Lauber sah zu Jakob Schneider hinüber und schmunzelte. Jakob starrte geradeaus in den Zeugenstand, seine Miene war ernst und unbeweglich, kein Muskel zuckte.

"Frau Hofstetter, Sie haben vor dem Berufungsgericht ausgesagt, Herr Lauber habe Ihnen Geld für sexuelle Gefälligkeiten gegeben. Ich glaube, Sie möchten Ihre Aussage ändern", fragte Herr Studer.

"Ja, Herr", sagte Alice mutig. Sie machte einen Knicks vor

dem Hohen Richter und fügte hinzu: "Euer Ehren. Ich möchte meine Aussage noch etwas präzisieren. Am 22. Juli dieses Jahres besuchte mich der Angeklagte um sechs Uhr morgens bei mir zu Hause und versuchte, mich zu bestechen, damit ich meine Aussage ändere ..."

Ein Aufschrei ging durch den Gerichtssaal und die Reporter kritzelten heftig in ihre Notizblöcke. Der Oberste Richter blickte überrascht auf und Lauber sackte in seinem Sitz zusammen. Herr Studer wandte sich an Lauber und zuckte hilflos mit den Schultern. Mit einem Hammerschlag mahnte der Richter zur Ruhe und fragte Alice Hofstetter selbst.

"Frau Hofstetter, können Sie diese Aussage beweisen, war bei diesem ... Gespräch noch jemand anwesend?"

"Ja, Herr, ich meine, Euer Ehren." Alice holte einen Beutel mit Geld aus ihrer Rocktasche und legte ihn vor sich auf den Sims. "Das ist genau der Beutel, den er mir angeboten hat, und Bert Fechtig hat alles gehört. Ich tat nur so, als würde ich es annehmen, denn sehen Sie, Euer Ehren, wir sind zwar nicht reich, aber wir sind ein ehrliches Volk und haben unseren Stolz. Genauso wie Sie es nicht mögen, wenn Ihre Zeit verschwendet wird, Euer Ehren, sind wir eine aufrechte Gemeinschaft, und wenn Unrecht geschehen ist, glauben wir an Gerechtigkeit. Ich habe also so getan, als ob ich das Angebot annehme, um diesen Beutel heute hierher zu bringen und dem Gericht zu zeigen, was für ein Mensch Lauber ist."

Einige Zuschauer begannen zu klatschen, dann stimmten alle ein. Der Oberste Richter wartete, bis er das Verfahren fortsetzen konnte. Als alle Aussagen gehört worden waren, zogen sich die fünf Richter zur Beratung zurück. Sie kehrten in kürzester Zeit zurück.

Als der Oberste Richter Rössel das endgültige Urteil des Obersten Gerichtshofs verkündete, herrschte im Gerichtssaal betretenes Schweigen. Es war keine Überraschung, dass die bisherigen Feststellungen bestätigt wurden. Um die fälligen Alimente bezahlen zu können und in der Annahme, dass Ramun Lauber im Gefängnis kein Einkommen haben würde, wurde er dazu verurteilt, seine Villa und die Zündholzfabrik im Kandergrund zu verkaufen.

Düri und Jörg Gerber, die jüngeren Brüder von Bartli Gerber, hatten sich dem Goldrausch in Amerika angeschlossen. Im Gegensatz zu den meisten Männern hatten sie tatsächlich Gold gefunden, und anstatt sich zu betrinken und ihren neuen Reichtum zu verspielen, hatten sie klugerweise in eine Rinderfarm investiert. Auch diese war gut gediehen, und sie beschlossen, einen Teil ihres Vermögens in ihrer Heimatstadt zu investieren. Sie kauften Laubers Villa und die Zündholzfabrik und baten ihren älteren Bruder Bartli, den Posten des Direktors zu übernehmen. Die Villa wurde ihm zur Verfügung gestellt. Bartli und seine Frau hätten nicht mehr erfreut über ihr neues Glück sein können. Einige der ehemals missgünstigen Stadträte baten ihn, dem "Liberalen Central Club" beizutreten, aber Bartli war mehr daran interessiert, die Arbeitsbedingungen für seine Angestellten zu verbessern.

Epilog

Dank der Alimente konnte Gretls Sohn Walter die Mittelschule besuchen. Danach verließ er das Tal und nahm eine Lehre als Bäcker und Patissier in Thun auf. Im Jahr 1911 wanderte er nach Amerika aus. Über fünfzig Jahre später kehrte er zurück, um seinem Sohn Herb seine Heimat zu zeigen. Walter litt an einer seltenen genetischen Störung namens Nagel-Patella-Syndrom. Während des Gerichtsverfahrens wurde darauf aufmerksam gemacht, dass ihm wie Ramun Lauber die Daumennägel fehlten. Damals war die medizinische Wissenschaft noch nicht weit genug fortgeschritten, um zu wissen, dass es sich dabei um eine genetisch bedingte Störung handelt. Deswegen war sie nicht berücksichtigt wurde.

Obwohl das Vaterschaftsverfahren zu Gretls Gunsten abgeschlossen wurde, ist die Angelegenheit für ihre Nachkommen, die das Nägel-Patella-Syndrom geerbt haben, noch nicht ganz erledigt.

Das Frutigland und die Zündholzindustrie

Das Frutigland liegt in der Schweiz im Berner Oberland, etwa 60 km südlich von Bern. Berge bis etwa 2400 m ü. M. Höhe prägen das Landschaftsbild. Hauptort ist Frutigen, wo die Kander aus Kandersteg und die Engstlige aus Adelboden zusammenfliessen.

Einst verdiente die Bevölkerung ihr tägliches Brot vor allem mit Berglandwirtschaft, Kleingewerbe und mit der Produktion von Frutituch aus einheimischer Schafwolle. Mitte des 19. Jahrhunderts verdrängten leichtere und farbige Stoffe das währschafte Frutigtuch und viele Familien verloren nach und nach ihre Existenzgrundlage.

Nach dem Dorfbrand von 1827, vielen schweren Überschwemmungen zwischen 1830 und 1850 und zahlreichen Hungerjahren wegen Missernten war die Armut im Frutigland überaus gross. Regierungsstatthalter Johann Germann schrieb in seinem Amtsbericht 1849, dass in der Gemeinde Frutigen durchschnittlich 800 Personen vom Armenverein unterstützt wurden; das war fast ein Viertel der Bevölkerung!

In dieser Zeit verbreitete sich die neu aufkommende Zündholzindustrie schnell, vor allem in Gegenden ohne andere Verdienstmöglichkeiten. Hier fanden sich genügend Leute, die bereit waren, zu kleinen Löhnen mit dem giftigen Phosphor zu arbeiten. In Frutigen wurde 1850 die erste Fabrik gegründet. Hier gab es besonders viele verdienstlose arme Leute.

Arbeitsplätze waren bei den Armen und bei den Behörden also hochwillkommen und die Zündhölzchenfabriken vermehrten sich rasch. Innert 30 Jahren entstanden im Amtsbezirk Frutigen über zwanzig Fabriken und das Frutigland wurde zu einem Zündholzzentrum der Schweiz: Jahrzehntelang stammte rund die Hälfte der schweizerischen Gesamtproduktion aus Frutiger Betrieben.

Das ursprüngliche Ziel, die Bekämpfung der Armut, wurde nicht erreicht. Die Armen blieben arm, bloss die Armenkassen wurden ein wenig entlastet. Statt Wohlstand brachten die Zündhölzchen Elend, Kinderarbeit, Krankheit und Siechtum ins Frutigland, dies jedenfalls in den ersten 50 Jahren. Ganz besonders schlimm war die sogenannte "Phosphornekrose", die, ausgelöst von den Phosphordämpfen, zur Zersetzung der Kieferknochen führte.

Nachdem es endlich gelungen war, die Phosphorzündhölzchen zu verbannen, besserte sich die Situation; sofort in Bezug auf die Nekrose, etwas langsamer in hygienischer und wirtschaftlicher Hinsicht. Es entstanden nun Grossbetriebe, die eine rationellere Herstellung der Zündhölzchen und bessere Löhne ermöglichten. Die Zahl der Fabriken sank auf zehn (1900), dann auf nur noch deren zwei (1936). Diese waren modern eingerichtet und boten dem Tal wichtige und gute Arbeitsplätze. Gesetzliche Massnahmen, behördlicher Druck und die wirtschaftliche Situation, aber auch der Einfluss des schwedischen Zündholztrusts hatten diese Verbesserung bewirkt.

Ruedi Egli, Kulturgutstiftung Frutigland

Andere Bücher von Rowena Kinread

Mord in München

Als die Krankenschwester Stefanie eines Morgens auf dem Weg zur Arbeit einen Hund im Park findet, ahnt sie nicht, dass diese Begegnung ihr helfen wird, einen Mordfall zu lösen und die Liebe ihres Lebens zu finden.

Kurze Geschichte, ideal zur Überbrückung der Wartezeit beim Arzt oder auf dem Heimweg. Auch zum Vorlesen für ältere Verwandte oder Menschen mit Sehbehinderung geeignet.

Geheimnis Nebenan
(Englisch Ausgabe)

Buch zwei der Reihe MORD IN MÜNCHEN mit Schwester Steffi und Kommissar Anderson.

It could have been the perfect murder... had not Nurse Steffi run out of coffee!

Another crime for Nurse Steffi and Kommissar Anderson to solve.

Der Missionar
(Englisch Ausgabe)

Die Geschichte von St. Patrick, Schutzpatron Irlands.

Eine rasante und äußerst fesselnde Geschichte, die den Leser mit ihrer lebendigen Prosa und ihrem literarischen Scharfsinn verwöhnt.

The Yorkshire Post

Der Missionar spielt im fünften Jahrhundert nach Christus und ist ein ehrgeiziger und beeindruckender Debütroman, der das Leben von Irlands Schutzpatron, dem heiligen Patrick, nachzeichnet.

The Scotsman

Ein ausgezeichnetes Buch. Der Weg des Patricius vom Sünder zum Heiligen ist außergewöhnlich.

Zitat von Deborah Swift, Bestsellerautorin für Geschichte, über „Der Missionar".

The Scots of Dalriada

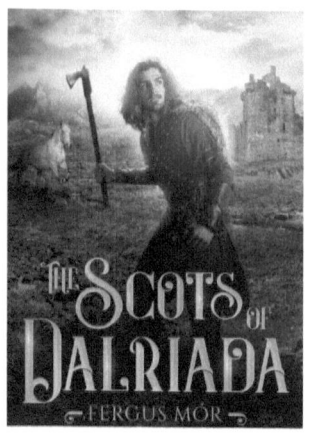

Three brothers Fergus, Loarn and Angus, Princes of the Dalriada, are forced into exile by their scheming half-brother and the druidess Birga One-tooth.

Fergus conceals himself as a stable lad on Aran and falls helplessly in love with a Scottish princess, already promised to someone else. Loarn crosses swords against the Picts. Angus designs longboats.

Together a mighty power and always on the run, the brothers must attempt to outride their adversaries by gaining power themselves. Together they achieve more than they could possibly dream of. Fergus Mór (The Great) is widely recognised as the first King of Scotland, giving Scotland its name and its language. Rulers of Scotland and England from Kenneth mac Alpín until the present time claim descent from Fergus Mór.

Full of unexpected twists and turns, this is a tale of heartbreaking love amidst treachery, deceit and murder.

Feedback from top Amazon and Goodreads' Reviewers

Both thrilling and intriguing, all the way to the end. The Scots of Dalriada is a definite recommendation by Amy's Bookshelf Reviews....
Amy's Bookshelf Reviews

... an entertaining and enlightening story of a period I had previously known nothing about....
Avonna Loves Genres

Was I ever tempted to push the book aside and stop reading it? No...
Barry Litherland

... I also loved the horse: it would be worth reading the book just for that story, though it creeps in gently and takes a while to work out.
Building in the Badlands

The Scots of Dalriada is a gripping novel that shows a credible 'what if' scenario. The research is impeccable, and the author's knowledge of the era shines through all through the book. She also doesn't shy away from the machinations of the time, the intrigues, and the coming of age of our young warriors is a brutal path to manhood.
Cathie Dunn, an award-winning and Amazon bestselling author.

The best kind of historical fiction is the kind that feels real, makes you feel each tragedy, each bit of passion, each gut wrenching turn. The Scots of Dalriada certainly ticks all the boxes.
David's Book Blurg

Within the narration are some lovely descriptions: 'the leather bridles...polished until they shine like dogs' noses.'...
Marian L Thorpe

... good for people interested in Historical Fiction and especially an underappreciated figure from Scottish History.
Romances of the Cross

The story reads with immense authenticity, and leaves the reader caring about this distant time, distant country and distant people. An epic achievement.
Twila's Reviews

... a rousing book of historical fiction ... A relevant and entertaining read!
Zea Perez, Author

Über die Autorin

Rowena Kinread wuchs in Ripon, Yorkshire, auf. Sie besuchte die Ripon Grammar School und arbeitete nach dem Abitur für Lufthansa in Deutschland.

Ende der neunziger Jahre schrieb sie verschiedene Artikel für Zeitschriften in England und Deutschland und mehrere Sachbücher für den Frech Verlag. Sie absolvierte einen sechsmonatigen Schreibkurs für Belletristik, angeboten von Kendal Publishing, Cambridge.

Ihr besonderes Interesse gilt der Geschichte und, nachdem sie ihre familiären Wurzeln bei den Dalriada in Irland entdeckt hat, insbesondere dieser Epoche. Ihr Debütroman mit dem Titel „Der Missionar" ist ein historischer Roman über das Leben des Heiligen Patrick. Er wurde 2021 von Pegasus Publishers veröffentlicht.

Ihr zweiter Roman „Die Schotten von Dalriada" handelt von Fergus Mór, dem ersten König von Schottland, und spielt im Irland und Schottland des 5. Jahrhunderts. Er wird Ende Jan. 2023 veröffentlicht.

Zurzeit lebt sie in Bodman-Ludwigshafen am Bodensee, Deutschland. Mehrmals im Jahr reist sie zu ihrer großen Familie nach Großbritannien.

Rowena Kinread leidet an progressiver Muskeldystrophie, einer seltenen Erbkrankheit. Seit ihrem 40. Geburtstag ist sie auf den Rollstuhl angewiesen und noch länger auf Unterstützung durch Pflegekräfte. Am zweiten Weihnachtsfeiertag 2021 nahm sich ihre Schwester Stella, die ebenfalls an MD litt, das Leben, weil sie ohne zusätzliche Pflege nicht mehr zurechtkam. Der örtliche Sozialdienst hatte erkannt, dass Stella mehr Hilfe brauchte, hatte aber nicht die Kapazität, mehr als zweimal täglich für 15 Minuten zu helfen. Es ist eine traurige Wahrheit, dass es in den meisten europäischen Ländern nicht genügend Krankenschwestern und Pfleger gibt. Diejenigen, die sich diesem Beruf widmen, werden mit Überstunden, Stress und schlechter Bezahlung konfrontiert. Vielleicht liegt das daran, dass der Pflegeberuf traditionell ein Frauenberuf war, der immer noch schlechter bezahlt wird als traditionelle Männerberufe. Aber die Zeiten ändern sich. Die europäische Bevölkerung wird immer älter und der Mangel an Pflegekräften immer dramatischer. Dieser kleine Beitrag von mir ist ein Versuch, mehr Menschen auf einige der möglichen Folgen des Mangels an Pflegekräften aufmerksam zu machen.

DEN PFLEGEBERUF LOHNENDER MACHEN!